Financial Cooperation between China (Yunnan) and Neighbouring Countries under the Influence of Heterogeneity

异质性下中国（云南）与周边国家金融合作研究

丁文丽　胡列曲　著

本研究及成果出版得到国家自然科学基金重点项目
“云南与周边国家金融合作的异质性约束及人民币区域化的实现机制与路径研究”
（项目编号:U2002201）支持

目　录

第一章　导论

第一节　研究主旨

一、研究背景与意义

中国云南与老挝、缅甸、越南及柬埔寨等周边国家的金融合作是中国与南亚、东南亚区域经济合作的特色领域与重要内容，是中国“在局部区域率先推进金融合作和人民币国际化”的极佳试点，并已取得较为显著的先行先试成效与可资借鉴的经验。虽然云南与周边国家金融合作基础好，贡献了全国可复制经验，但仍须破解瓶颈，拓展合作空间。其中，破解国家异质性约束是深化金融合作的最大挑战。现有研究表明国家异质性会加大国际合作与区域金融合作的难度与成本，然而，对于国家异质性如何影响区域金融合作，影响程度有多大，如何破解异质性约束实现金融合作深化等重要问题，现有研究在规模和深度上均存在不足。

本书综合运用了动态随机一般均衡模型等分析方法，重点研究中国（云南）与老缅越柬等周边国家金融合作的进展、国家异质性及其对金融合作的影响、云南周边国家美元化及其对人民币区域化的影响以及异质性国家间金融合作的演进规律等关键问题，解答国家异质性如何影响金融合作，影响程度有多大，如何破解国家异质性约束实现金融合作深化,美元化如何影响人民币区域化等重要问题。

本书首次全面而系统地研究了国家异质性背景下的区域金融合作问题。作为区域金融合作领域的一次创新性理论探索,本书的研究工作既是对差异化国家开展金融合作的重要探索,也是对超大开放经济体内的小经济区域发展繁荣的重要探索。对于丰富区域金融理论研究、推进云南等沿边省区的开放实践、深化理解国家异质性对金融合作的影响以及美元化背景下如何推进人民币区域化等重要问题,本书将提供助益,对同样存在国家异质性影响的中国与其他南亚、东南亚国家,乃至与"一带一路"共建国家的金融合作,本书也将带来重要借鉴和启发。

二、研究框架

全书共有九章。第一章"导论",在归纳与总结区域金融合作理论、货币国际化理论及国家异质性理论研究的基础上,阐释区域金融合作的影响因素以及国家异质性对金融合作的影响,并对相关研究文献进行回顾与述评,为全书研究工作的展开奠定必要的理论与文献基础。第二章"中国与老缅越柬等周边国家金融合作进展",简要回顾历史上中国与老缅越柬金融合作的概况,重点从总体进展和国别进展两个层面,全面系统阐述中国与老缅越柬等云南周边国家金融合作的现状。第三章"中国与老缅越柬金融合作指数构建与测算",依据区域金融合作理论内涵与实践经验,将金融合作具体分解为货币合作、金融基础设施合作、金融机构合作、金融市场合作与金融监管合作五个维度来构建金融合作指数。全面收集整理中国与老缅越柬四国五个层面的金融合作进展,从中遴选梳理金融合作典型事件,运用事件赋值法对五个层面的金融合作事件进行赋值。运用熵值法设置金融合作指标的权重。综合金融合作指标赋值和指标权重分配,构建中国与老缅越柬金融合作指数并进行实证测算,揭示中国与老缅越柬金融合作的水平和程度。第四章“中国与老缅越柬国家异质性的主要表现与测度”,依据国家异质性内涵,比较区域内各国政治、经济、文化与制度存在的差异,依据区域金融合作影响因素理论,从经济发展、金融发展与制度环境三个层面分类梳理中国与老缅越柬国家异质性的主要表现。综合考虑研究的规范性和可行性,选取具体的经济发展、金融发展与制度环境三个维度分析指标,运用科格特(Kogut)和辛格(Singh)在1988年提出的经济制度距离测算方法,计算中国与老缅越柬经济发展差异、金融发展差异与制度差异水平,定量测度中国与老缅越柬四国间的国家异质性。第五章“国家异质性影响下中国与老缅越柬金融合作的机制”,基于对中国与周边国家异质性主要表现的准确认知,运用两国动态随机一般均衡模型(Dynamic Stochastic General Equilibrium,DSGE)分析方法,系统分析受异质性约束的货币需求冲击、生产技术冲击、禀赋冲击、贷款冲击和货币政策冲击下,各内生变量的反应程度及金融合作与非合作的福利损失,揭示异质性影响金融合作的机制与方式。第六章“国家异质性对中国与老缅越柬金融合作的影响实证分析”,基于国家异质性影响金融合作机制的理论分析,采用面板双向固定效应模型实证检验国家异质性对金融合作的影响,分析经济异质性、金融异质性以及制度异质性对金融合作的不同影响程度,并实证检验国家异质性对金融合作的影响机制。第七章“老缅越柬美元化形成轨迹与成因”,在回顾总结老缅越柬等云南周边国家美元化形成轨迹基础上,多层面分析区域国家美元化的成因,为人民币如何实现由单一结算货币向全面发挥国际货币职能的区域关键货币转变提供启示。第八章“老缅越柬美元化对人民币区域化的影响实证分析”。首先,以美元化影响人民币区域化理论分析为基础,以人民币区域化程度指数为因变量,美元化程度为自变量,构建动态面板模型,实证分析美元化影响人民币区域化的机制,并基于美元化对区域国家贸易、直接投资、资本交易、外汇储备及汇率波动的影响,进一步分析美元化影响人民币区域化的具体途径及影响程度。其次,以伊兹(Ize)和耶亚蒂(Yeyati)的美元化理论分析框架为基础,引入跨境货币(人民币)决定方程,分析美元化对人民币区域化的影响机制。第九章“结论与建议”总结陈述全书研究结论,提出建立中国与周边国家金融合作共同体共识基础上的金融合作网络体系,指出云南周边国家美元化背景下的人民币区域化推进路径。

第二节 理论基础

一、区域金融合作理论概述

金融合作是两个或两个以上国家、地区或国际组织之间,为应对金融挑战、促进经济稳定和实现共同经济目标所开展的包括货币在内的金融领域的合作。金融合作的目标为增进与投资和贸易有关的利益、打击金融犯罪、防范金融风险与危机等。金融合作从范围上可以分为国际金融合作和区域金融合作,多边和双边的金融合作都属于区域金融合作的范畴。

(一)金融合作的理论主张

1. 最优货币区理论

蒙代尔(Robert Alexander Mundell)在 1961 年率先提出了最优货

币区理论，后经麦金农、凯南、托维尔、哈伯勒、都德和保罗等经济学家的不断发展，该理论日益成熟和完善。传统最优货币区理论主要研究最优货币区的判断标准，如生产要素流动性、产品多样性、经济开放度、金融市场一体化、政策一体化等。现代最优货币区理论针对政策与实践的统一性，对传统最优货币区理论进行了完善，最典型的成果是成本—收益分析法、最优货币区指数法和经济冲击的对称性研究。

2. 区域金融中心理论

根据法国经济学家佩鲁（François Perroux）的区域经济发展增长极理论，衍生出了区域金融中心理论。区域金融中心是指在某区域内具有发展较快的金融市场、频繁的金融交易和聚集的金融机构，并能够对区域经济发展产生极化和扩散效应的中心城市。在区域金融合作发展中，各种金融要素和资源聚集到中心城市，形成区域金融增长极。区域金融增长极运用乘数效应、支配效应、扩散和极化效应的积极作用，进一步提高区域金融合作的层次和地位，最后形成区域金融中心。

3. 宏观经济相互依存理论

“相互依存”概念由美国经济学家布朗（W. A. Brown）于 20 世纪 40 年代首次提出，之后经过库珀（Richard Cooper）、基欧汉（Robert O. Keohane）等学者的完善，发展成为相互依存理论，并建立起一套研究国际经济关系的分析框架。经济相互依存主要表现为各国在贸易、投资、金融方面的密切联系，经济相互依存度通常包括贸易相互依存度、投资相互依存度和生产相互依存度。经济相互依存度的不断深化导致各国在诸多领域拥有共同利益，一国为实现本国经济目标而制定的宏观经济政策会受到外部因素的制约，经济政策的分散决策不是最优的，在国际经济交往中经济政策协调机制的建立十分重要。

(二) 区域金融合作的主要内容

区域金融合作内容丰富,主要包括汇率协调,货币互换,建立共同货币区、货币联盟和共同外汇储备池,建立贸易支付清算系统,流动性援助安排和相互借贷安排,建立区域金融机构和贸易支付结算机构以及实施政策对话和监管等各个方面。区域金融合作总体上可分为货币合作、金融基础设施合作、金融机构合作、金融市场合作及金融监管合作五个领域。

1. 货币合作

货币合作是金融合作的首要内容,是主权国家或地区之间通过加强货币、汇率及外汇储备等领域的政策沟通与政策协调,着力防范货币政策过度分化可能引发的经济金融冲击,并通过深化跨境本币支付和结算机制建设,降低贸易投资交易成本,从而维护各国与地区间经济金融稳定,促进贸易投资持续畅通,实现共同繁荣。货币合作具体细分为货币合作会议、交易结算、货币互换及区域货币协调四个方面,其中交易结算包括跨境支付系统、本币结算和货币挂牌交易。区域货币协调包括多边合作机制、区域货币联盟与货币一体化①。

2. 金融基础设施合作

金融基础设施是金融市场运行的核心支柱。狭义的金融基础设施指金融市场基础设施,主要包括中央交易对手、支付系统、中央证券存管系统、证券结算系统和交易数据库等,它们构成了金融市场运行的基本框架。广义的金融基础设施指为金融活动提供公共服务并保障金融

---

① Kawai M, Petri P A. Asia's Role in the Global Economic Architecture[J]. Contemporary Economic Policy, 2014, 32(1):230-245;李巍,朱红宇. 货币伙伴外交与人民币崛起的战略支点国[J]. 外交评论(外交学院学报),2015,32(1):27-54;刘方,丁文丽. 中国—东盟金融合作指数的构建及其演变特征[J]. 国际商务(对外经济贸易大学学报),2020(1):71-83.

市场稳健、持续、安全运行的硬件设施及制度安排。这不仅包括支付、清算、结算、存管等金融市场基础设施,还涵盖了金融会计准则、信用环境及定价机制等内容。这些金融基础设施合作为金融市场的运行提供了必要支撑,构建了金融系统正常运行的基石,为区域金融合作提供了基础条件保障,确保了区域国家金融系统的连通性,对区域金融合作活动的进行起到了至关重要的基础支撑作用。

3. 金融机构合作

金融机构合作指合作各方的银行业金融机构、证券业金融机构和保险业金融机构为了共同的目标所进行的金融资源配置、业务协调和整合的过程。金融机构合作方式包括共同开发产品,联合投资,共享数据、信息、技术及收益,共担风险等。金融机构合作有利于区域国家金融机构业务范围的扩大和业务效率的提高。

4. 金融市场合作

金融市场按交易标的物划分为货币市场、资本市场、外汇市场、金融衍生品市场、保险市场、黄金市场以及其他投资品市场,金融市场合作分别包含上述各个方面。金融市场合作为区域国家提供了便利的跨境交易和投资环境,促进了区域内的金融业务活动和资金流动,因而有利于区域金融协调和金融市场稳定。

5. 金融监管合作

金融监管合作是指不同国家或地区的金融监管机构之间,为了实现维护区域金融体系稳定、防止金融欺诈、防控系统性风险,并确保金融市场的公正性和透明度,所进行的金融监管协调与合作。金融监管合作内容包括信息分享、监管政策协调、跨境金融活动监管、危机管理和应对等。金融监管合作分为双边监管合作和多边监管合作,双边监管合作分为监管合作会议、监管合作谅解备忘录以及反洗钱、反假币、反恐融资合作三个方面,多边监管合作分为政府间国际组织、非正式国家集团及跨政府网络三个方面。[①]

(三)区域金融合作的影响因素

区域金融合作的影响因素复杂多样,主要包括经济环境、金融发展水平、政治意愿及制度保障等四个领域。

1. 经济环境

影响区域金融合作的经济环境主要指金融合作各国的经济稳定性和经济发展水平。经济稳定性是区域金融合作的初始基本条件。[②] 若区域内国家(尤其是区域内的大国)经济不稳定或汇率波动较大,区域金融合作将难以实现。经济发展水平对金融合作的影响是基础性的,是金融合作的物质保障。[③] 其中,经济规模决定金融合作的规模,产业结构决定金融合作的方式或领域。金融合作的深层次构建需要牢固可靠的经济基础,包括高流动性要素、经济发展一致性、经济发展高开放性、产业结构互补性以及较为统一的对外冲击对称性等。经济发展水平差异会提升金融合作的风险,使得国家间产生差异化金融合作需求,进而影响金融合作的制度制定。[④]

2. 金融发展水平

货币可兑换、资本账户自由化及金融市场的开放程度、深度及广度

---

① 廖凡.跨境金融监管合作:现状、问题和法制出路[J].政治与法律,2018(12):2-11.

② Ocampo J A. Regional Financial Cooperation [M]. Washington D. C.: Brookings Institution Press, 2006.

③ 陈瑶雯,范祚军等.中国—东盟金融合作:基于结构的切入与体系的对接[M].北京:中国社会科学出版社,2022.

④ 李永刚."金砖五国"金融合作的现实分析及策略选择[J].郑州大学学报(哲学社会科学版),2014,47(5):66-70;朱兴龙."一带一路"背景下我国金融国际合作实证研究[J].金融发展评论,2017(6):48-57;云倩."一带一路"倡议下中国—东盟金融合作的路径探析[J].亚太经济,2019(5):32-40+150.

等衡量金融发展水平的指标是影响区域金融合作的重要因素。资本项下交易的自由化一般应先于推动区域或者国际的金融合作或金融一体化。金融市场规模的扩大和效率的提升可以大大降低交易的不确定性和成本,从而为金融合作创造有利条件。金融市场结构从以银行借贷为主向债务融资、股权融资的转变,将对金融合作的内容和方向有影响。一国金融系统的脆弱性是区域宏观经济不稳定的一个主要来源,区域宏观经济不稳定将使区域金融合作难以推进。① 金融发展水平较低的地区与金融发展水平较高的地区在金融规模、金融结构、金融效率、金融创新能力等方面存在着较大的差异,容易造成区域内金融产业的分化。金融发展程度较高的地区,在现代金融业中拥有一定的优势,金融服务方式与服务技术、金融创新能力等都比金融发展程度较低的地区更具优越性,因而容易成为金融投资聚集地区。与此同时,随着金融分工的专业化水平不断提升,区域内部地区间的金融依赖性越来越强。

3. 政治意愿

政治意愿是区域金融合作的关键影响因素。由于货币所具有的天然权力属性,区域货币金融合作是一个敏感的国际政治问题,它既能够为合作双方带来显著的政治经济利益,也易引起国家间的冲突和猜忌。一项金融合作制度即使在经济上符合逻辑且能带来经济利益,成员国的政治意愿也将在很大程度上决定它是否能够正常有效地运行。实现金融货币合作最重要的因素有时是政治意愿而非经济驱动。区域金融

① Frankel J. Internationalization of the RMB and Historical Precedents[J]. Journal of Economic Integration, 2012, 27(3): 329-365; Yu Y D, Gao H H. The Internationalization of the RMB[J]. Asia and China in the Global Economy, 2011: 191-217; Genberg H. Currency Internationalisation: Analytical and Policy Issues[J]. Bis Papers Chapters, 2012; Moss F. The Euro: Internationalised at Birth[J]. Bis Papers Chapters, 2012.

合作离不开主要国家政治上的支持,从欧洲货币联盟的经验看,法国和德国从欧洲货币体系的建立到欧洲货币联盟的建立,再到货币统一,都给予了积极建议和直接推动,若没有这两个大国政治上的支持,仅靠市场推动和经济一体化的自然演进,欧洲将不会实现货币统一。相互信任和了解的增强有利于增进金融合作各国的合作共识,因而有利于避免金融合作过程中"囚徒困境"和机会主义行为的发生。①

4. 制度保障

区域金融合作的有效推进需要一定的制度保障,主要指区域金融合作各国国内的制度发展保障和金融合作的奖惩机制。相对完善的制度环境对经济发展起着重要的引导和规范作用,并使该国经济金融交易成本降低,从而有利于金融合作的开展。奖惩机制是遵守金融合作承诺、快速推进金融合作的有效机制。法制程度是直接影响外国投资的最重要因素,东道国的政治暴力和恐怖主义会导致外国投资的减少。政府能否从客观公正的立场出发,保护合作参与各方尤其是非本地合作主体的合法权益,是否能够保证地方司法机关独立行使审判权、执行权和司法权,司法效率的高低以及地方执法效率的高低和执法难易程度等,都会直接影响合作主体参与区域金融合作的积极性以及合作目标的实现。②

---

① 赵柯. 中欧金融合作:动因、路径与前景——从贸易伙伴迈向全球合伙人[J]. 欧洲研究,2016, 34(1): 77-90;Wyplosz C. Limits to the Independence of the ECB[J]. Review of World Economics, 2019, 155(1): 35-41.

② Mina W. External Commitment Mechanisms, Institutions, and FDI in GCC Countries[J]. Journal of International Financial Markets, Institutions and Money, 2009, 19(2): 371-386; Noorbakhsh F, Paloni A, Youssef A. Human Capital and FDI Inflows to Developing Countries: New Empirical Evidence [J]. World Development, 2001, 29(9):1593-1610.

二、货币国际化理论概述

人民币区域化是人民币国际化在一定区域内的具体实现。货币国际化通常会经历周边化、区域化、国际化这样一个货币国际使用地域范围不断扩大、货币履行国际货币职能也日渐深化的过程。作为货币国际化的重要阶段,货币区域化在路径、功能发挥及影响因素等诸多方面遵循货币国际化的一般原理。

(一)货币国际化的理论主张

1. 国际贸易结算货币选择理论

一国货币走出国门的起源在于国际贸易,充当国际贸易结算货币是成为国际货币的基本前提。进出口企业选择何种贸易结算货币不仅受到宏观层面的经济政策、汇率波动、通货膨胀、金融市场状况等因素影响,还受到微观层面的产品特性、产品竞争力、产品市场份额等因素影响。

斯沃博达(Swoboda)从货币交易成本角度对跨境贸易结算货币选择进行了分析,指出外汇市场高流动性货币对应着低交易成本,低交易成本货币更容易被作为国际贸易结算中介。① 格拉斯曼(Grassman)法则指出了国际贸易结算货币选择的一般规律,即在国际贸易过程中,尤其是工业制成品贸易中,交易双方更倾向于选择出口方货币作为结算货币。② 麦金农(Mckinnon)根据价格支配力不同将产品分为两类,I

① Swoboda A K. The Euro-Dollar Market: An Interpretation (Essays in International Finance)[D]. Princeton University, 1968.

② Grassman S. A Fundamental Symmetry in International Payment Patterns[J]. Journal of International Economics, 1973, 3(2): 105-116.

类可贸易品为拥有较强价格支配力的专业制成品,如机械产品、技术产品、知识密集型产品等异质品,Ⅱ类可贸易品为不具价格支配力的初级产品,包括原油、矿产品、农产品等同质品。其中,Ⅰ类产品由于其具有的高竞争力使出口商拥有更强谈判能力,进而偏向于以出口方货币结算,Ⅱ类产品受产品差异化程度低限制,通常会选择能够降低交易成本的主要国际货币进行交易结算。①

2. 货币替代理论

拉杰·切蒂(Raj Chetty)是首个提出货币替代概念的学者,他指出美国国内货币和准货币之间存在可替代性的原因在于具备高流动性。② 陈昭南在此基础上将范围拓展到国际市场,描述了不同国家间也存在货币替代现象。③ 基于货币职能角度,汉达(Handa)指出货币替代表现为外币充当本币价值储备功能。④ 法萨诺(Fasano)将货币替代定义为外币能够代替本币行使记账单位、交易媒介、价值储藏三大国际货币职能。⑤ 迈尔斯(Miles)构造了本币实际余额和外币实际余额组合下产生的货币服务函数,根据国内外货币在生产货币服务方面的相对效率和持有不同货币的相对机会成本差异,调节本外币持有比例,以此获得货币服务的最大化收益。该理论的核心思想在于本外币服务效率对货币替代程度产生影响。当外币提供的货币服务效率增加,该国居

① McKinnon R I. Money in International Exchange: The Convertible Currency System [M]. New York: Oxford University Press on Demand, 1979.

② Chetty V K. On Measuring the Nearness of Near-moneys[J]. The American Economic Review, 1969, 59(3): 270-281.

③ Chen C. Diversified Currency Holdings and Flexible Exchange Rates[J]. The Quarterly Journal of Economics, 1973, 87(1): 96-111.

④ Handa J. Substitution Among Currencies: A Preferred Habitat Hypothesis[J]. International Economic Journal, 1988, 2(2): 41-61.

⑤ Fasano-Filho U. Currency Substitution and the Demand for Money: The Argentine Case, 1960-1976[J]. Weltwirtschaftliches Archiv, 1986, 122(2): 327-339.

民会选择增持外币，减持本币；当外币提供的货币服务效率减小，该国居民则会选择减持外币，增持本币。[①] 博多(Bordo)和乔德里(Choudhri)在迈尔斯的货币替代生产函数基础上进行了改进，提出了以货币发挥交易媒介功能为出发点的货币替代边际效用理论。他们认为各国居民持有货币是为了追求货币服务便利性的效用最大化，即当本币和外币都能为居民提供交易支付功能时，本外币则具有了相互替代的潜质，使得居民以货币便利性为基础，调整本币和外币的持有比例。[②] 以戴维斯(Davis T. King)为代表的学者在迈尔斯提出货币替代理论基础上加入了资产组合因素，指出货币也是一种资产，同样具有风险和收益，因此通过调整本外币的持有比例，产生了货币替代现象。为了验证该理论，托马斯(Thomas)从定量的角度建立了货币需求资产组合函数，包括持有本外币的真实收益情况和持有本外币债券的真实收益情况，进而通过将所有资产加总之后，调节不同资产比例，实现资产组合的财富最大化。[③] 波洛兹(Poloz)基于货币流动性成本和不确定性成本提出了货币预防需求理论。[④] 他假定人们会同时面临本外币的随机货币需求，且本外币之间转换存在交易费用，使得人们出于风险防范而持有一定数量的本币和外币，因此，需要通过不断调整资产组合，使得组合的资产收益与转换成本之差达到最大。

---

① Miles M A. Currency Substitution, Flexible Exchange Rates, and Monetary Independence[J]. The American Economic Review, 1978, 68(3): 428-436.

② Bordo M D, Choudhri E U. Currency Substitution and the Demand for Money: Some Evidence for Canada[J]. Journal of Money, Credit and Banking, 1982, 14(1): 48-57.

③ Thomas L R. Portfolio Theory and Currency Substitution[J]. Journal of Money, Credit and Banking, 1985, 17(3): 347-357.

④ Poloz S S. Currency Substitution and the Precautionary Demand for Money[J]. Journal of International Money and Finance, 1986, 5(1): 115-124.

(二)货币国际化的影响因素

货币国际化是一国货币跨越国境在其他国家或地区发挥货币职能。跨境货币职能的发挥不仅受到经济因素的影响,还受到政治、制度、文化及地缘等诸多因素的影响。

1. 宏观因素

一是经济规模。货币发行国的经济规模与货币跨境使用水平呈显著正相关关系。货币跨境使用背后是各国经济实力的较量,强大的经济体可为本国货币提供坚实的经济基础和较大的资本市场容量,其发行货币跨境使用的可能性会远远高于经济小国。因此,经济实力是货币跨境使用的坚实物质基础。

二是金融市场发展程度。成熟、完善的金融市场为货币跨境使用提供良好的发展平台和环境。金融市场发展程度主要体现在金融市场的广度、深度和开放度三个方面。一个具有广度和深度的金融市场,将大大降低交易成本和不确定性,吸引国际投资者更合理地管理国际货币资产,并促使更多的贸易结算和投融资以该国货币进行,促进该种货币的跨境使用。金融市场开放度对货币跨境使用的影响主要体现在,一个没有资本管制和汇率管制的开放金融市场为国际货币持有者提供了更为确定性的信息,降低信息不对称问题,从而降低货币交易和持有成本,增强本币作为各国外汇储备的吸引力。

三是汇率稳定性及变动趋势。一种货币价值稳定是其国际使用的重要条件。本币的贬值率通过影响利率、商品价格而引发货币替代。随着汇率风险的增加,一国货币作为进口方货币计价的机会就会增加,而作为出口方货币计价和交易货币计价的机会就会相应减少。陈庚辛(Menzie D. Chinn)和弗兰克尔(Frankel)发现一种货币汇率波动幅度的增加会显著不利于其在各国央行国际货币储备中的份额。[1] 相对于出口方货币计价方式，一国货币作为进口方货币计价的可能性明显地受到汇率风险和贸易伙伴的距离的影响，且与汇率传递的弹性有显著的负向关系，而作为交易货币计价的可能性会受到汇率风险的负向影响以及汇率传递弹性的正向影响。

四是政策因素。货币跨境使用以货币发行国和使用国政府相关政策为前提条件。比如，发行国政府取消对国内外机构或个人以该国货币在金融市场上购买或卖出资产的限制，国内企业可以用本币作为全部或部分出口的计价结算，外国企业、金融机构、官方机构和个人可以按他们认为审慎的数量自由地持有该国货币及该国货币标价的金融资产，货币发行国的金融机构和非金融企业可以在外国市场发行以该国货币计价的金融工具等。进出口双方选择计价货币时会更多地倾向于选择具有稳定货币政策国家的货币，而不愿选择具有不稳定货币政策国家的货币作为计价货币。因此，政府政策支持为货币跨境使用提供了有力支撑。

五是国内政局和国际政治关系的稳定发展。货币跨境使用不仅需要货币发行国强大的经济实力，还需要强大的政治后盾作为支撑。稳定的国内政治结构可以建立低通货膨胀的信誉，增强该国货币国际持有和使用的吸引力。国际政治关系研究普遍认为，除了市场逻辑，政治逻辑才是解决问题的关键，更有助于理解货币跨境使用的本质和现实。两国间的货币交易会随着两国间友好政治关系的加深而增多，反之，若两国关系不稳定，出现冲突甚至战争，则会阻碍货币跨境使用的推进。

---

① Chinn M D, Frankel J A. Will the Euro Eventually Surpass the Dollar as Leading International Reserve Currency? [J]. NBER Working Paper Series, 2005.

2. 微观因素

货币国际使用主要发挥其作为国际货币的基本职能,即计价货币职能和结算货币职能。从微观层面上看,一国货币要发挥计价货币的职能,主要取决于本币交易成本、商品特性及市场结构等因素影响。

一是交易成本。交易成本越低的货币,越可能成为计价货币。规模越大的交易越倾向于选择进口企业东道国的货币来计价,因为这样有利于节约交易成本,从而获得更多的利润。[①]

二是商品特性和市场结构。出口商品的需求弹性和出口商品的价格弹性是影响出口商定价策略最显著的两个因素。若本国外贸产品结构差异性较高,出口商将采用出口方货币计价。反之,若外贸产品差异性小则出口商更倾向于选择相对稳定的定价策略,即采用交易货币计价方式。在垄断竞争市场结构下,出口企业倾向于选择交易货币计价。特别是在发展中国家,激烈的竞争导致出口企业产品差异化较小,因此,选择交易货币作为计价货币成为他们的最优选择。

三是市场份额。出口方在进口市场上的份额是影响计价货币选择的主要因素,市场份额越大越可能以出口方货币计价,相反地,如果出口国在外国市场份额较小,出口商会采用外国竞争者的货币来定价 。

四是定价方式。进出口企业的定价行为影响其对结算货币的选择。[②] 出口商放弃出口国货币定价福利而选择第三国货币定价,主要由于出口商会基于其竞争对手的价格来制定自己的价格,当其他出口

---

① Goldberg L S, Tille C. Vehicle Currency Use in International Trade[J]. Journal of International Economics, 2008, 76(2):177-192.

② 姚大庆.基于动态演化和货币搜寻的货币国际化研究[M].上海:上海社会科学院出版社,2022:22-37.

商均使用某种货币定价时,该出口商也采用该种货币定价。[1]

三、国家异质性理论概述

(一) 国家异质性及其表现

异质性最早是遗传学概念,现已被应用于经济学、哲学、文学及人口学等领域的研究。经济学中的异质性指经济主体间的差异,包括异质性消费者、异质性企业和国家异质性。消费者存在效用函数异质性、消费品位异质性、消费产品转移的成本异质性等,从而导致消费行为不同和消费者福利不同。企业在规模、生产成本、生产力、技术以及研究及试验发展经费(R&D 经费)投入等方面存在的异质性对其市场竞争力、贸易量、贸易增长、行业福利、国际贸易和经济增长都会产生影响。[2] 国家异质性是国家之间的社会经济最本质、内在的差异[3],其表现为国家间在资源禀赋、要素价格、经济与金融结构、经济发展水平、金

---

① Fukuda S I, Ono M. On the Determinants of Exporters' Currency Pricing: History vs. Expectations[J]. Journal of Japanese Int. Economies, 2006(4): 548-568.

② Jensen M K. On Unbounded Growth with Heterogeneous Consumers[J]. Journal of Mathematical Economics, 2006, 42(7): 807-826; Biglaiser G, Cremer J, Dobos G. Heterogeneous Switching Costs[J]. Cepr Discussion Papers, 2014; Baldwin R E, Forslid R. Trade Liberalization with Heterogeneous Firms[J]. Social Science Electronic Publishing, 2004, 14(2):161-176; Bernard A B, Schott P K. Comparative Advantage and Heterogeneous Firms[J]. Review of Economic Studies, 2007, 74(1):31-66; Chor D. Subsidies for FDI: Implications from a Model with Heterogeneous Firms[J]. Journal of International Economics, 2009, 78(1):113-125

③ 杨波,万筱雯,朱洪飞. 国家异质性视角下的跨国并购区位选择[J]. 统计与决策, 2021,37(6):179-184; Wachter K W, Freedman D A. Measuring Local Heterogeneity with 1990 U. S. Census Data[J]. Demographic Research,2000, 3(10): 1-31.

融发展水平及制度文化方面的差异[①],这些差异会引致或加剧国家间交易成本、创新水平、生产率、经济增长方式和国家福利水平的差异[②]。国家异质性客观存在,且对区域合作产生重要影响。

(二) 相关理论基础

国家异质性内涵丰富,涉及国家政治制度、文化、地理位置等诸多因素。理解国家异质性及其经济影响需要多种经济理论的综合运用。经济学理论及其发展为理解国家异质性及其对区域经济与金融合作的影响提供了重要的理论基础。

1. 比较优势理论

比较优势理论由 19 世纪英国经济学家大卫·李嘉图(David Ricardo)提出,该理论的核心观点是:即使一个国家在生产所有商品上的效率都低于其他国家,它仍然可以通过专注于自己拥有相对较大优势

---

① Guerron P A, Grennes T J, Leblebicioglu A. Economic Development and Heterogeneity in the Great Moderation among the States[J]. Journal of Macroeconomics, 2011, 11(1): 21;Tobias, Korner, Isabel, et al. Public Ownership of Banks and Economic Growth The Impact of Country Heterogeneity[J]. Economics of Transition, 2011, 19(3):407-441; Piaggio M, Padilla E. CO_2 Emissions and Economic Activity: Heterogeneity Across Countries and Non-Stationary Series[J]. Energy Policy, 2012,46: 370-381; He C, Huang Z, Ye X. Spatial Heterogeneity of Economic Development and Industrial Pollution in Urban China[J]. Stochastic Environmental Research and Risk Assessment, 2014,28(4): 767-781.

② Blekking J, Tuholske C, Evans T. Adaptive Governance and Market Heterogeneity: An Institutional Analysis of an Urban Food System in Sub-Saharan Africa[J]. Sustainability, 2017,9(12):2191-2198; Begega S, Rodriguez AMG. Welfare Reform in Southern Europe Under Austerity. Institutional Heterogeneity and Change[J]. Papeles De Europa, 2018, 31(1):69-79;石伟文. 经济一体化与双边贸易成本:基于异质性贸易制度安排的视角[J]. 国际经贸探索,2018(9):48-63; Leyva-de la Hiz DI, Hurtado-Torres N, Bermúdez-Edo M. The Heterogeneity of Levels of Green Innovation by Firms in International Contexts: A Study Based on the Home-Country Institutional Profile[J]. Organization & Environment, 2019, 32(4): 508-527;金培振,殷德生,金桩. 城市异质性、制度供给与创新质量[J]. 世界经济,2019(11):99-123.

(或相对较小劣势)的商品生产,并通过国际贸易来获取其他商品,从而提高全球生产效率和福利水平。比较优势理论通过强调国家在生产效率上的差异,为理解和测量国家异质性提供了一个重要的框架。国家之间在生产要素配置上的异质性导致了国家在生产不同商品和服务上的效率存在差异,从而形成了比较优势。国家应专注于其拥有比较优势的商品或服务的生产,这会影响国家的经济结构,导致国家之间在经济结构上的异质性。比较优势理论也影响了国家的贸易模式,导致国家之间在贸易模式上的异质性。例如,一些国家可能主要从事原材料的出口,而其他国家可能主要从事成品的出口。

2. 赫克歇尔–俄林理论

赫克歇尔–俄林理论由瑞典经济学家埃利·赫克歇尔(Eli Heckscher)和贝蒂尔·俄林(Bertil Ohlin)提出。该理论认为,一个国家会出口其生产所需的生产要素(例如劳动力、土地或资本)相对丰富的商品,而进口其生产所需的生产要素相对稀缺的商品。这是因为生产要素的丰富程度会影响商品的生产成本。如果一个国家的某种生产要素相对丰富,那么使用这种生产要素的商品的生产成本就会较低,从而使得这个国家在国际市场上具有竞争优势。由于各国在生产要素的丰富程度上存在差异,也就导致了各国在国际贸易中的角色和地位存在异质性。赫克歇尔–俄林理论说明了这种异质性的来源和影响,为理解和解释国际贸易结构异质性提供了重要思路。

3. 新贸易理论

新贸易理论由保罗·克鲁格曼(Paul Krugman)在20世纪70—80年代提出,该理论认识到了技术进步和创新在国际贸易中的重要性。企业可以通过投资研发和创新来提高生产效率,从而在国际市场上获得竞争优势。这种创新驱动的竞争优势可以解释为什么一些高科技产品主要由一小部分国家出口。新贸易理论还引入了网络效应和路径依赖的概念。一旦一个国家或一个企业在某个市场上获得了领先地位,它就可能因为网络效应和路径依赖而维持这种领先地位。这可以解释一些商品的主要生产国和出口国往往在很长一段时间内保持稳定的原因。新贸易理论强调规模收益和市场规模对国际贸易的影响。这为衡量国家经济规模和市场异质性提供了一个理论视角。对于拥有大规模市场和收益的国家,其可能在某些产品领域内取得领先地位,并在全球范围内建立更强大的竞争优势。新贸易理论中的产品差异化和消费者选择理念暗示了国家间在产品和服务供应能力上的异质性。这种异质性可能来自国家的特殊资源、技术、知识及文化等因素,这些因素共同决定了国家的产品和服务供应结构。此外,新贸易理论强调了技术创新对国际贸易的重要作用,这对理解国家间的创新能力异质性提供了启发。国家间的创新能力差异可能会导致其在某些高科技产品和服务领域内的竞争优势分布不均。新贸易理论中的网络效应和路径依赖概念,对于理解国家异质性测度理论中的历史异质性具有重要价值。一个国家的历史决策和发展路径可能会对其当前和未来的经济表现产生深远影响。

4. 可持续发展理论

1987年《布伦特兰委员会报告》首次提出了可持续发展的理念,即"为满足当前代人的需求,而不损害后代满足其需求的能力"。可持续发展理论认为,真正的发展应该是经济、社会和环境三个维度的整合。经济增长应该带来社会福利的提高,并且这种增长不应损害环境的可持续性。可持续发展理论强调经济发展、社会公正和环境保护三者的平衡,而这三个方面在不同国家之间可能存在很大的差异。这些差异可能会影响各国实现可持续发展的策略和路径。将可持续发展理论与国家异质性测度理论结合起来，可以更好地理解和处理全球可持续发展的挑战。例如，根据各国的异质性制定符合各国实际情况的可持续发展策略。同时，通过测度和比较各国的可持续发展进程，来推动全球的可持续发展合作。

5. 国家异质性测度理论

国家异质性测度理论是用于衡量国家间差异的综合性理论，该理论的核心概念在于认识到国家、制度之间存在差异性和多样性，这些差异性影响着国家政治、经济及文化的发展。国家异质性测度理论通过考虑各个指标和影响因素，旨在提供一个全面而准确的评估框架，以揭示国家间的差异性。基于国家间不同方面的差异，国家异质性测度理论提出了一系列测量指标和方法，以便对国家间的差异进行测量和比较。例如，可以通过政治制度指数、经济发展指数、文化差异指数、社会福利指数和环境保护指数等指标，衡量不同国家在不同方面的异质性表现。国家异质性测度理论有助于更好地理解国家间的差异，了解各国的优势和劣势，从而帮助政策制定者制定更加精准的政策和措施，促进各国之间的合作和发展。

关于国家异质性测度指标的研究反映了对国家异质性内涵不同角度的理解。伊斯特利（Easterly）等采用种族语言比例指数作为各国异质程度的主要代理变量。[①] 鲍德温（Baldwin）等采用种族语言比例指数、文化比例指数和群体间不平等三个指标测度各国异质性程度。[②] 布斯坦（Boustan）等采用反映种族异质类别的种族语言比例指数

---

① William E, Ross L. Africa's Growth Tragedy: Policies and Ethnic Divisions[J]. Quarterly Journal of Economics, 1997, 112(4): 1203-1250.

② Baldwin K, John D, Huber. Economic Versus Cultural Differences: Forms of Ethnic Diversity and Public Goods Provision[J]. American Political Science Review, 2010, 104(4): 644-622.

和反映收入差距的基尼系数测度国家异质性程度。[①] 吴琼、沈滢基于国家异质性的客观属性和主观属性选取国家规模(人均 GDP、人口、国土面积等)、资源禀赋(资源优势、互补性)、民族文化(语系与语种、文化根源、文化整合度等)、合作意愿(其他国家的干扰)、治理理念(发展阶段、工业化水平等)及利益偏好(国家需求等)等 6 项指标构建国家异质性测度指标体系,并利用各指标异质性平均值测算国家整体异质性。[②] 王伟等指出经济发展水平、金融发展水平、金融开放度及汇率低估等 4 个国家异质性因素是影响一国合意外汇储备规模的显著因素。[③] 余道先、邹彤研究了工业增加值、通货膨胀率及失业率等国家异质性因素对货币国际化水平的显著影响。[④] 王成福等将基础设施领域国家异质性分为资源禀赋和偏好两类指标,其中资源禀赋包括人力资源与劳动力市场、GDP、自然资源保有量及国家安全 4 项指标,偏好包括基础设施现状和国际开放度两项指标。[⑤] 李杨、车丽波研究国家异质性对中国对外直接投资的贸易产品结构效应时,以中国国内生产总值、东道国国内生产总值、中国与东道国之间的距离及是否签订自由贸易协定为国家异质性变量。[⑥] 杨波等将国家异质性划分为地理距离、文化距离、政府规制距离及经济自由度 4 个维度,其中地理距离以两国

---

① Boustan L P. Was Postwar Suburbanization "White Flight"? Evidence from the Black Migration [J]. The Quarterly Journal of Economics, 2010, 125(1): 417-443.

② 吴琼,沈滢. 基于国家异质性的"一带一路"沿线区域经济一体化发展对策研究[J]. 全国流通经济,2022(20):107-110.

③ 王伟,杨娇辉,王凯立. 风险敞口、国家异质性与合意外汇储备规则[J]. 世界经济,2018,41(3):101-126.

④ 余道先,邹彤. 人民币国际化的国家异质性分析与人民币国际化进程[J]. 世界经济研究,2017(7):3-16.

⑤ 王成福,黄承锋. 基于国家异质性的中巴伊土国际通道集体行动逻辑分析[J]. 数学的实践与认识,2020,50(13):38-47.

⑥ 李杨,车丽波. 中国 OFDI 的贸易产品结构效应——基于国家异质性的分析[J]. 湖北大学学报(哲学社会科学版),2019,46(4):145-152.

重要城市间经纬度的球面距离进行加权测算,文化距离借鉴霍夫斯泰德(Hofstede)有关文化研究的6个维度并通过合成指数的方法测算,政府规制距离采用世界银行公布的全球治理指数并借鉴文化距离测算方法计算,经济自由度则用东道国的经济自由度表示。[①] 樊秀峰等以文化距离、东道国经济发展水平、是否为新兴市场经济体等3个指标分析国家异质性对海外投资与企业创新关系的研究。[②] 聂世坤、叶泽樱研究双边关系和制度环境这两个国家异质性因素对中国对外直接投资出口创造效应的影响。[③]

第三节　研究动态

一、中国与周边国家的金融合作

中国幅员辽阔,与中国大陆接壤的国家有14个,隔海相望的国家有6个,这些邻国分属东亚、东南亚、南亚、东北亚和中亚。其中就金融合作而言,最为主要的是中国与东南亚国家的金融合作。

---

① 杨波,万筱雯,朱洪飞.国家异质性视角下的跨国并购区位选择[J].统计与决策,2021,37(6):179-184.

② 樊秀峰,高伟,王全景.海外投资与企业创新——基于东道国异质性和企业异质性的实证检验[J].国际经贸探索,2018,34(9):79-96.

③ 聂世坤,叶泽樱.双边关系、制度环境与中国对“一带一路”国家OFDI的出口创造效应[J].国际经贸探索,2021,37(2):67-82.

(一)中国与东南亚国家(东盟)的金融合作

亚洲金融危机后,东盟金融合作与一体化问题成为国内外关注的热门话题。首先,国外研究主要围绕清迈倡议、亚洲债券市场与金融一体化等问题,肯定了亚洲金融危机后,东亚地区金融一体化取得的进展,但也指出亟待建立推动合作的共同机构,并完善区域内法律、制度和治理框架。同时,发挥区域内关键国家的作用,推动国家间宏观经济政策与汇率政策的协调。中国要发挥在区域金融合作中的大国影响力,承担更多的区域责任,开放金融体系,推动人民币国际化,推进东盟与中日韩(10+3)经济一体化进程。①

其次,国内的研究集中于如何进一步展开中国与东盟的金融合作。中国与东盟的金融合作模式由最早的危机驱动型金融合作逐渐发展为促进中国与东盟地区的贸易和投资、推动人民币跨境使用的金融合作模式,涉及签署双边货币互换、贸易支付结算、互设分支机构及设立人

① Amyx J A. What Motivates Regional Financial Cooperation in East Asia Today? [J]. Asia—Pacific Issues, 2005, 54(1-4):205-208; Guillaumin C. Financial Integration in East Asia: Evidence from Panel Unit Root and Panel Cointegration Tests[J]. Journal of Asian Economics, 2009, 20(3):314-326; Arner D, Lejot P, Wang W. Assessing East Asian Financial Cooperation and Integration[J]. Social Science Electronic Publishing, 2008(12):250-277; Rana P B. Monetary and Financial Cooperation in East Asia: The Chiang Mai Initiative and Beyond[J]. Asian Development Bank Working Paper Series No. 6, 2002; Pei C. Asian Financial Cooperation: Priority to Develop Bilateral Bond Markets[J]. Emerging Markets Finance & Trade, 2005, 41(5):75-82; Chey H K. The Changing Political Dynamics of East Asian Financial Cooperation: The Chiang Mai Initiative[J]. Asian Survey, 2009, 49(3):450-467; Rahman M S. Testing the Validation of the Financial Cooperation Agreement among ASEAN+3 Stock Markets[J]. International Journal of Emerging Markets, 2017, 12(3); Park Y C. RMB Internationalization and Its Implications for Financial and Monetary Cooperation in East Asia [J]. China & World Economy, 2010, 18(2):1-2; Wang Y. RMB Internationalization and Its Implications for Asian Monetary Cooperation[J]. Seoul Journal of Economics, 2017, 30(1): 19-49; Kring W N, Grimes W W, Boston U. How Has ASEAN+3 Financial Cooperation Affected Global Financial Governance? [J]. International Relations of the Asia-Pacific, 2021, 21(1): 7-35.

民币清算行等合作内容，以及金融监管合作、金融风险防范合作、金融市场合作、金融机构合作、区域债券市场合作及反洗钱合作等诸多方面。近年来，借助“一带一路”倡议推进中国与东盟金融合作成为新热点，我国提出了完善金融支持体系和搭建“一带一路”货币基金、开发银行和国际金融合作组织等金融合作制度化平台等政策主张。①

（二）中国与周边国家金融合作的影响因素

区域政治统一性的缺失和中国与周边国家政治互信及经济利益分歧对中国与周边国家金融合作产生影响。西方发达国家对中国周边国家政治经济的影响也制约着中国与周边国家的金融合作进程。各国国内政局和政策稳定性及延续性，经济增长的确定性和主权信用风险等内部因素也是影响中国与周边国家金融合作的重要因素。②

（三）云南与周边国家的金融合作

首先，云南与周边国家金融合作具有显著区位优势。云南与周边国家山水相连、文化相通，基于边境贸易的金融合作历史悠久，具有开展金融合作的独特地缘区位优势。积极推进中国云南与老挝、缅甸、柬

① 王丽娅. 中国与东盟地区金融合作现状与前景分析[J]. 亚太经济，2007(1)：32-35；李宾. 关于构建中国—东盟反洗钱区域合作机制的思考[J]. 经济研究参考，2014(53)：43-45；刘方，丁文丽. 中国—东盟金融合作指数的构建及其演变特征[J]. 国际商务(对外经济贸易大学学报)，2020(1)：71-83；杨盼盼，徐奇渊. 面向未来的中国与东盟金融合作[J]. 中国金融，2023(8)：44-46.

② Katada S N, Univ S C. In Pursuit of Stability: Evolution of Asia's Regional Financial Architecture [J]. The Pacific Review, 2017, 30(6): 910-922; Krapohl S, Vasileva-Dienes A. The Region That Isn't: China, Russia and the Failure of Regional Integration in Central Asia [J]. Asia Europe Journal, 2020, 18(3): 347-366；陆长荣，崔玉明，王越. 东亚货币合作困境分析的新视角：货币竞争与货币合作的悖论[J]. 亚太经济，2020(1)：32-43；闫红瑛. “一带一路”框架下加强中国西藏与尼泊尔金融合作的思考[J]. 西藏民族大学学报(哲学社会科学版)，2020，41(1)：74-80.

埔寨、文莱等经济金融发展水平相对较低的周边国家开展金融合作的影响力明显大于与新加坡、马来西亚、印度尼西亚等经济金融发展水平相对较高的周边国家开展金融合作的影响力。①

其次,自20世纪90年代始,至2009年国家正式出台人民币国际化制度安排,关于云南与周边国家金融合作的早期研究,主要集中于云南与老、缅、越等大湄公河次区域国家金融机构合作、跨境人民币结算、金融安全、反洗钱、反假人民币等方面。既有双边金融合作的研究,也有区域金融一体化的研究,总体上认为该区域金融合作是一个典型的"多样性中求统一"的发展过程。②

最后,2009年国家出台人民币跨境结算试点政策之后,人民币国际化进程加快,这一时期对云南与周边国家金融合作的研究主要围绕人民币在云南周边化与区域化,就人民币与云南周边国家货币直接兑换机制建设、人民币与东盟国家货币直接交易及人民币对非储备货币区域性外汇市场建设等问题进行了探索。针对云南周边国家金融发展普遍落后的现状,应注重提供更务实有力的顶层设计支持、增加银行分支机构互设、逐步消除民间金融影响、构建金融风险预警系统或金融应急机制等金融合作举措。③

---

① 丁文丽,刘丰睿,李富昌. 异质性多主体视角下的中国与东南亚周边国家金融合作研究[J]. 金融,2018(1):36-45;竺彩华. 深化周边经贸合作:意义、问题与对策[J]. 国际贸易,2019(7):60-67;何建军,毛文莉,潘红玉. 中国—东盟金融合作与区域创新发展[J]. 财经理论与实践,2022,43(2):17-23.

② 王智勇. 澜沧江—湄公河次区域经济合作中的货币兑换问题研究[M]. 昆明:云南人民出版社,2007;丁文丽等. 大湄公河次区域货币金融合作:理论、基础与对策[M]. 北京:人民出版社,2009.

③ 胡列曲,孙兰,丁文丽. 大湄公河区域国家经济金融一体化实证研究[J]. 亚太经济,2011(5):26-31;刘方. 人民币国际化的进展及在云南的实践与对策[J]. 对外经贸实务,2018(9):56-59;申韬,王新元. 缅甸银行业发展现状与中缅银行业合作探究[J]. 云南大学学报(社会科学版),2017,16(6):113-121;米军,陆剑雄. 中蒙俄经济走廊金融合作发展、风险因素及深化合作的思考[J]. 欧亚经济,2022(2):88-109.

二、人民币周边国际化相关研究

（一）人民币周边化、区域化是人民币国际化长期进程的必要阶段

选择一条合适的人民币国际化路径对中国乃至世界经济高质量发展具有重要作用。从周边国家出发,从贸易与投资的真实需求出发,通过人民币区域化实现人民币全球化,是人民币国际化更为审慎和稳健的路径。人民币的辐射优势主要集中于周边地区,以周边地区作为突破口,从相邻或接壤国家出发,以与周边国家贸易合作为出发点,通过人民币跨境结算,完善人民币计价结算使用,不仅可实现人民币周边化、区域化,而且有利于夯实人民币完全国际化的基础,通过地区经济合作机制将人民币使用范围拓展到亚洲区域,将人民币发展成为区域货币或基准货币,推动人民币区域国际化。①

（二）人民币区域化在东南亚地区成效显著

一是在人民币跨境贸易与投资结算方面,2021 年东盟国家跨境人民币结算量达 4.8 万亿元,同比增长 16%。其中,东盟国家直接投资项下人民币跨境收付金额合计 6094.2 亿元,同比增长 43.5%。二是在银行间货币挂牌交易方面,东南亚已经有 6 个国家实现了人民币挂牌交易。其中,人民币对越南盾、柬埔寨瑞尔、印度尼西亚卢比已经实现了银行间外汇市场的区域交易。人民币对泰铢、新加坡元、马来西亚林吉

① 石杰. 人民币国际化战略的现实选择[J]. 经济研究参考,2008(64):60-65;张明. 人民币国际化与亚洲货币合作:殊途同归?[J]. 国际经济评论,2015(2):55-67;常殊昱,熊婉婷,刘方. 老挝人民币国际化业务发展[J]. 中国金融,2019(14):25-27.

特这三种货币,已经实现了银行间外汇市场的直接交易。三是在货币互换方面,自 2009 年起货币互换的规模和范围持续扩大,中国先后与马来西亚、印度尼西亚、新加坡、泰国和老挝签署了双边货币互换协议。作为推进人民币国际化的基本机制,货币互换机制在未来几年内有望覆盖整个东南亚地区。截至 2022 年底,中国与这五个东盟国家之间的货币互换金额已累计高达 25300 亿元。四是在人民币发挥储备货币功能方面,柬埔寨等国中央银行已经将人民币作为本国的外汇资产纳入外汇储备体系之中,人民币价值储藏功能进一步得到发挥。截至 2022 年底,马来西亚、新加坡、泰国、印度尼西亚、柬埔寨和菲律宾这 6 个东南亚国家已宣布将人民币纳入外汇储备。五是在人民币离岸市场建设方面,中国五大国有银行在东南亚国家设置了近 200 家分支机构,助推人民币与这些国家货币之间的清算业务。新加坡已成为中国香港、英国伦敦之外的全球第三大离岸人民币金融中心。①

(三) 老缅越柬等云南周边国家是东南亚地区使用人民币的典型国家

在老挝、缅甸及越南等周边国家与中国接壤的边境地区,人民币正在飞速变成具有主导地位的交换媒介,在老、缅、越、柬等国境外旅游中人民币已被广泛接受。

首先,人民币在云南周边国家边境地区广受欢迎。20 世纪 90 年代初中国与大湄公河次区域国家外交关系正常化,云南与周边国家经

---

① 广西金融学会. 2022 年人民币东盟国家使用报告[R]. 2022-09-17;李欢丽,刘昊虹. 中国—东盟货币合作不断深化[J]. 中国金融,2022(24):93-95;中国人民银行. 2022 年人民币国际化报告[R]. 2022-09-23;鲍阳,王根强,李瑞红. 东盟助力人民币国际化的现实基础、制约因素及推进策略[J]. 对外经贸实务,2020,378(7):53-56;马涛. 人民币国际化的空间结构演化研究[D]. 昆明:云南师范大学,2018;李俊久,蔡琬琳."一带一路"背景下中国与东盟货币合作的可行性研究[J]. 亚太经济,2020,221(4):39-48+149.

贸合作快速发展,并在边境贸易中率先使用人民币结算,在中国与云南周边的东南亚国家边境地区,人民币正在飞速变成具有主导地位的交换媒介。2003 年云南开始使用人民币进行跨境投资。中越、中老、中缅边贸结算人民币占比均在 90%以上,在缅甸北部某些地区甚至出现人民币替代缅币成为流通货币的现象。在老挝东北部地区,也出现了人民币替代老挝基普进入流通的现象,最远深入到老挝万象一带。在新加坡、马来西亚、泰国、老挝、缅甸及越南等国家的一些商店,人民币可以直接购买商品。在越南、老挝、缅甸境外旅游服务活动中,人民币也已成为广受欢迎的货币。自 2009 年中国实施跨境人民币结算试点以来,人民币在云南周边东南亚国家的认可度和使用度不断提高。人民币在区域国家货币篮子里的影响力有小幅度的提升。越南政府和缅甸政府正在积极推进越南盾、缅币和人民币之间的自由兑换工作。泰国、马来西亚、新加坡等国成立了人民币业务清算行,以此促进人民币在该国投资和国际贸易结算等领域的使用。区域国家纷纷将人民币纳入本国外汇储备,与中国之间的外汇交易也更加频繁。在新冠疫情影响下,东南亚国家普遍遭受了严重的经济损失,期待通过中国的货币援助以缓解经济压力。①

其次,人民币周边国际化成为中国与周边国家金融合作的重要内容。云南省作为人民币自发跨境流动的最早省区,为全国提供了宝贵

① 马广奇,李洁."一带一路"建设中人民币区域化问题研究[J].经济纵横,2015(6):41-46;徐奇渊,杨盼盼.东亚货币转向钉住新的货币篮子?[J].金融研究,2016(3):31-41;刘方,丁文丽.中国西南周边国家美元化对人民币跨境流通的影响研究[J].云南师范大学学报(哲学社会科学版),2019(6):85-93;高明宇,李婧.基于货币锚模型的人民币影响力空间分布特征分析——兼论东亚人民币区是否形成[J].上海经济研究,2020(10):119-128;李俊久,蔡琬琳."一带一路"背景下中国与东盟货币合作的可行性研究[J].亚太经济,2020(4):39-48+149;赵儒南.新加坡参与"一带一路"及中新合作研究[J].亚太经济,2021(1):98-105.

的人民币跨境使用早期经验。20世纪90年代以来,云南发挥区位优势,利用“云南省、广西壮族自治区沿边金融综合改革试验区建设”“中国(云南)自由贸易试验区建设”“建设中国面向南亚东南亚辐射中心”等国家政策叠加支持优势,积极推进沿边金融开放与合作。在人民币周边使用、双边金融机构合作、区域金融安全、双边货币直接兑换机制建设、人民币对周边国家非储备货币区域性外汇市场建设、反洗钱及反假人民币等领域积极展开了创新性研究和实践探索,开创了人民币与老挝基普、缅币、越南盾本外币结算“河口模式”,人民币对缅币货币兑换汇率“瑞丽指数”、人民币对越南盾货币兑换汇率“YD指数”,构建了以银行间市场区域交易为支撑,以银行柜台交易为基础,特许兑换为补充的全方位、多层次人民币与周边国家货币区域性货币交易的“云南模式”等全国可推广、可复制经验,成为人民币跨境使用和中国沿边金融开放与合作的典型省区。①

(四) 老缅越柬等云南周边国家美元化对人民币区域化有重要影响

云南周边的老挝、缅甸、越南和柬埔寨是东南亚地区典型的美元化国家。相关研究集中于探讨这些国家美元化的成因、美元化的程度及其对通胀及汇率稳定的影响。库博什(Kubo)全面回顾和分析了柬埔寨、越南、老挝和缅甸的美元化发展历程、变化趋势、产生原因及美元化对货币政策的影响。更多的研究是对各国美元化成因、程度及去美元

① 丁文丽等.大湄公河次区域货币金融合作:理论、基础与对策[M].北京:人民出版社,2009;丁文丽,李艳,游溯涛.中国边境地区地下金融现状调查:云南案例[J].国际经济评论,2011,96(6):123-131;胡列曲,孙兰,丁文丽.大湄公河区域国家经济金融一体化实证研究[J].亚太经济,2011,168(5):26-31;者贵昌.“一带一路”建设背景下中国与泰国金融合作的机遇与挑战[J].东南亚纵横,2017,285(1):36-42;丁文丽,胡列曲.如何推动货币国际使用:国际经验与启示[J].求是学刊,2021(1):102-113.

化政策选择的国别分析。①

国外对云南周边国家美元化研究中涉及的外国货币是美元和泰铢，尚未提及人民币，更没有讨论美元化对人民币区域化的影响。国内结合美元化又涉及人民币区域化的是束斌和马国宏的研究，该文基于印度支那三国（越、老、柬）的美元化历程，从货币替代可能性角度指出了人民币在三国的不同使用前景。

在研究方法上，伊兹和耶亚蒂运用最低方差投资组合模型：

$$\lambda_D = \lambda^* - E(r_D^H - r_D^F)/(c_D Var(r_D^H - r_D^F)), \lambda_L = \lambda^* + \frac{\delta_L}{c_L \sigma_{r_L}}$$

构建了一个分析美元化的理论框架，引入本币、外币和跨境货币，分析了存款美元化和贷款美元化的决定因素。以此理论架构为基础，后续研究主要使用计量经济模型验证美元化的影响及影响美元化的因素。詹尼・德・尼科洛（Gianni De Nicolo）分析了美元化对金融深化与金融不稳定的关系；霍诺汉（Honohan）分析了汇率变动、通胀变动、货币增长和利率变动对美元化的影响；卢卡（Luca）和彼得罗娃（Petrova）从企业需求和银行供给外币的视角，探讨了信贷美元化的均衡条件；礼

① Kubo K. Dollarization and De-dollarization in Transitional Economies of Southeast Asia[M]. London: Palgrave Macmillan, 2017; Zamaróczy MD, Sa S. Economic Policy in a Highly Dollarized Economy: The Case of Cambodia [R]. IMF Occasional Papers, 2003, No. 219; Menon J. Cambodia's Persistent Dollarization: Causes and Policy Options [J]. Asian Economic Bulletin, 2008, 25(19); Duma N. Dollarization in Cambodia: Causes and Policy Implications [R]. IMF Working Paper, 2011, No. 49; Braiton N. Dollarization in Cambodia; Causes and Policy Implications [J]. IMF Working Papers, 2011, 11(49); Pham T H A. Dollarization and De-dollarization Policies: The Case of Vietnam[C]. Dollarization and De-dollarization in Transitional Economies of Southeast Asia, 2017; Keovongvichith P. Asset Substitution and Currency Substitution behind Dollarization and De-dollarization Policy in the Lao PDR: Evidence from Bank-Level Data[C]. Dollarization and De-dollarization in Transitional Economies of Southeast Asia, 2017.

(Lay)等讨论了美元化与柬埔寨瑞尔汇率波动之间的关系。①

三、国家异质性与区域金融合作

(一) 国家异质性与国际合作

国家异质性既可以为国际合作提供基础和动力,也会导致合作难度增加。一方面,资源的异质性对于合作的出现和维系至关重要,不同国家和区域在经济资源、技术、产品和市场中的异质性促使区域之间的贸易、交换和合作得以产生。国家权力和偏好的异质性形成了跨国集体行动中领导者、跟随者或"搭便车"者的国家角色划分,从而为国际合作创造条件。② 另一方面,国家异质性又增加了合作难度,异质性导致规则设计的复杂性,降低了合作的概率。异质性使国家间的合作关系难以调和,降低了国家间的信任。不同国家对公共物品的不同价值评估也会对合作产生影响。在国际制度设计的集体行动中,各国在议价能力、承担成本能力以及利益诉求等方面存在的差异使得国家出现

---

① 束斌,马国宏. 印度支那三国的美元化及推动人民币在这一地区成为流通货币前景的研究——基于国际政治经济学的视角[J]. 上海金融,2015(12):89-94; Ize A, Yeyati EL. Financial Dollarization [J]. Journal of International Economics, 2005, 59(2); Gianni De Nicoló, Honohan P, Ize A. Dollarization of Bank Deposits: Causes and Consequences[J]. Journal of Banking & Finance, 2005, 29(7); Honohan P. Dollarization and Exchange Rate Fluctuations [R]. Institute for International Integration Studies Discussion Paper, 2007, No. 201; Luca A, Petrova I. What Drives Credit Dollarization in Transition Economies? [J]. Journal of Banking and Finance, 2008, 32(5).

② Martin L L. Heterogeneity, Linkage and Commons Problems[J]. Journal of Theoretical Politics, 1994, 6(4):473-493; Wachter K W, Freedman D A. Measuring Local Heterogeneity with 1990 US Census Data[J]. Demographic Research, 2000,3(10); Kun, Dieckmann U. Resource Heterogeneity Can Facilitate Cooperation[J]. Nature Communications, 2013(4):2453;李娟娟,樊丽明. 国际公共品供给何以成为可能——基于亚洲基础设施投资银行的分析[J]. 经济学家,2015(3):5-14.

不同的合作策略选择。参与主体的异质性越强,形成联盟或对某一个问题达成共识的难度就越大,越不可能达成合作协议,已有协议也越容易破裂。①

(二) 区域金融合作中的异质性问题

首先,区域金融合作中的异质性研究最早主要以欧元区为对象。研究普遍认为欧元区是一个各联盟国家金融市场、商品市场、劳动力市场均具有异质性结构的非对称性货币联盟,其中金融体系的一体化差距最大,而包括货币市场、政府债券市场、企业债券市场、银行信贷市场和股票市场的五大金融市场中尤以银行信贷市场的异质性最为突出。② 基于此,金融合作中的异质性主要来源于:(1)结构异质性,即联盟成员以金融市场为主的各类市场的结构异质性导致各国货币政策和财政政策传导的非对称性,以及由于经济结构、工业化水平、治理标准的国家差异引致的政府赤字或债务等宏观经济水平差异;(2)随机异质性,即各国在价格稳定、产出增长及收入分配等方面不同的偏好,引

---

① Libecap G D. Distributional Issues in Contracting for Property Rights[J]. Journal of Institutional and Theoretical Economics, 1989, 145: 6-24; Hackett S C. Heterogeneity and the Provision of Governance for Common-Pool Resources[J]. Journal of Theoretical Politics, 1992, 4(3): 325-342; Kanbur R. Heterogeneity, Distribution, and Cooperation in Common Property Resource Management[J]. World Bank Working Papers, 1992, No. 844; Bijman J. Cooperatives and Heterogeneous Membership: Eight Propositions for Improving Organizational Efficiency[J]. Paper Presented at the Emnet Conference, Budapest, Hungary, 2005; Kölle F. Heterogeneity and Cooperation: The Role of Capability and Valuation on Public Goods Provision[J]. Journal of Economic Behavior & Organization, 2015(109):120-134;陈琪,管传靖.国际制度设计的领导权分析[J].世界经济与政治,2015(8):4-28+155-156.

② Sekkat K, Mansour J M. Exchange Rate Fluctuations, Trade and Asymmetric Shocks in the Economic and Monetary Union[J]. International Finance,2010, 8(1): 119-137; Lane P R. The Real Effects of the Euro[J]. Journal of Economic Perspectives, 2006,20(4):47-66; European Central Bank. Monthly Bulletin March 2008[R]. ECB, 2008.

致国家间非对称的供给或需求冲击。[①]

其次,研究认为国家间的异质性会增大金融合作的难度和成本。最优货币区理论指出,国家间的同质化,如面临冲击或经济周期的相似度、政策的融合度、通货膨胀的相似度等是走向货币融合的重要条件。[②] 经济结构和偏好异质的国家成为货币联盟成员的成本大小不同,异质性较大的成员参与成本可能会超过其参与货币联盟的经济收益。经济发展水平不同,面临的经济问题将不同,经济体制也不同,这将使各国参与金融合作的成本和利益不同,导致区域内金融合作各成员国的态度或立场产生分歧,从而在区域重大金融合作问题上难以达成一致。[③] 政治意愿和利益的分歧也不利于区域金融合作的开展。区域内国家间的政治矛盾对区域金融合作有严重威胁。区域金融合作不仅涉及经济利益,还牵扯政治博弈,是复杂的国际政治经济问题,甚至有学者认为实现经济金融合作最重要的因素甚至是政治意愿而非经济

---

① Hughes A J, Weymark D N. The Cost of Heterogeneity in a Monetary Union[J]. CEPR Discussion Papers, 2002, No. 3223; Jondeau E, Sahuc J G. Testing Heterogeneity within the Euro Area[J]. Economics Letters, 2008, 99(1):192-196; Badarau-Semenescu C, Grégoriadis N, Villieu P. Monetary Policy and National Divergences in a Heterogeneous Monetary Union[J]. Journal of Economic Integration, 2009:408-434; Eickmeier S. Comovements and Heterogeneity in the Euro Area Analyzed in a Non-Stationary Dynamic Factor Model[J]. Journal of Applied Econometrics, 2009, 24(6):933-959; Boltho A, Carlin W. EMU's Problems: Asymmetric Shocks or Asymmetric Behavior? [J]. Comparative Economic Studies, 2013, 55(3):387-403.

② Mundell R A. Theory of Optimum Currency Areas[J]. American Economic Review, 1961, 51(4): 657-665; Frankel J A, Rose A. The Endogeneity of the Optimum Currency Areas Criteria[J]. Economic Policy, 1998(14): 77-104; Fidrmuc J. The Endogeneity of Optimum Currency Area Criteria, Intranindustry Trade and EMU Enlargement[J]. Bank of Finland, Discussion Papers, 2005, No. 8.

③ Hughes A J, Weymark D N. The Cost of Heterogeneity in a Monetary Union[J]. CEPR Discussion Papers, 2002, No. 3223;祝小兵. 东亚金融合作抵御金融危机的路径分析[J]. 世界经济研究,2010(3):38-42;张彬,胡晓珊. 改革开放以来中国对外区域金融合作的回顾与展望[J]. 亚太经济,2018(5):115-122;云倩. "一带一路"倡议下中国—东盟金融合作的路径探析[J]. 亚太经济,2019(5):32-40.

驱动。大部分学者认为,东亚金融安排失败的原因主要是区域政治统一性的缺失和主要东亚经济体利益的分歧。①

最后,国家异质性对亚洲金融合作带来了挑战。亚洲在宗教、语言、民族等方面的多样性为该地区的合作增加了障碍。亚洲金融合作最严重的挑战来自区域经济体在人均收入、经济发展阶段、制度能力、经济体系和结构等各方面的多样性和异质性,这种多样性和异质性为政策协调达成一致带来了明显的困难。东亚在金融市场深度、汇率机制、经济政策偏好等各方面存在明显差异,因区域合作目标以及各国得失带来紧张情绪,阻碍东亚实施共同钉住汇率制度。由于东亚各国之间经济发展水平差异巨大,外部冲击的对称性不强,经济政策目标的一致性差,因而很难从东亚整体上推进金融合作。金融发展差异是限制区域金融合作进一步发展的重要因素之一。东亚区域内的金融联系远小于东亚与世界其他国家或地区的金融联系,这主要源于东亚各国金融发展水平低、金融开放度低及金融体系不完善等因素,从而导致东亚区域金融合作很大程度上依赖区域内经济体间的高贸易量驱动,限制了该区域金融合作进一步发展。中国和老挝、缅甸、越南等周边东南亚国家之间经济体量、金融发展水平、金融管理能力和金融风险控制能力的异质性对金融合作带来不利影响。“一带一路”国家金融体制之间的异质性对金融合作深化形成现实制约。东亚货币一体化进程要求不

---

① Zhang X Y. Political Relations and the Belt and Road Financial Cooperation [J]. Applied Economics, 2023; Wyplosz C, Grad I. Limits to the Independence of the ECB[J]. Review of World Economics, 2019, 155(1): 35-41; Wyplosz C, Grad I. The Six Flaws of the Eurozone[J]. Economic Pplicy, 2016, 31(87): 559-606; Katada S N, Univ S C. In Pursuit of Stability: Evolution of Asia's Regional Financial Architecture[J]. Pacific Review, 2017, 30(6): 910-922;陆长荣,崔玉明,王越. 东亚货币合作困境分析的新视角:货币竞争与货币合作的悖论[J]. 亚太经济,2020(1): 32-43; Kring W N, Grimes W, Boston U. How has ASEAN+3 Financial Cooperation Affected Global Financial Governance? [J]. International Relations of the Asia-Pacific, 2021, 21(1): 7-35.

断降低国家间金融体系的深度、可获取度、效率与稳定方面的异质性。[①]

(三) 异质性与金融合作关系的分析方法

对金融合作中两种来源异质性的分析方法有所不同。首先,对金融结构异质性与金融合作关系的模拟主要运用动态随机一般均衡模型(DSGE 模型)。早期 DSGE 模型用于分析基于企业净值下降引起的外部风险冲击通过企业资产负债表渠道放大货币政策对宏观经济波动影响的金融加速器机制,以及加入银行资本渠道后金融加速器机制进一步放大的效应。[②] 容多(Jondeau)和萨于克(Sahuc)首次运用 DSGE 模型,以欧元区国家的数据评价和比较结构异质性、政策异质性和随机异质性的影响。科拉萨(Kolasa)运用 DSGE 模型评估了波兰和欧元区的异质性,认为波兰不适合加入欧元区。以上述模型为基础,巴达罗(Badarau)和勒维厄热(Levieuge)构建了两国 DSGE 模型,给出了一个分

---

① Kuroda H, Kawai M. Strengthening Regional Financial Cooperation in East Asia[J]. Australian National University, 2002, 2011(85):49-49; Aminian N. Economic Integration and Prospects for Regional Monetary Cooperation in East Asia[J]. Structural Change and Economic Dynamics, 2005, 16(1):91-110; 李晓. 东亚货币合作为何遭遇挫折?——兼论人民币国际化及其对未来东亚货币合作的影响[J]. 国际经济评论,2011(1):109-128;丁文丽,刘丰睿,李富昌. 异质性多主体视角下的中国与东南亚周边国家金融合作研究[J]. 金融,2018(1):36-45; Alfieri L. Heterogeneity of Financial Institutions in the Process of Economic and Monetary Integration in East Asia[J]. University of Tartu Faculty of Economics and Business Administration Working Paper Series, 2018: 112; Eichengreen B, Univ C B. Globalization: Uncoupled or Unhinged? [J]. Journal of Policy Modeling, 2023,45(4): 685-692.

② Bernanke B, Gertler M, Gilchrist S. The Financial Accelerator in a Quantitative Business Cycle Framework [J]. Lse Research Online Documents on Economics, 1999: 1341-1392; Sunir P. The Bank Capital Channel and Counter-Cyclical Prudential Regulation in a DSGE Model[J]. Lse Research Online Documents on Economics, 2003: 1-30; Levieuge G. The Internationalisation of Monetary Policy[J]. Journal of Internatinal Money and Finance, 2009, 75(4): 425-460.

析欧洲货币联盟(EMS)中金融异质性影响的一般理论框架，具体分析在上述对称性金融加速器之外，由银行部门异质性引致的非对称金融加速器机制，模拟发现金融异质性会显著扩大联盟成员国经济面临系统性冲击时的周期性差异，且各国银行部门对其资产负债表风险溢价敏感度的异质性越大，金融冲击的非对称性传导就越强。巴达罗和勒维厄热进一步分析了在金融异质性条件下，货币联盟应对金融冲击的宏观经济政策选择，指出由于异质性的影响，单一货币政策的实施加剧了联盟成员国的周期性差异，因此单一货币政策的执行须考虑各国通胀差异，并且要有各国预算政策加以配合。其次，对冲击非对称性的测度主要采用了结构向量自回归(SVAR)方法。巴尤米(Bayoumi)和艾肯格林(Eichengreen)最早将该方法应用到最优货币区分析中，通过比较不同国家或地区面对经济冲击的对称性，分析这些国家是否适合组建货币同盟。之后，这一方法还被用于解释欧元区通货膨胀差异的影响因素以及亚洲地区冲击的对称性。①

① Jondeau E, Sahuc J G. Testing Heterogeneity within the Euro Area[J]. Economics Letters, 2008, 99(1):192-196; Kolasa M. Structural Heterogeneity or Asymmetric Shocks? Poland and the Euro Area through the Lens of a Two-Country DSGE Model[J]. Economic Modelling, 2009, 26(6):1245-1269; Badarau F C, Levieuge G. Assessing the Effects of Financial Heterogeneity in a Monetary Union a DSGE Approach[J]. Economic Modelling, 2011, 28(6):2451-2461; Bayoumi T, Eichengreen B. Shocking Aspects of European Monetary Unification[J]. CEPR Discussion Papers, 1992: 643; Angeloni I, Ehrmann M. Euro Area Inflation Differentials[J]. The BE Journal of Macroeconomics, 2007, 7(1); Huang Y, Guo F. Is Currency Union a Feasible Option in East Asia?: A Multivariate Structural VAR Approach[J]. Research in International Business and Finance, 2006, 20(1):77-94; Lee G H, Azali M. Is East Asia an Optimum Currency Area? [J]. Economic Modelling, 2012,29(2):87-95.

四、小结

综上所述,中国与东南亚国家金融合作、云南与周边国家金融合作、人民币在东南亚地区的区域化等研究领域均引起了学者的广泛关注,并已形成许多重要研究成果,为本书的研究提供了基础。同时,国家异质性会加大国际合作、区域金融合作的难度与成本也已经成为现有研究的共识。现有研究的不足主要在于,对于国家异质性如何影响区域金融合作、影响程度多大、如何破解异质性约束实现金融合作深化等重要问题,目前在研究规模和深度上均有较大探索空间。

第一,关于中国与东南亚国家金融合作和云南与周边国家金融合作,缺乏基于国家异质性这一国际合作重要前提来分析金融合作面临的挑战与瓶颈的研究,鲜有从国家异质性视角分析金融合作面临的问题与应对措施的研究。

第二,关于异质性对金融合作影响的研究存在两个方面的欠缺。一是对欧元区合作中的异质性的研究主要局限于来自金融结构异质性对货币一体化的影响,缺乏从经济、金融与制度异质性等国家异质性的多个层面对货币一体化影响的全面分析,这与欧元区国家间实际存在着经济发展差异和制度差异的现实有差距,因而必然影响现有研究成果的解释力和政策价值。二是尽管对亚洲金融合作中的异质性的研究考虑到了国家异质性的多个层面,但是没有对异质性影响金融合作的机制加以理论分析和实证检验,以至于研究结论缺乏系统理论分析和实证数据支持。

第三,关于周边国家美元化对人民币区域化影响,仅有的研究虽然将美元化背景纳入了人民币区域化的研究视角,但是没有分析美元化如何影响人民币区域化。在分析方法上,现有模型分析和实证检验的重点是存款美元化和贷款美元化的决定方程,而没有探讨外币(美元)对跨境货币(本币、美元以外的其他外币)的影响。老挝、缅甸、柬埔寨和越南是东南亚地区典型的美元化国家,现有研究分析了这些国家美元化的成因、程度及其对通胀及汇率稳定的影响,尚未讨论美元化对人民币周边化、区域化的影响。从货币竞争的角度来讲,要想推进人民币在云南周边国家的使用范围从边境地区不断深入内陆地区,需要进一步分析这些国家美元使用惯性形成的背景、原因及影响因素,从中汲取经验教训,并有针对性地采取政策举措予以应对。

针对以上研究的不足,本书选取了云南周边国家老挝、缅甸、越南及柬埔寨为研究对象,系统分析国家异质性约束下的金融合作问题。研究对象的选取主要基于以下两点原因。一是中国云南与老缅越柬的金融合作在中国与周边国家金融合作中成效最为显著,是中国与周边国家金融合作的典型代表。二是老缅越柬四国与中国的国家异质性问题较为突出,也具有典型性。本书拟围绕中国与老缅越柬等周边国家金融合作进展、中国与老缅越柬国家异质性的主要表现、国家异质性影响金融合作的机制等重要问题展开系统而深入的理论与实证研究,并针对国家异质性约束下中国云南与周边国家金融合作深化进行对策研究。此外,针对老缅越柬等云南周边国家美元化的典型性,专题研究老缅越柬美元化及其对人民币区域化的影响。对上述重要问题的研究旨在解答国家异质性如何影响金融合作、影响程度多大、国家异质性约束下如何实现金融合作深化、美元化如何影响人民币区域化等重要问题。

第二章　中国与老缅越柬等周边国家金融合作进展

第一节　中国与老缅越柬金融合作历史概况

中国云南与缅甸、老挝、越南接壤，云南是中国与南亚、东南亚等地区的交通枢纽之一，自古以来扮演着连接中国南方与周边国家的重要角色，是中国—东盟自由贸易区、大湄公河次区域经济合作、南亚次区域经济合作、泛珠流域区域合作的交汇点和结合部，在外交、领土保持以及对外贸易上都占据着重要地位，这为其与周边国家进行金融合作创造了优良的环境。

一、元朝时期：金融合作初具形态

元朝时期由于统治者对海外贸易的重视、鼓励与优待，中国与云南周边国家的商贸往来呈现出一片繁荣景象，这时期的金融合作主要围绕贸易及朝贡开展。

货币合作形式主要为简单的共同货币。元朝时期中国流通的货币即贝币，主要来自古印度、溜山国（今马尔代夫）、暹罗（今泰国）、榜葛剌国(今孟加拉国一带)等,古代暹罗、缅甸、孟加拉国及中国云南等地均将其作为货币使用,并且贝币在元朝财政体系中具有合法地位。贝币流入中国云南持续时间长,规模大,且一直作为主要法定货币流通于滇西与滇南,对当地社会经济发展影响极大,在历史上一直延续至明末。

同时,这时期一些方便贸易往来的驿站等作为金融基础设施合作的初始形态开始出现,如元朝初年在贸易沿线设立护路卫士和"干净的白毡裘帐"等设施以方便贸易。而市场上的合作主要围绕贸易展开,除较为繁荣的西南丝绸之路外,云南在后期朝贡贸易中发展出了两条云南出海的通道,即著名的贡道上路和贡道下路。有了前期的铺垫与发展,这时期的边境贸易活动已具备一定规模,并且发展出了一定的贸易规则,这种贸易活动也催生了原始形态的金融市场合作。而金融监管方面的合作主要建立在贡道管理以及边境贸易管理之上,如与周边国家基于朝贡的共同管理边境人员及贸易等事宜,并就边境贸易规范设置了一系列协定。在金融机构合作方面,为促进商业发展,元朝在云南设立了提刑按察使司,实行统一的商业管理,规范和保护了商业活动。这些各方面的合作构成了金融合作的最初形态。

二、明清时期:金融合作进一步发展

明清时期随着朝贡贸易的繁荣,中国云南与周边国家的金融合作呈现出进一步发展的态势。在货币合作方面,随着古丝绸之路贸易的频繁,考虑到跨境货币兑换的困难,中外货币流通和信用制度得到了发展,近代信用货币逐渐代替贝币成为主要流通货币,各类银行也应运而生,将货币、信用与贸易发展更好地结合起来,使得货币合作形式更加丰富。在金融基础设施合作方面,贸易活动的繁荣催生了商人进行跨境货币交换和贷款的需求。于是,在古丝绸之路上出现了提供货币兑换、贷款、保险等接近现代金融服务的货币兑换商,金融基础设施合作开始呈现现代化迹象。金融市场合作也随之发展,明清时期的朝贡贸易开辟了多条贸易道路,民间贸易活跃,促进了边境民间借贷市场的繁荣。与此同时,双方在金融监管领域的合作也有所加强。明初中国严禁私铸铜钱,采用严刑峻法遏制私铸活动,维护货币体系稳定。清朝时,中国与法国签订了多项协定,共同管理边境,减少白银外流。在金融机构合作方面,明代云南设立市舶司,提供贸易结算服务;清代开放云南对外贸易,本地银号发行货币便利贸易。可以看出,这一时期云南本地政府为对外贸易提供了制度性金融支持,使其成为连接中国与东南亚的桥头堡,为近代的金融合作奠定了基础。

三、1949—1956年:金融合作艰难前行

1949—1956年,由于新中国刚成立时受到西方经济阵营的经济封锁,中国与周边国家的金融合作呈现出数量少、方式灵活的特点,间接起到了丰富云南与周边国家金融合作形式的作用。云南作为与东南亚国家接壤的贸易关口,为中国在封锁中艰难维持正常贸易作出了重要贡献。

新中国成立初期,在“先进后出”原则的指导下,中国与亚非国家之间的货币合作主要采取直接易货、记账易货等方式,以货易货代替结汇,既满足了物资需求,也帮助缓解了贸易伙伴的外汇紧张状况。金融基础设施合作方面,云南与周边国家开始在边境地区建立正规的贸易市场,并且开始设立更现代化的金融基础设施以保障双方的金融交流

与合作中的融资安全,如在邻国设立贸易代表处,提供贸易咨询和金融服务,还与缅甸设立贸易结算基金,保障贸易顺利进行。尽管当时金融市场合作受到限制,但双方通过签署贸易协定,开展金融援助和技术合作,保持贸易往来。金融监管方面,云南这个时期与周边国家的合作主要围绕贸易秩序维护展开,如双方在口岸设立边境检查站以及海关负责管理出入境人员和边境贸易,执行中的具体问题由两国主管机关通过口岸即时会晤协商决定等。金融机构合作方面,在国策指引下,云南为支持边境贸易发展提供了金融服务保障,虽然相关合作受阻,但省内金融机构在贸易基础上展现了与邻国友好合作的意愿,为后续更深层次的合作奠定了基础。例如:1950 年云南省人民政府同意缅甸商人在云南从事边境小额贸易,并提供便利;1953 年中国和老挝、缅甸签订了边境贸易协定,云南边境贸易得到恢复与发展。为便利边境贸易,云南省财政厅积极协调资金,支持边境市县银行开办边贸业务,满足边境居民的结算需求。

四、1956—1978 年:金融合作缓慢发展

1956—1978 年,由于国内外局势动荡以及国内对外关系政策的变化等原因,中国与周边国家的交流及合作发展受阻,主要以地下金融以及边缘互助为主,边境贸易只有小规模的边民互市还在进行。鉴于这个时期中苏两国关系的不断恶化以及经济贸易关系的缩减,我国把进出口贸易的重点转向亚非发展中国家,中国与周边国家的金融合作与前期相比仍有一定的进展,主要涉及贸易、投资、金融援助、基础设施建设等方面。

这一时期,云南与周边国家的货币合作较为有限,主要体现在边民

币的流通以及提供无偿援助上。云南与周边国家边境小额贸易中出现使用边民币进行结算的现象,如云南边民可用边民币到越南、老挝等国进行购物或互市,但边民币发行量控制在一个较低水平,边民互市的规模也较小。而 1956—1966 年,时值东南亚国家独立并与我国建交时期,我国对东南亚国家提供了大量的无偿援助以及长期贷款。

在金融基础设施合作方面,由于国内外的金融基础设施都较为缺乏,云南只有少量境内银行网点,与周边国家之间没有银行业务往来和结算安排,双边之间也没有证券交易所之类的专业金融基础设施上的合作。金融市场合作主要体现在一些必要的边境贸易结算方面,我国金融市场发展较为缓慢,未形成大规模的金融市场合作。金融监管主要以基础监管合作例如出入境的监管为主,如中越签订的《云南省中越边境居民出入国境管理暂行办法》,通过双方设立边防检查站、海关,签署议定书规定边民进出口岸及便道,颁发边境通行证等方法加强边境管理。金融机构合作方面主要体现在双边机构合作使用边民币上,如 20 世纪 60 年代云南省财政厅会同国家外汇管理局云南分局向老挝提供了一定金额的边民币用以支持老挝在云南的购销活动。

五、1978 年以来:金融合作迅速复苏

1978 年中国改革开放后,国家包括云南地方金融业随之得到快速发展,中国与周边国家的金融合作取得了较大的进展,从原先层次较浅的贸易金融合作转向了层次更深、更为密切的金融合作,如货币互换协议、结算系统合作等,对合作双方的经济领域产生了更深更广的影响。

货币合作的形式与内容开始呈现出现代金融合作形态,如货币互

换、汇率挂钩、外汇担保等。1997年亚洲金融危机期间，中国和东南亚相关国家有效地开展货币合作，及时提供外汇担保，开展人民币与相关国家货币汇率挂钩合作。亚洲金融危机后，由中、日、韩及东盟各国发起了“10+3”财长会议，在2000年5月份通过的“清迈倡议(CMI)”就属于通过建立东亚区域内双边货币互换网络而开启的东亚货币金融合作。从2001年开始，我国与泰国等国的中央银行签订了货币互换协议进行特色的区内双边货币互换。

金融基础设施合作主要以银行业金融基础设施建设为主，主要集中于必要的边境贸易结算领域，包括跨境结算网络的构建以及银行业基础设施的构建。1991年中国与周边国家恢复正常外交关系后，中国建设银行、中国工商银行、中国农业银行、国家开发银行等与越南、老挝、柬埔寨、缅甸等周边国家的金融机构合作不断增多，主要是签署金融机构层面的双边结算协议和基于边境贸易的结算协议。1993年5月中国人民银行与越南中央银行签订了《中越关于结算与合作的协定》，标志着我国银行跨境结算网络开始建立，为外资流入和扩大出口提供了便利。1994年中越开通了银行间边境贸易结算对开账户业务，跨境结算网络系统得以进一步构建。基础设施建设方面，1978年云南与周边国家共同投资建设昆明银行间同业拆借中心、金融电子交易系统等，开通了银行间的资金拆借和支付清算功能，提升了云南省金融基础设施的服务水平。

随着我国与周边国家贸易合作关系的逐渐恢复及发展，金融市场合作领域逐渐拓展，开始出现银行市场业务合作，在政策红利下设立多个边境贸易区。例如于1990年12月26日建立的缅甸瑞丽姐告边境贸易区，是我国第一个实行“境内关外”特殊管理模式的边贸特区，具有保税区、出口加工区、自由贸易区和边境贸易区等功能，助推了云南和缅甸的贸易往来。2000 年 11 月,时任国务院总理朱镕基在新加坡举行的第四次中国—东盟领导人会议上,首次提出建立中国—东盟自由贸易区的构想,并建议在中国—东盟经济贸易合作联合委员会框架下成立中国—东盟经济合作专家组,就中国与东盟建立自由贸易关系的可行性进行研究。

在金融监管合作方面,随着中国与东南亚国家贸易交流以及金融合作的正常化,边境地区走私问题严重。云南与周边国家的金融监管合作形式主要为签订相关协议,双边在打击走私犯罪、促进贸易投资、避免双重征税、加强资本流动监管等领域的金融监管合作机制初步建立。中国不仅与周边国家签订了一系列协议,中越两国还在《海关法》和《刑法》中规定走私行为以遏制走私问题,此外还在促进边境发展的文件中不断强调打击走私活动的重要性。除打击犯罪行为之外,这时期还签订了许多其他方面的监管合作协议,例如 1985 年中泰成立部长级经贸联委会,双方签订了《关于促进和保护投资的协定》,1986 年中泰签订《避免双重征税和防止偷漏税的协定》,1997 年签订《贸易经济和技术合作谅解备忘录》。2000 年 5 月,在清迈发表了"10+3"财长联合声明,加强对区内资本流动的监管,表明区域内经济监测与政策对话机制(ERPD)得到进一步完善。这些协议从各个方面为未来进一步深化区域内金融监管协调与合作奠定了基础。

在金融机构合作上,双边主要以云南银行业金融机构合作为代表实现了迅速发展,相继在周边国家设立分支机构并与当地银行建立边境贸易合作关系,实现了人民币跨境使用和结算,标志着改革开放以来中国银行业对外开放和"走出去"战略的重要进展,对促进中国与周边国家的贸易投资与金融合作起到了重要作用。例如中国首家商业性银行——中国银行于 1995 年在越南胡志明市设立分行,多年来与当地的中越企业建立了良好商贸关系;与普洱市孟连傣族拉祜族佤族自治县接壤的缅甸掸邦第二特区的邦康市商业银行——佤邦银行于 1996 年开始经营人民币业务;2001 年,中国建设银行与越南的一些银行签订了边境贸易合作协议,正式建立边境贸易合作关系。

第二节　中国与老缅越柬金融合作总体进展

一、货币合作进展

中国与老缅越柬四国之间已经初步建立了一个覆盖全领域的货币合作框架。中国与这四国在本币结算、货币挂牌交易、货币互换以及多边合作机制四个领域深化和拓展了货币合作,取得了较为显著的合作成果,为区域金融合作深化提供了重要的经验和基础。

(一)人民币在区域国家贸易投资结算中的作用不断增强

首先,双边货币结算协议的签署推动了人民币作为结算货币作用的发挥。中国与越南、老挝、柬埔寨已经签署了双边本币结算协议,有效促进了双边贸易和投资,降低了外汇风险,增加了金融市场的稳定性。1992 年,中国人民银行与越南国家银行签署了基于边贸的本币结算协议;2018 年,越南中央银行颁布《越南—中国边境贸易外汇管理指引》,明确两国边境贸易可采用人民币和越南盾结算,人民币账户的开户主体由从事边境贸易的机构扩展到机构和个人,使用范围扩大到进出口收付款、存取现金、人民币购售等业务,同时允许非边境地区银行授权边境地区越南银行代理其边境贸易人民币业务;2002 年,中国人民银行与老挝国家银行签署边境贸易结算协定;2020 年,中老双方签署双边本币合作协议,允许在两国已经放开的所有经常和资本项下交易中直接使用双方本币结算;2019 年,缅甸中央银行发布外汇政策指令,允许持有外汇交易业务牌照的银行将人民币作为国际支付和结算货币,标志着人民币正式成为缅甸官方结算货币;2021 年 3 月,中国人民银行与柬埔寨国家银行签署双边本币合作协议,将本币结算范围扩大至两国已放开的所有经常和资本项下交易。

地方层面,2008 年国务院决定对云南与东盟的货物贸易启动跨境人民币结算试点。2009 年,中国农业银行云南省分行与老挝发展银行边境贸易网银结算合作业务在农行勐腊磨憨支行开通,我国商业银行与老挝银行首次实现了边贸人民币银行结算,成为中老金融合作的一次突破; 2017 年,中国农业银行泛亚业务中心磨憨分中心办理了首笔边民互市贸易双边货币结算业务,结算额为 870 万老挝基普,折合人民币 7500 元,标志着西双版纳州边民互市贸易结算正式步入银行结算渠道;2020 年 10 月,在全国市场采购贸易试点城市瑞丽姐告,富滇银行试单云南省第一笔与缅甸市场采购贸易业务跨境人民币结算;2021 年,富滇银行红河分行与越南投资发展银行老街省分行签订《跨境人民币结算业务合作框架协议》。

其次,双边贸易投资规模不断增长促进了人民币区域计价结算货币功能的发挥。中国经济的持续增长和国际影响力的提升,促进了人民币在全球范围内特别是在老缅越柬周边国家的接受程度显著提升,人民币作为区域贸易投资交易结算货币的角色功能不断扩展。

(二) 双边货币直接挂牌交易不断深化

截至2023年底,人民币对柬埔寨瑞尔、泰国泰铢实现了直接交易,对老挝基普、越南盾实现区域挂牌交易,与越南盾和缅币的自由兑换试点工作也在积极推动中。

地方层面的货币直接挂牌交易主要集中在云南与广西。云南瑞丽中缅货币兑换中心和广西东盟货币信息服务平台的建立推动了银行间区域交易市场的建立。2012年,云南中缅边境地区特许机构开通了人民币与缅币现钞的直兑业务,开创了口岸地区非金融机构办理货币兑换业务的先河。2014年,云南就已推出人民币与老挝基普的柜台交易,并在德宏州开设经常项目下人民币兑换缅币的特许兑换机构。

(三) 货币互换协议规模逐步扩大

2000年,东盟"10+3"财长会议共同签署了建立区域性货币互换网络的协议("清迈倡议")。2020年,中国人民银行与老挝国家银行签署规模为60亿元人民币/7.6万亿老挝基普的双边本币互换协议,在应对金融危机时起到了重要的缓冲作用,增强了区域内金融系统的韧性。中国与缅甸、越南及柬埔寨三国尚未签署货币互换协议。

(四) 积极构建多边合作机制促进区域货币合作

区域货币合作方面,多边合作机制在促进亚洲金融稳定和发展中扮演关键角色。中国和东盟国家倡导的亚洲债券市场降低了区域内国家对外部资金的依赖;与中日韩等国家共建的东亚外汇储备池通过货币互换提供了应对危机的流动性;中国推动亚洲基础设施投资银行和丝路基金等多边金融机构促进了中国与周边国家的货币合作,国家开发银行和中国进出口银行等机构为周边国家提供了大量人民币贷款。

这些举措不仅推动了人民币在区域国家的使用,而且一定程度上促进了区域国家间的货币政策协调。中国与澜湄国家的澜湄合作机制的合作领域之一就是包括“金融合作和生产能力合作”在内的“互联互通”,对推动区域金融合作发挥了积极作用;“一带一路”倡议通过带动区域贸易与投资也显著推动了人民币的计价结算货币功能作用。

二、金融基础设施合作进展

(一)人民币跨境支付系统使用稳步拓展

自2010年“昆明区域性跨境人民币金融服务中心”成立以来,中国在区域性跨境人民币支付基础设施建设上取得了一系列重要突破和实质性进展。2010年10月,国家开发银行率先发起建立了中国—东盟银联体,加强了与东盟国家的同业合作,增加了对越南投资发展银行、柬埔寨加华银行等金融机构的授信额度,还加强了与斯里兰卡锡兰银行等“一带一路”共建国家本土银行的授信合作;2010—2014年,云南省6家商业银行与越南、老挝、泰国、新加坡、缅甸等国家的9家银行签署了人民币代理清算协议,这标志着中国在区域性跨境人民币清算服务基础设施建设上取得了重要突破;2015年,中国人民银行正式启动了人民币跨境支付系统(CIPS),进一步提高了人民币跨境支付的便利性,对于连接中国与东南亚周边国家的金融结算系统起到了重要作用;2017—2018年,中柬跨境资本服务平台启动;2018年,云南省人民政府发布《关于进一步推进金融支持“一带一路”建设的实施意见》,旨在建设跨境金融服务平台,促进与“一带一路”共建国家的金融合作;2020年,中国(红河)跨境电子商务综合试验区启动,推进金融机构、非银行支付机构、电子商务平台、外贸综合服务企业之间业务协同，在风险可控、商业可持续的前提下，为具有真实交易背景的跨境电子商务交易提供了在线支付结算、在线融资、在线保险等“一站式”金融服务。

（二）存管为金融合作提供保障

国家支持云南省与缅甸、老挝等国的边境地区共同建设经济合作区，如瑞丽—木姐边境经济合作区等。在合作区建设过程中，存管机构负责处理投资者在合作区内的证券交易，管理和保管相关的资金和证券，处理证券所有权的变动等。存管功能为投资者提供了安全、便捷的服务，保障了证券交易的顺利进行。双边银行互开往来账户畅通了跨境贸易投资支付和清算渠道，缅甸经济银行在中国农业银行和中国建设银行设立了人民币往来账户，富滇银行和老挝大众外贸银行互开结算账户，缅甸环球财富银行在富滇银行开设了人民币结算账户，富滇银行昆明自贸区支行通过境外非居民人民币结算账户（NRA 账户）实施对越南的跨境人民币结算。中国银行云南省分行率先成立了“沿边金融合作服务中心”，成为提升跨境金融基础设施服务水平、推动地方经济发展和区域金融一体化的重要举措。

（三）中央对手方结算规模不断上升

上海清算所作为中国人民银行认定的合格中央对手方，同时也是全球中央对手方协会执委会的成员，构建了一套覆盖多种场外交易品种的中央对手清算服务体系，严格遵守国际标准，实施多边净额清算机制。其多边净额清算机制的实施，为我国场外交易风险管理制度的完善提供了强有力的支持。

(四) 技术升级与投资者保护不断加强

中国证券市场的改革创新推动了市场的稳定发展。上海证券交易所推出的T7系统和深圳证券交易所推出的云计算平台等技术升级提升了交易效率和速度。同时,中国证监会推出的一系列投资者保护制度,包括投资者适当性制度、信息披露制度、投资者教育制度等,为投资者提供了更多的保障,促进了市场的稳定发展。此外,2019年中国—东盟金融信息服务平台启动上线,为中国企业“走出去”、东盟企业“走进来”提供专业化资讯、数据、行情、分析咨询等信息服务,成为构建区域金融信息化服务体系、推动中国与东盟经济一体化发展的重要步骤。2020年广西与平安集团共同建立了跨境金融数字平台,并设立了北部湾大数据交易中心,成为面向中国与东盟区域的数据产品汇聚、处理、使用和交易枢纽。这些举措旨在通过技术升级和信息化建设推动区域金融一体化,推动中国与东盟地区经济发展。

(五) 制度建设逐渐形成体系

中国已经与全球许多国家和地区建立了金融领域的合作关系,这种合作涵盖了双边和多边的金融合作,包括贸易融资、支付系统、金融监管等领域。同时,中国也在积极推动“一带一路”倡议下的金融合作,希望通过这种方式进一步推动全球金融一体化的进程。这为区域金融一体化提供了重要的推动力,也对区域金融合作发展产生了积极影响。

三、金融机构合作进展

（一）银行业金融机构合作

中国银行业金融机构积极开展针对周边国家的金融产品创新，开发了“东盟七国产品体系”“越老缅产品体系”“南亚国家产品体系”“跨境结算宝”等跨境业务产品体系，大幅提升了跨境人民币结算便利化水平。双边银行互设分支机构开展代理业务，一方面，我国多家国有银行云南分行与周边国家双边互设的银行分支机构规模不断扩大，例如中国银行在印度尼西亚、泰国、越南等东盟国家都设立了分支机构，其他商业银行也普遍在周边国家设立了分行或者代表处。国有商业银行及地方性商业银行已经与周边国家金融机构建立了较为广泛的代理行业务，例如中国工商银行与越南开通的中越“边贸通”电子结算业务。另一方面，周边国家银行业金融机构也在云南积极设立分支机构。20 世纪 90 年代以来，泰国泰京银行在昆明设立代表处及昆明分行，缅甸经济银行在与云南临沧市镇康县接壤的果敢特区老街市设立果敢分行。此外，地方性商业银行也积极拓展沿边口岸分支机构，2009 年富滇银行瑞丽支行开业，2010 年富滇银行河口支行开业，2015 年富滇银行勐腊支行开业。

（二）证券业金融机构合作

双边积极推进机构互设，中国太平洋证券股份有限公司与老挝农业促进银行、老挝信息产业有限公司合资成立老中证券有限公司，进一步扩大了双边证券领域的金融机构合作范围。双边证券公司共同开发和推广“一带一路”债券,比如云南省探索发行地方政府专项债券,重点支持“一带一路”项目建设,积极尝试境外企业在云南境内发行人民币债券。双边债券基金产品不断创新,从基础的单向企业投融资产品逐渐发展至推动具体项目发展的合作性债券基金产品。一些地方性证券公司与周边国家的金融机构开展合作,共同开发和推广新的金融产品,例如红塔证券代理的中融中证“一带一路”主题指数分级证券投资基金等。

(三)保险业金融机构合作

中国保险机构积极加强与周边国家保险金融机构合作交流,一方面,开展保险业务合作,2005 年中国平安保险股份有限公司在越南设立了代表处,与越南保险业在理赔和查勘服务等方面开展全方位的合作。平安产险还在云南等沿边省区入境口岸设立了服务机构,开展咨询、承保、理赔一站式服务,并与越南保越保险总公司在理赔服务领域开展合作,提供境内、境外双向报案通道,实现车辆在境内外理赔服务全覆盖。另一方面,双边保险机构以股权投资的方式进行互相投资,2003 年泰国盘谷大众保险有限公司入股中国大地财产保险股份有限公司,2007 年参与发起设立中国人寿保险股份有限公司。越南政府也支持中国通过股权投资的方式开展保险金融机构股权合作。此外,云南等沿边省区地方保险机构也在持续推动跨境保险业务合作,如开展出口信用保险合作、跨境医疗保险合作、跨境车险合作、跨境财产保险合作以及跨境人寿保险合作等。中国人寿云南分公司为跨境人员提供人身保险服务,与老挝保险公司等周边国家保险公司合作推广跨境保险业务等。

（四）其他类金融机构合作

双边金融投资合作日渐广泛，例如云南省国有金融资本控股集团有限公司与泰国、越南等周边国家金融机构共同出资，共担投资风险，共享投资收益，共同推动基础设施和实业项目建设。2020 年，由云南景成集团投资的柬埔寨瑞丽银行对外营业，通过金融投资合作促进周边国家金融基础设施不断完善。随着互联网技术的不断发展及移动支付的日渐普及，跨境支付业务在金融机构合作发展中起到了日益重要的作用，以微信支付和支付宝为代表的移动支付平台已经在云南周边国家商家中推广开来。通过移动支付平台，消费者可以直接使用本国货币进行支付而无须进行货币兑换，极大地提高了支付效率和便利性，商家则可以通过平台进行实时结算，提高经营效率。

四、金融市场合作进展

（一）货币市场合作现状

中国持续推进着与老缅越柬等周边国家之间的双边本币挂牌直接交易、双边货币互换和促进人民币发挥储备货币职能方面的积极尝试。人民币对泰铢已在中国外汇交易中心直接挂牌交易，人民币对越南盾、柬埔寨瑞尔和老挝基普实现了银行间区域市场挂牌交易。人民币的区域影响力在不断增大，东盟国家也显示出越来越强烈的意愿要将人民币纳入其国家储备货币行列，其中，已经付诸实践的有新加坡、泰国、马来西亚、柬埔寨、印度尼西亚、菲律宾、老挝 7 个国家。人民币在周边国家发挥的储备货币职能持续增强。

中国与老缅越柬等周边国家的货币市场合作还体现在跨境数字支

付工具的持续创新中。2021年,中国人民银行与泰国中央银行等东盟国家中央银行签署多边央行数字货币桥合作项目,旨在将东盟作为中国人民银行数字货币跨境使用的突破口,探索其具体运用场景。银联卡数字支付以及中国企业推进的电子支付等使用不断拓展,2022年,东南亚地区新增发行中国银联卡超过600万张,区域内银联卡交易规模同比增长近40%。其中,银联国际在柬埔寨推出了首张非接触式电子产品预付卡,并支持二维码支付,银联芯片卡成为泰国和缅甸当地的行业推荐卡。2021年初,银联国际与越南金融机构联合推出60万份银联虚拟卡,用户可以线上申领这种虚拟卡并体验便捷的跨境支付服务。中国支付企业还加大了对东盟的支付基础设施建设援助力度,如将技术标准和经验介绍给老挝国家银行,帮助其建立同时具备国内统一和国际兼容特点的国家银行卡支付系统。

(二)资本市场合作现状

一是在银行间债券市场合作方面。2014年,国家开发银行应东盟投资者要求发行了香港人民币债券,具有立足香港、开拓东盟的特点,有效发挥了香港作为人民币离岸中心的辐射作用,成功带动东盟多国投资者踊跃认购,东盟国家投资者认购额占比高达70%。这一方面助推了中国与东盟国家贸易、投资金融合作及区域内国家经济一体化进程;另一方面促进了人民币在东盟地区影响力与认可度的提升,有利于推进人民币国际化进程。2023年,中国进出口银行在银行间债券市场成功发行推进“一带一路”国际合作和支持“一带一路”基础设施建设主题金融债券,增强了中国与“一带一路”共建国家和地区之间经济联系,为中国与周边国家的贸易往来和投资合作提供了有力支持。

二是在交易所债券市场合作方面。上海证券交易所分别于 2007 年 11 月、2012 年 10 月与越南河内交易所、胡志明证券交易所签署了谅解备忘录，于 2021 年 11 月与柬埔寨证券交易所签署合作谅解备忘录，在信息交换、合作研究、人员交流、产品开发等多方面与周边国家开展多元合作，为国家间的资本市场合作打下良好基础。深圳证券交易所于 2017 年 12 月与老挝证券交易所（LSX）签署合作谅解备忘录，这是落实"一带一路"倡议和共建"中老经济走廊"的重要举措。2017 年 12 月，深圳证券交易所携手多家中资证券公司与越南西贡商信银行证券公司、越南投资等越方金融机构在胡志明市成功举办中国—越南资本合作论坛，为中国投资者提供了一个了解越南市场政策、与越南投资者交流合作的平台。2018 年 1 月红狮控股集团在沪深交易所成功发行 3 亿元人民币债券用于老挝"一带一路"项目建设，成为首单境内企业募资用于"一带一路"项目建设的债券。

三是在股票市场合作方面。21 世纪以来，中国逐步放宽境外投资者进入国内股票市场的限制，先后推出 B 股、QFII、RQFII，允许在内地居住的港澳台居民购买 A 股、沪港通，实施内地与香港公募基金互认工作。云南周边国家中泰国参与的中国股票市场合作居多，截至 2023 年底，泰国有 6 家机构获批合格境外机构投资者，分别为泰国央行、泰国政府养老基金、开泰基金管理有限公司、ASL 证券股份有限公司、盘谷资产管理有限公司和泰京资产管理股份有限公司。"沪港通"和"深港通"机制的实施也促进了中国与云南周边国家的金融合作。通过"沪港通"和"深港通"，周边国家投资者可通过在香港的券商账户投资中国股市；同时，中国投资者通过"港股通"可直接购买在港交所上市的周边国家股票，如泰国正大集团、IT 企业 Platt Nera、越南陆氏集团、柬埔寨金界控股等公司股票等。

四是在境外直接投资合作方面。境外直接投资是境内机构通过合资、并购、参股等方式在境外设立公司或取得既有企业所有权、控制权或经营管理权等权益的行为,在一定程度上与股票市场合作,相互联系,相互促进。2015 年 1 月,云铝股份宣布以 2805 万美元收购老挝中老铝业有限公司 51%的股权并实施年产 100 万吨氧化铝及配套矿山项目,该项目的实施带动了两国矿山开采、物流运输、工程建设等相关产业链条的发展与整合;2016 年 9 月,广西北部湾银行入股老挝加华银行,将其经营经验和金融产品复制到老挝,这一合作改善了双边跨境支付和风险控制等方面的问题;2022 年 11 月,云南恒光股份有限公司设立老挝全资子公司,促进了云南与老挝之间的经贸合作和投资,同时也为云南企业拓展周边国家市场奠定基础。

五是在基金市场合作方面。中国发展出多项以中国—东盟合作为重点领域的合作基金,主要包括中国—东盟投资合作基金、中国—东盟海上合作基金、广西—东盟“一带一路”系列投资基金和澜湄合作专项基金。这些基金为中国与周边国家的经贸合作注入了新的活力,在推动双方经济往来、产业合作及人员交流的同时,还实现了政策沟通和人文交流的加强,促进了地区共同发展。2010 年,中国—东盟投资合作基金作为美元离岸股权投资基金,由中国进出口银行作为主发行人,连同国内外多家投资机构共同出资成立,主要投资东盟地区的基础设施、能源和自然资源等领域;2012 年,中国提供 30 亿元人民币与东盟建立海上合作基金,与东盟在航行安全、生物多样性、海上搜救以及海水产能等海洋问题上进行合作;2016 年,中柬签署了“中柬友谊城”和“一带一路”产业投资基金合作备忘录,旨在带动更多资本进入柬埔寨等周边国家市场。2016 年,澜湄合作首次领导人会议提出设立澜湄合作专项基金,5 年内提供 3 亿美元支持东南亚澜沧江和湄公河沿岸六国发展;2017 年,总规模 500 亿元人民币的广西—东盟“一带一路”系列基金设立,旨在促进基础设施、优质产业、贸易投资等重点项目合作;2021 年 11 月,中国向东盟抗疫基金追加 500 万美元,并将在未来 3 年向东盟提供 15 亿美元发展援助,用于东盟国家抗疫和恢复经济,该基金改善了云南与周边国家边境地区的卫生防控条件,降低了疫情跨境传播的风险,促进了边境地区的经济复苏与发展。

六是在基金市场的境外间接投资方面。中国国内投资机构借助合格境内机构投资者(QDII)制度,致力于成为投资周边国家的合格投资机构。成立于 2020 年的天弘越南市场是目前国内基金市场唯一专注于越南市场投资的 QDII 基金,包括天弘越南市场股票(QDII)A 和天弘越南市场股票(QDII)C,投资者通过该基金可以间接参与越南市场投资;交银施罗德东南亚基金是一只主要投资东南亚股票市场的 QDII 基金产品,投资者通过该基金可以间接投资泰国、马来西亚等国家的股票市场;而招商泰国股票(QDII)基金是专注于投资泰国境内的上市公司股票,投资者可以间接参与泰国股票市场的投资。QDII 制度成为国内投资者参与投资国外金融市场的桥梁,对推动中国(云南)与周边国家的金融合作具有积极意义。

七是在跨境交易所交易基金方面。该基金是一种以股票交易的形式在证券交易所上市交易的开放式基金,是以境外资本市场证券构成、境外市场指数为跟踪标的、在国内证券交易所上市的交易所交易基金。国内投资者可以通过购买跨境交易所交易基金,获取不同国家或地区市场的投资收益,以实现资产配置。2023 年 8 月,银河证券富国越南 30 行业交易所交易基金在新加坡交易所成功上市,旨在追踪在胡志明证券交易所上市的 30 家市值最大、流动性最强的公司;2023 年 9 月,中国境内首只投资泛东南亚科技产业交易所交易基金——华泰柏瑞南方东英新交所泛东南亚科技交易所交易基金正式获批,旨在追踪新交所泛东南亚科技指数[①]。

(三)保险市场合作现状

云南省保险机构建立了面向南亚及东南亚国家的跨境车险、货物运输保险、企财险、工程险、雇主责任保险、出口信用保险、出入境人员意外险等跨境保险产品体系。截至2023年上半年,云南省共计提供跨境保险保额513.45亿元,赔付220件次共计1345.73万元。

一是在车辆跨境保险方面。2013年起,平安产险推出机动车出境综合商业保险(越南)产品和方案,建立了与越南保越保险总公司持续合作关系;2017年,中国人寿保险公司崇左分公司充分利用沿边金融综合改革契机,探索推进"一带一路"保险创新服务,签发全国首单机动车出境综合商业保险;2017年4月,中国人民财产保险股份有限公司麻栗坡支公司和越南河江保越公司签订合作备忘录,就中国云南天保—越南河江清水口岸跨境车辆保险业务合作事宜达成一致意见,同意双方车辆进入对方国家须购买对方国家第三者责任强制保险,同时,双方相互委托为中越出境机动车辆提供在对方国家的理赔协调、保险公估服务。

二是在物流跨境保险方面。中国人民财产保险股份有限公司、中国大地财产保险股份有限公司等保险公司在云南省西双版纳州开展了澜沧江—湄公河水路的船舶保险、国内水路货物运输及船员意外保险等涉外保险,为跨境物流和海上经济发展提供动力与保障;2004年12

① 东南亚科技指数主要追踪东南亚和新兴亚洲市场中最大的30家科技公司的表现,汇集了公司注册地在印度、新加坡、印尼、泰国、越南、马来西亚在数字经济与科技板块的核心资产。

月，中国出口信用保险公司云南分公司揭牌运营，为云南省出口企业提供风险保障和信用保险服务。

三是在往来人员跨境保险方面。随着国家间民间经贸往来业务的深度融合，往来人员安全也越来越依赖商业保险作为保障。针对跨境劳务人员，2016年广西壮族自治区崇左市启动跨境劳务人员人身意外保险试点，以优化跨境用工环境；2017年，中国人寿保险公司崇左分公司入驻凭祥境外边民务工管理服务中心，并于同年8月开办跨境劳务人员人身意外险，后增加1万元猝死保障和3000元疾病住院医疗保障；针对外籍学生，云南省德宏州为境外到瑞丽市就读的外籍中小学生（缅甸籍为主）办理学生意外伤害保险，外籍学生享有与中国学生同样的保险保障待遇。

四是在企业财产跨境保险方面。2018年9月，中国人民财产保险有限公司与越南保越保险总公司签订全面战略合作协议，开展中越沿边金融开放、跨境保险合作、对外投资合作项目保险合作、业务交流等多领域合作，为在越投资经营的中国企业和在中投资经营的越南企业提供更加完善的风险管理解决方案和更加优质的保险服务。

五是在工程跨境保险方面。中老铁路开通以来，太平财险云南分公司专项跟进在老挝的中资基建、能源保险"一带一路"项目，为客户制定"一揽子"风险解决方案。截至2023年底已为中老重点合作项目老挝南塔河1号水电站、老挝首条高速公路老挝万象至中国磨憨磨丁口岸高速公路万象至万荣段、老挝国家级经济特区老挝磨丁经济特区国际商业金融中心（Ⅱ期）、老挝怀拉涅河水电站等项目提供了数十亿元的保险保障。2019年9月，中国太平保险集团东盟保险服务中心在广西南宁设立，同年11月首单承保了光大越南芹苴垃圾发电项目运营险。

(四) 外汇市场合作现状

中国与老缅越柬等周边国家外汇市场业务合作逐渐加深。2011年12月,云南省实现人民币对泰铢银行间市场区域交易;2014年10月,中国农业银行云南省分行成立中国农业银行泛亚业务中心。已形成银行间市场区域交易、银行柜台挂牌交易、特许兑换机构和民间兑换商交易的多层次相互补充的区域货币交易格局。

一是在人民币与老挝基普直接交易方面。2011年6月,富滇银行与老挝大众银行共同推出人民币与老挝基普挂牌汇率。人民币对老挝基普的交易只在银行柜台市场上进行,客户主要是一般居民和企业。此外,富滇银行持续为境内市场提供小币种现钞,截至2023年6月末,累计向老挝调运人民币现钞72批次,总计7.5亿元人民币,向国内调运5亿基普,保持了人民币和周边国家小币种主要供应商地位。2015年6月,中国农业银行云南省分行开始老挝基普的挂牌交易,当月交易2笔,折合人民币共计2万元。2022年9月,中国人民银行授权中国工商银行万象分行担任老挝人民币清算行,承担老挝境内人民币支付和结算业务的职责。

二是在人民币与缅币的直接交易方面。由于缅币汇率波动大,市场需求不足,加之中缅两国央行之间尚未签订有关货币协议,目前银行柜台市场和银行间市场区域交易均未开展人民币对缅币的直接兑换业务,正规货币兑换主要由4家中缅特许货币兑换机构承担。此外,为便利双边贸易往来,1985年中国银行在中缅最大口岸城市瑞丽市设立分行,开设双边货币兑换业务;2014年,云南省农村信用合作社瑞丽联社也积极开展了跨境人民币的结算业务;2015年3月,瑞丽市整合了现有4家特许兑换机构成立了全国首个中缅货币兑换中心,首创“瑞丽指数”对缅币定价;2016年6月,中国农业银行瑞丽分行泛亚中心成立并挂牌经营缅币，搭建了双边货币交易报价的重要平台。

缅甸政府与中国在经济金融领域的合作意愿也在逐渐增强。2019年1月，缅甸央行将人民币纳入获准进行国际结算与直接兑换的货币范围；2021年6月，缅甸央行同意中国工商银行开立首个缅甸人民币账户；2022年1月1日起，缅甸央行推出中缅人民币边贸结算试点机制。目前，人民币已成为中缅边贸结算的主要货币。

三是在人民币与越南盾直接交易方面。为鼓励和规范人民币在边境交易中的使用，2004年11月中国政府批准云南省边贸企业直接采用人民币进行结算，并享受相应的退税政策。为提升人民币结算效率，进一步规范边境贸易市场交易行为，2010年7月云南省启动跨境贸易人民币结算试点，标志着滇越边境贸易人民币结算业务的正式展开。2014年4月，中国—东盟货币服务平台在东兴建立，促进了商业银行在人民币对越南盾汇率定价的主动权，形成人民币对越南盾汇率东兴定价中心。“东兴模式”将人民币兑越南盾的汇率机制逐步市场化，改变了过去民众不相信官方汇率，在民间地摊进行货币兑换的境况。2023年9月，中国农业银行云南省分行与越南西贡商信银行老街分行签订边贸结算合作协议，推动了中越双方人民币贸易结算业务的合作。

四是在人民币与柬埔寨瑞尔直接交易方面。2011年3月17日，首笔中柬跨境人民币贸易结算业务在中国银行金边分行成功办理，中柬双边贸易人民币结算量逐步增加。柬埔寨现有两家中资银行——中国银行与中国工商银行可提供人民币结算服务，促进了人民币与瑞尔的兑换便利性。柬埔寨还允许使用微信、支付宝和银联等第三方平台进行人民币结算。柬埔寨提供人民币结算服务的银行共有17家，其中提供人民币存款服务的银行有4家，分别是加华银行、第一商业银行、中国银行与中国工商银行。2017年8月，广西北部湾银行和柬埔寨加华银行在广西完成了首笔人民币对柬埔寨瑞尔结算交易,这满足了中柬两国企业的资金结算需求,降低了企业"走出去"的资金成本和汇率风险。2017年9月4日,桂林银行成功办理首笔柬埔寨瑞尔对人民币兑换业务,标志着桂林银行正式挂牌柬埔寨瑞尔。2017年9月13日,中国外汇交易中心开展人民币对瑞尔银行间市场区域交易,中国银行广西分行与广西北部湾银行完成全国银行间市场首笔人民币对瑞尔交易。2020年6月8日,中国银行(香港)金边分行完成首笔人民币兑柬埔寨瑞尔直接报价及交易业务。

五、金融监管合作进展

(一)金融监管合作框架初步建立

中国与老缅越柬等周边国家已经建立了初步的金融监管合作框架,这个框架以谅解备忘录的签署和合作会议的举办为基础,涵盖反洗钱、反恐融资、反假币以及多边金融监管合作的建立等重要合作领域。

一是在监管合作机制构建方面。2018年,中国与缅甸签署《关于反洗钱和反恐融资金融情报交流合作谅解备忘录》,为两国金融监管合作提供了有力保障。地方金融监管合作机制也在逐步搭建,2019年广西东兴农村商业银行与越南军队商业股份银行芒街分行签订了《反假货币合作备忘录》。

二是在地方监管交流方面。2019年,中国东兴市人民政府和越南芒街市人民委员会共同主办"中国东兴—越南芒街征信跨境合作交流会",中越银行合作举办跨境反假货币交流培训会等。

三是在反洗钱、反假币、反恐融资合作方面。这三方面是中国与老缅越柬等周边国家金融监管合作持续活跃且深入的领域。2017年,云南省沧源佤族自治县与缅甸经济银行木姐分行建立反洗钱交流和信息共享机制,有效打击了洗钱活动。2018年,中国人民银行西双版纳州中心支行与中老缅泰湄公河联合执法队举行人民币反假宣传交流活动。中国与缅甸基于互惠原则长期在涉嫌洗钱、恐怖融资及其他相关犯罪领域开展信息收集、共享、互助协查合作。

四是在多边合作推动金融监管合作方面。在亚洲基础设施投资银行、东盟与中日韩(10+3)合作以及澜湄合作机制持续推动下,区域内金融监管合作框架得以建立,并推进了中国与老缅越柬等国家金融监管交流和合作,进一步强化了区域内的金融稳定。

(二)反洗钱、反假币和反恐融资是金融监管合作重点

中国与老缅越柬金融监管合作的重点是反洗钱、反假币和反恐融资合作,并已取得显著合作进展。

一是区域国家间的信息交流愈加频繁。在宣传教育方面,2014年云南省沧源佤族自治县首次将缅语作为常规宣传语种,破除了语言障碍,开展了跨境人民币反假工作;在信息交换方面,广西与越南建立了反洗钱管理和宣传的新机制,这种机制通过共享信息和改进管理方式,有效地打击了洗钱活动。2016年,中国人民银行瑞丽支行与缅甸经济银行木姐分行就双边金融机构反洗钱合作达成共识,建立了中国德宏与缅甸木姐金融机构反洗钱交流和信息共享机制,有助于两地更有效地打击洗钱活动。2019年,中国东兴市人民政府、越南芒街市人民委员会共同主办了“中国东兴—越南芒街征信跨境合作交流会”。

二是技术援助与执法合作不断深化。在技术援助方面,中国通过

举办金融技术培训和交流活动,为周边国家提供技术援助。2016年,公安部经侦局、国务院反假货币工作联席会议办公室等单位为老挝、缅甸、越南、柬埔寨四个国家的警务人员和越南外交部相关人员组织了反假人民币参观交流活动;2017年,中国人民银行红河州中心支行举办"人民币真伪识别"专题交流培训以及中越银行跨境反假货币交流培训会;勐腊县支行举办向老挝籍留学生进行反假人民币宣传等活动。这些也都达到了技术交流和援助的目的。在执法合作方面,2018年中国人民银行西双版纳州中心支行与中老缅泰湄公河联合执法队的人民币反假宣传交流活动,展示了双方在执法合作上的决心。中国与越南签订了第一个跨境反假货币合作协议,这是两国在打击假币方面合作的重要步骤。

(三) 多边金融监管合作机制作用不断增强

一是政府间国际组织提供了重要合作平台。国际货币基金组织为中国与老缅越柬国家间讨论、协调金融政策和监管问题提供了重要平台,国际货币基金组织金融部门的监督和资本流动研究为各国提供了指导,帮助各国改进监管框架。国际货币基金组织的技术援助项目也在提高这些国家金融监管能力方面发挥了重要作用,世界银行金融和私人发展部门提供了包括法规改革、金融市场发展、金融监管和企业治理等方面的技术援助。世界银行帮助这些国家进行金融部门诊断性评估,以确定金融体系的主要弱点并提出改革建议。中国与老缅越柬五国作为亚洲基础设施投资银行成员国,亚投行为五国间投资项目的审批和监管机制提供了一种模式。

二是非正式国家集团促进金融监管合作取得长足进展。在非正式国家集团的推动下,中国与老缅越柬国家间的多边金融监管合作正在取得积极进展。在东盟与中日韩(10+3)合作框架下,中国与老缅越柬四国在多个金融监管领域开展了有效合作。“亚洲债券市场倡议”为区域内金融市场提供了监管标准和指导原则,“清迈倡议”推动建立了一系列双边货币互换协议。亚洲货币基金成为东盟与中日韩(10+3)合作的主要金融稳定机制,提供金融支持以防范和解决潜在的金融危机,宏观经济研究办公室监测和分析成员国的宏观经济情况和金融风险,为区域国家政策制定者提供决策参考。澜湄合作机制是中国与澜沧江—湄公河五国的合作平台,在这个合作框架下,区域国家就反洗钱、反恐融资和反假币等多个关键领域展开了深入合作。2016年,澜湄合作首次领导人会议强调了稳定的金融市场和健全的金融架构对实体经济发展的重要性,支持各国努力加强金融监管能力建设和协调。

三是地方金融监管部门积极探索区域金融监管合作。云南省与澜湄区域国家相关地区建立了“云南—泰北工作组”“滇越五省市经济协商会”“云南—老北工作组”“滇缅合作商务论坛”等双边合作机制,推动区域贸易投资便利化和各国间金融监管合作联系。中国人民银行云南省分行与周边国家中央银行如老挝国家银行、缅甸中央银行等加强金融监管政策协调和对话,维护了区域内货币稳定以及金融市场稳定和发展。2022年,国家金融监督管理总局云南监管局与越南金融监管委员会签署合作协议,共同加强对两地金融市场的监管,提高对金融风险的防控能力。

第三节　中国与老缅越柬金融合作国别进展

中国经由云南省与老缅越柬山水相连,民心相通,由边贸催生的金融合作形式多样、历史悠久。1997 年的亚洲金融危机和 2008 年的全球金融危机使经济金融全球化步伐放缓,经济金融区域化发展格局有所增强。随着中国云南省、广西壮族自治区等沿边省区与老缅越柬经贸往来的日益密切,区域国家间金融合作取得较为显著成效。

一、中国与老挝金融合作进展

在老缅越柬四国中,老挝经济规模最小,经济结构以农业为主。老挝以银行为主导的金融体系薄弱,银行体系包括老挝中央银行(老挝国家银行)及其下设的 3 家商业银行(老挝开发银行、农业发展银行和老挝外贸银行)和 1 家政策性银行、4 家合资银行、7 家外资银行及 2 家私营银行,70%的金融业务源于老挝中央银行下设的 3 家商业银行[①]。2010 年老挝证券交易所成立,被称为世界最小的股市。尽管老挝金融发展水平不高,对中老双边金融合作产生了不利影响,但在中老两国政府积极推动及市场驱动下,中老金融合作仍然取得了较为显著的进展。

(一) 货币合作

老挝是高度美元化国家。2000 年之前,老挝由于战争、高通胀、汇

① 数据来源于老挝国家银行(Bank of the Lao P. D. R)官网,http://www.bol.gov.la/en/index。

率不稳定等原因，美元化程度曾高达近80%。2001—2010年，老挝宏观经济恢复稳定，政府推出稳定汇率、外汇管理及促进国内支付使用老挝基普等政策，公众对基普的信心开始恢复，美元化程度有所回落，降至2010年的44%[①]。2010年开始进入"去美元化"时期，也正是这一时期，中国与老挝的商业银行开始开展边境贸易人民币结算合作、跨境人民币结算及人民币同业往来合作。2020年1月，中国人民银行与老挝国家银行签署了双边本币合作协议，允许在两国已经放开的所有经常项目和资本项目交易中直接使用双方本币结算。同年5月，中国人民银行与老挝国家银行签署规模为60亿元人民币/7.6万亿老挝基普的双边本币互换协议，中老货币合作进一步深化，双边贸易投资便利化水平得到提升。2022年，中国人民银行与老挝国家银行在老挝签署建立人民币清算安排的合作备忘录，中国人民银行授权中国工商银行万象分行担任老挝人民币清算行。

（二）金融基础设施合作

老挝金融体系以银行为主导，中国与老挝的金融基础设施合作主要集中在银行机构之间，合作形式多样，包括双边商业银行基于贸易需求互开本币结算、清算账户，双边央行授权指定人民币清算行，开通本币现钞跨境调运渠道，创新跨境结算支付系统等多种形式。2023年10月23日，中国工商银行老挝人民币清算行正式开业，这是中老金融合作的重要里程碑，将进一步便利中老双边贸易本币结算，并推动双边金融机构在人民币资金拆借、贷款、债券发行及金融市场交易等领域的深度合作。中国与老挝在资本市场领域也探索开展了金融基础设施合

---

① 丁文丽，牛根苗．人民币国际化背景下越、老、柬三国美元化历程及驱动因素研究［J］．云南师范大学学报（哲学社会科学版），2023（3）：93-103．

作,2017 年中老“跨境资本服务机制”在老挝万象启动,旨在推动跨境投融资项目对接,促进跨境资本形成,丰富跨境金融服务模式,是中老金融合作的一次探索创新。由于老挝金融基础设施落后,中国也有意协助老挝建设完善其金融基础设施,2015 年国家开发银行、中国银联和老挝国家银行三方合作建设老挝国家银行卡支付系统项目并成功上线,有力推动了老挝金融基础设施建设水平的提高。

(三) 金融市场合作

20 世纪 80 年代以来,老挝政府大力发展经济,国民经济保持稳定高速增长态势,经济发展产生较大资金需求。针对老挝经济建设存在的较大资金缺口,中国与老挝金融市场合作主要集中于中国政策性银行或商业银行对老挝财政部、工贸部及老挝国有企业提供援外优惠贷款、项目贷款,以支撑老挝基础设施建设和经济快速发展。此外,双边证券市场也探索开展了零星的合作,2016 年广西北部湾银行与老挝加华银行签署《股权投资意向书》,2017 年深圳证券交易所与老挝证券交易所签署合作谅解备忘录,研究推动双边产品业务深度合作。

(四) 金融监管合作

中国与老挝金融监管合作相对较少。银行监管方面,主要表现为双边商业银行业务监管合作、项目代理监管、跨境反假人民币交流、反洗钱合作等。2016 年,老挝国家银行和中国银行业监管委员会签署了谅解备忘录,提出实施跨境银行监管合作,支持和促进老中两国金融机构互调等内容。资本市场监管方面,2011 年中国证监会与老挝证券委员会已签订证券期货监管合作谅解备忘录,但后续具体监管合作举措较少。

（五）金融机构合作

截至2023年上半年，中国共有4家银行在老挝万象设立分支机构或代表处，分别是云南地方金融机构富滇银行（2010）、中国工商银行（2011）、中国银行（2015）和国家开发银行（2016）。中老合资设立了2家金融机构，分别是2013年由中国太平洋证券股份有限公司与老挝农业促进银行、老挝信息产业有限公司合资设立的老中证券有限公司和2014年由富滇银行和老挝大众外贸银行合资设立的老中银行，注册地均在老挝万象。除此之外，富滇银行为缩短与老挝金融机构的地理距离，积极搭建连接老挝的金融服务网络，在与老挝接壤的西双版纳磨憨边境口岸设立了富滇银行西双版纳磨憨支行，为"中老磨憨—磨丁跨境经济合作区"境内外客户提供健全的金融服务。

中国与老挝在上述五个领域金融合作的主要事件如表2.1所示。

表2.1　中国与老挝金融合作主要事件表

合作分类	年份	金融合作主要事件
货币合作	2000	东盟10国及中日韩（10+3）财长共同签署了建立区域性货币互换网络的协议，即《清迈倡议》
	2009	中国农业银行云南省分行与老挝发展银行签署《农业银行云南省分行与老挝发展银行边境贸易结算合作协议》，并首次实现边贸人民币银行结算
	2016	勐腊县农村信用合作联社与老挝外贸大众银行签署跨境人民币结算业务合作协议，并开立人民币同业往来账户
	2020	中国人民银行与老挝国家银行签署双边本币合作协议
		中国人民银行与老挝国家银行签署60亿元人民币/7.6万亿老挝基普的双边本币互换协议

(续表)

合作分类	年份	金融合作主要事件
金融基础设施合作	2010	中国云南省6家商业银行与越南、老挝、泰国、新加坡、缅甸等国家的9家银行签署人民币代理清算协议
		富滇银行和老挝大众外贸银行分别在对方银行开立了对方国家货币的结算账户
	2012	老挝国家银行正式对外宣布指定中国工商银行万象分行作为当地唯一的人民币清算行
	2013	老中证券有限公司与老挝外贸银行签署了《证券资金清算合作协议及长期战略合作备忘录》
	2014	西双版纳境内银行业金融机构面向老挝的首台金融服务终端POS机正式走出国门,落户老挝磨丁经济开发专区
	2015	由国家开发银行、中国银联和老挝国家银行三方合作建设的老挝国家银行卡支付系统项目正式上线
		富滇银行与老挝联合发展银行互开本币清算账户,为中老两国间跨境资金的清算提供支持
	2017	中老"跨境资本服务机制"在老挝万象启动,旨在推动跨境投融资项目对接,促进跨境资本形成,丰富跨境金融服务模式
	2018	富滇银行西双版纳磨憨支行与老中银行磨丁分行正式开展跨境人民币现钞调运业务
		富滇银行成功开启中老跨境速达业务新模式,实现快捷跨境结算
	2022	中国人民银行与老挝银行签署在老挝建立人民币清算安排的合作备忘录
		中国人民银行授权中国工商银行万象分行担任老挝人民币清算行
		老挝国家银行和中国人民银行以通函形式签署了关于指定银行清算人民币的谅解备忘录

（续表）

合作分类	年份	金融合作主要事件
金融市场合作	2003	正式启动亚洲债券基金，初始规模为 10 亿美元
	2004	设立第二期亚洲债券基金，初始规模为 20 亿美元
	2005	东亚及太平洋地区中央银行行长会议宣布，亚洲债券基金二期（ABF2）正式启动
	2010	中国进出口银行分别与老挝财政部、越南工贸部、中国华电集团公司等签署了总额约 14 亿美元的贷款协议
	2011	富滇银行在老挝万象与老挝外贸银行签署《富滇银行与老挝外贸银行同业资金交易协议》
	2013	中国进出口银行与老挝国家电力公司签署了《中国进出口银行与老挝国家电力公司融资合作备忘录》
	2016	中国工商银行签署老挝 500 KV Pakading-Mahaxai 输变电线路项目合同，合同总金额为 3.43 亿美元
		广西北部湾银行与老挝加华银行签署《股权投资意向书》
		中国进出口银行与老挝财政部成功签署老挝沙拉湾–色贡 500 KV 输变电线路项目贷款协议
	2017	在中国国家主席习近平与老挝国家主席本扬的共同见证下，中国进出口银行和老挝财政部签署援外优惠贷款协议
		在中国国家主席习近平与老挝国家主席本扬的共同见证下，中国进出口银行与老挝财政部签署老挝 115 KV 输变电线路扩建与综合改造项目贷款协议
		深圳证券交易所与老挝证券交易所签署合作谅解备忘录
		国家开发银行与老挝国家银行签署《金融支持老挝中小企业发展合作谅解备忘录》
	2018	在中国国家主席习近平和老挝国家主席本扬的共同见证下，中国进出口银行与老挝财政部签署电力领域项目合作协议

(续表)

合作分类	年份	金融合作主要事件
金融监管合作	2011	中国证监会与老挝证券委员会签订证券期货监管合作谅解备忘录
	2016	中国反洗钱监测分析中心和老挝反洗钱情报办公室在美国签署《关于反洗钱和反恐怖融资信息交流合作谅解备忘录》
		老挝国家银行和中国银行业监管委员会签署谅解备忘录
金融机构合作	2010	中国银监会同意富滇银行设立老挝代表处
	2011	中国工商银行在老挝设立万象分行
	2013	中国太平洋证券股份有限公司与老挝农业促进银行、老挝信息产业有限公司合资成立老中证券有限公司
	2014	富滇银行和老挝大众外贸银行合资设立老中银行
	2015	中国银行在老挝设立万象分行
	2016	国家开发银行万象代表处在老挝万象挂牌成立
	2017	老中银行在老挝南塔省磨丁经济专区设立磨丁分行

数据来源:中国人民银行、商务部等22个机构官网。

二、中国与缅甸金融合作进展

缅甸是中南半岛面积最大的国家,与中国的边界线长达2186公里,约占缅甸陆上边界线的1/3。缅甸经济发展落后,是世界最不发达的国家之一。[①] 缅甸金融体系也相对薄弱,以银行为主导。由于常年战乱并遭受西方经济制裁,缅甸金融体系在国际上比较封闭,但长期以

① 2022年缅甸国内生产总值仅为623亿美元,人均国内生产总值仅1149.02美元。

来缅甸与中国在边境地区保持着较频繁的金融合作活动[①]。21 世纪以来中缅金融合作得到缅甸政府多项政策支持，双边金融合作形式多样，并呈蓬勃发展态势。

（一）货币合作

早在 1996 年缅甸与云南孟连傣族拉祜族佤族自治县接壤的缅甸佤邦地区的佤邦银行就开始经营人民币业务，人民币在缅甸佤邦地区被广泛使用。基于日益密切的边境贸易往来，2008 年以来中缅银行开展了多项货币合作，如签订边境贸易使用人民币结算的备忘录、双边在边境地区互开人民币往来账户等。这些货币合作的开展极大便利了中缅边境贸易。2019 年，缅甸央行正式批准人民币作为结算及兑换货币。2021 年，缅甸央行允许在中缅边境地区直接使用人民币进行贸易支付结算，并准许人民币在当地外汇市场合法交易、兑换。人民币在中缅边境贸易中已开始发挥重要作用，但截至目前缅甸与中国尚未签订货币互换协议。

（二）金融基础设施合作

缅甸金融体系薄弱，缺乏现代金融基础设施，且金融业发展受到政府严格管控。因而，中缅金融基础设施合作大多局限于边境地区商业银行间开展的诸如搭建银行结算平台、开立人民币往来账户、签署人民币清算协议、签订《边贸结算网上银行协议》等合作形式。2019 年，中国工商银行云南省分行搭建了中缅边贸合作的新平台“边民互市电子结算系统”。2020 年，富滇银行与缅甸伊洛瓦底农民发展银行互开本

---

① 杨漪，黄剑波. 非正规金融与缅甸边境地方社会——以“金三角之城”大其力的换钱点为例[J]. 华东师范大学学报(哲学社会科学版)，2020，52(4)：107-116.

币账户。

(三) 金融市场合作

缅甸除参与亚洲债券基金设立等区域金融市场合作外,其与中国在金融市场方面的合作主要为项目贷款合作。2010 年,中国向缅甸提供 300 亿元人民币无息贷款,用于缅甸水电站、公路、铁路及信息技术建设;2014 年,中国进出口银行为缅甸农业发展提供融资支持;2017 年,中国进出口银行为缅甸仰光机场公司提供仰光国际机场改扩建项目贷款;2019 年,缅甸海螺(曼德勒)水泥有限公司向中国进出口银行安徽省分行申请 11 亿元人民币贷款。此外,边境地区也开展了少量跨境保险业务合作。总体上看,中缅金融市场合作主要体现为中国对缅甸基础设施建设的资金支持。

(四) 金融监管合作

基于人民币在缅甸边境地区广泛使用、缅甸北部社会环境动荡及缅甸金融政策相对封闭的现状,中国与缅甸在金融监管方面的合作主要聚焦于边境地区常态化的反假人民币、反洗钱、反恐融资及跨境人民币现钞流通监测等领域。2014 年,云南沧源佤族自治县对缅甸佤邦开展常态化反假人民币宣传;2016 年,中国人民银行瑞丽支行与缅甸经济银行木姐分行建立金融机构反洗钱交流和信息共享机制;2018 年,缅甸边境县勐冒县设立“跨境人民币现钞反假综合服务点”,建立残损人民币兑换绿色街道试点等。

(五) 金融机构合作

缅甸对外资银行设立的地域范围、注册资本及业务经营范围均有严格限制,如仅可在缅甸经济特区设立分支机构,仅可经营批发银行业务等。缅甸对外资银行设立和经营的限制条件降低了中国与缅甸金融机构合作的意向。截至 2023 年 10 月，在缅获得经营牌照的外资银行仅有 20 家[①]，其中包括 2014 年获批的中国工商银行仰光分行。2015 年，中国银行也在缅甸设立仰光代表处。中国金融机构在缅甸设立分支机构的目的主要是为中国企业“走出去”提供贸易便利化条件。

中国与缅甸上述五个领域金融合作的主要事件如表 2. 2 所示。

表 2. 2　中国与缅甸金融合作主要事件表

分类	年份	中国与缅甸金融合作主要事件
货币合作	1996	缅甸佤邦银行开始经营人民币业务
	2000	东盟 10 国及中日韩(10+3)财长共同签署了建立区域性货币互换网络的协议，即《清迈倡议》
	2008	中缅签订边境贸易使用人民币结算的备忘录
		中国人民银行批复同意缅甸经济银行在中国云南省边境地区商业银行开立人民币往来账户，用于中缅边贸结算
	2011	缅甸政府正式同意中资银行和中缅合资企业在缅银行开立人民币账户，人民币可以兑换成外汇券并按市场汇率兑换缅币
	2019	缅甸央行正式批准人民币作为结算及兑换货币，获得外汇经营许可证的银行可开立人民币账户
	2021	缅甸央行对外宣布允许在中缅两国边境地区直接使用人民币/缅币进行支付结算，并签署《中缅边贸结算协议》，中缅边贸跨境人民币结算业务试点宣告成功
		缅甸中央银行发布通告，宣布增加人民币为外汇市场合法交易货币，准许人民币在当地外汇市场合法兑换

① 数据来源于中华人民共和国商务部，http://www. mofcom. gov. cn/article/i/jyjl/j/202004/20200402954449. shtml。

(续表)

分类	年份	中国与缅甸金融合作主要事件
金融基础设施合作	2009	中国农业银行云南省分行、中国建设银行云南省分行与缅甸经济银行签署人民币清算协议
		缅甸经济银行在云南边境地区的农行和建行开立人民币往来账户,用于中缅边贸结算
	2010	中国云南省6家商业银行与越南、老挝、泰国、新加坡、缅甸等国家的9家银行签署代理清算协议
		缅甸经济银行在中国工商银行德宏分行开立人民币结算账户,用于中缅边贸结算
	2012	中国人民银行普洱市中心支行搭建了中国农业银行孟连支行与缅甸邦康市商业银行的结算平台,将双方贸易往来资金结算纳入银行体系
		中国建设银行云南省分行与缅甸经济银行木姐市支行签订《边贸结算网上银行协议》
	2014	云南沧源佤族自治县在缅甸佤邦地区率先试点设立跨境结算服务点
	2015	中国建设银行云南省分行与缅甸合作社银行签署跨境清算合作协议、人民币代理清算协议、人民币清算协议、边贸结算网上银行协议
		缅甸合作社银行(私人银行)木姐支行在中国建设银行姐告支行正式开立基本存款账户
		缅甸环球财富银行木姐支行在富滇银行瑞丽分行开设人民币结算账户
	2019	中国工商银行云南省分行搭建了中缅边贸合作的新平台"边民互市电子结算系统"
	2020	富滇银行与缅甸伊洛瓦底农民发展银行互开本币账户

（续表）

分类	年份	中国与缅甸金融合作主要事件
金融市场合作	2003	正式启动亚洲债券基金，初始规模为10亿美元
	2004	设立第二期亚洲债券基金，初始规模为20亿美元
	2005	东亚及太平洋地区中央银行行长会议宣布，亚洲债券基金二期（ABF2）正式启动
	2006	中国进出口银行与缅甸邮电通讯公司在人民大会堂签署项目买方信贷协议
	2010	中国为缅甸提供300亿元人民币无息贷款，用于缅甸水电站、公路、铁路及信息技术建设
	2014	云南保险业启动跨境保险业务试点，为中小学生（缅甸籍为主）办理学生意外伤害保险
		中国进出口银行被指定为中缅农业合作框架下项目的定向融资支持行
		中国进出口银行分别与缅甸外经银行和缅甸计划与经济发展部签署了《小额农业贷款二期项目贷款协议》及《300亿元人民币贷款项目合作谅解备忘录》
	2017	中国进出口银行与缅甸仰光机场公司签署《仰光国际机场改扩建项目贷款协议》
	2019	缅甸海螺（曼德勒）水泥有限公司向中国进出口银行安徽省分行申请11亿元人民币贷款
金融监管合作	2014	沧源佤族自治县对缅甸佤邦开展常态化反假人民币宣传
	2016	中国人民银行瑞丽支行与缅甸经济银行木姐分行建立金融机构反洗钱交流和信息共享机制
	2018	中国反洗钱监测分析中心与缅甸金融情报中心签署《关于反洗钱和反恐融资金融情报交流合作谅解备忘录》
		缅甸勐冒县设立“跨境人民币现钞反假综合服务点”，建立残损人民币兑换绿色街道试点，固化跨境人民币现钞流通监测工作

(续表)

分类	年份	中国与缅甸金融合作主要事件
金融机构合作	2011	中国工商银行仰光代表处成立
	2015	中国工商银行仰光分行正式开业,成为第一家进入缅甸市场的中资商业银行
		中国银行在缅甸设立仰光代表处

数据来源:中国人民银行、商务部等22个机构官网。

三、中国与越南金融合作进展

越南自1986年实施革新开放政策以来,国内外政局稳定,经济高速增长[①],成为亚洲乃至全球经济增长亮点,不断吸引全球资本流向越南。同时,越南的金融体系已发展成为包括中央银行、国有商业银行、外资银行、证券交易所、保险公司及融资租赁公司等在内相对完善的金融体系。[②] 与此同时,中越金融合作也已有30余年历史。早在1993年,中国人民银行与越南国家银行即已签订《关于边贸结算与合作协定》,建立了边贸银行结算渠道。双边金融合作取得了较好成效,为双边经贸带来较大便利,有力地支持了双边经济发展。

(一)货币合作

中国与越南货币合作主要围绕中越边境贸易人民币结算开展。自1993年两国中央银行签订边贸结算与合作协定以来,在此框架下,位

---

① 近10年来越南国民生产总值年均增速为7.7%,其中2022年增速达8.02%,为近25年来经济最高增速。

② 根据越南央行公布的数据,截至2022年越南共有2家政策性银行、4家国有银行、31家股份制商业银行、9家外资银行、16家财务公司、10家融资租赁公司及4家小微金融机构。此外,还有2家证券交易所和60多家保险公司。

于边境地区的双边商业银行间纷纷签订边贸结算协议。1996 年,中越边境首次试点通过商业银行开办边贸人民币与越南盾直接结算业务。2003 年,中越边境地区商业银行陆续签署跨境贸易人民币结算协议,中越边贸人民币结算网络初步形成。2010 年以前,越南一直属于中度美元化国家[①];2010 年以后,越南国内宏观经济趋于稳定,越南政府明确提出“去美元化”,采取了一系列“去美元化”政策措施,并出台了“若企业对不被允许的产品以外币标价将受到罚款”等限制外币使用的管制措施。由此,美元化水平有所下降。2018 年,越南国家银行允许非边境地区银行授权边境地区银行代理其边贸人民币结算,促进了中越货币合作由边境区域深入到内陆区域。尽管如此,两国货币合作多局限于边境贸易中的人民币支付结算合作,以及与其相关的人民币或越南盾在边境地区的跨境调运合作等有限领域。截至目前,中国和越南尚未签订双边本币互换协议等。

(二) 金融基础设施合作

越南金融基础设施相对完善,加之越南对外币监管措施的影响,中越金融基础设施合作也仅围绕边境贸易展开。具体形式包括中越边境地区商业银行间签订边贸结算合作协议、网上银行边贸结算协议、互开双边本币结算账户,逐渐构建并优化中越边境贸易银行结算渠道等。随着中越边贸本币结算业务的开展,双边商业银行积累了一定的人民币或越南盾存量,催生了 2017 年本币现钞跨境调运金融合作,在边境地区搭建人民币或越南盾现钞跨境调运渠道,打通人民币和越南盾供

---

① 国际货币基金组织认为,外币存款(主要是美元)占广义货币供应量的比重超过 16.4%的国家为中度美元化国家。越南美元化起源于越南战争中美国对南越的经济援助,1986 年经济革新运动后的五年,越南美元化程度进一步攀升,高达约 41%。

应和回笼双向通道。资本市场也开展了少量的金融基础设施合作,2017 年跨境资本服务机制在越南实现落地,为越南企业与中国创新资本对接提供了标准化解决方案。总体上来讲,中国与越南金融基础设施合作较为频繁[①],但具体合作内容和合作形式较为单一。

(三)金融市场合作

由于越南金融市场发展相对完善,中国与越南金融市场合作形式也相对丰富,主要包括中国国有银行对越南国有企业提供买方信贷、对越南政府部门提供普通贷款或援外优惠贷款、对中国走出去企业的银团贷款,双边保险机构签订全面战略合作协议或开展业务合作,双边证券交易所业务合作,边境地区中国商业银行对越南边民发放私人贷款等。继 2012 年双边证券交易所签订合作备忘录后,2017 年深圳证券交易所携手多家中资证券公司与越南西贡商信银行证券公司、越南投资等越方机构成功举办中越资本合作论坛。2017 年,中国华安财产保险股份有限公司广西分公司也与越南北宁邮政保险公司签订跨境合作协议。

(四)金融监管合作

中国与越南的金融监管合作主要是银行部门间的监管合作。除在边境地区商业银行间开展反洗钱、反假货币合作外,在边境地区还开展了金融标准和征信双边交流合作。2017 年,中国银监会与越南央行签署了双边监管合作谅解备忘录,在信息交换等方面加强监管合作,这有助于提高跨境银行监管水平,及时了解互设机构的经营情况,促进双边互设机构的合法稳健经营。

---

① 中国与越南金融基础设施合作相对频繁,主要是由于越南银行体系布局较为完整,边境地区也覆盖了一定数量的商业银行分支机构,为双边金融基础设施合作奠定了良好基础。

（五）金融机构合作

中越在银行、保险及证券三个领域均有分支机构互设合作。中国银行、中国工商银行、中国建设银行、中国交通银行均在越南设立了分行；2019 年，平安产险广西分公司在凭祥和东兴出入境口岸设立了服务机构，并与越南保越保险总公司在理赔服务领域开展合作，提供境内、境外双向报案通道；国泰君安国际成功收购越南券商 IVS，成为首家入驻越南的中资证券公司。越南银行也在中越边境地区成立了跨境分支机构，2008 年越南西贡商信银行南宁代表处成立，这是越南银行在国外设立的第一家代表处，也是外国银行在广西设立的第一家办事机构。

中国与越南上述五个领域金融合作的主要事件如表 2.3 所示。

表 2.3　中国与越南金融合作主要事件表

方面构成	年份	金融合作主要事件
货币合作	1996	中越边境首次通过商业银行开办边贸人民币与越南盾直接结算业务
	2000	东盟 10 国及中日韩（10+3）共同签署了建立区域性货币互换网络的协议，即《清迈倡议》
	2003	中越两国央行签署边境贸易双边本币结算协定
	2011	中国农业银行与越南工商股份商业银行芒街分行签署跨境人民币合作协议
	2012	中国农业银行云南省分行与越南湄公河三角洲房屋发展银行老街省分行签署跨境贸易人民币结算协议
	2013	河口瑶族自治县农村信用社合作联社与越南农业与农村发展银行老街省分行签订跨境贸易人民币结算业务合作协议
	2015	富滇银行与越南农行老街省分行建立中越本币结算关系
	2016	云南省与越南北部四省签署《跨境人民币结算业务合作框架协议》

(续表)

方面构成	年份	金融合作主要事件
货币合作	2016	桂林银行与越南农业与农村发展银行、越南工商股份商业银行分别签订中越双边本币结算和边贸业务合作协议
	2017	中国农业银行河口支行与越南金融机构共同参与汇率协商
	2018	越南央行宣布可在越南北部边境地区使用人民币进行贸易结算
		越南央行正式推行边贸公布“越南—中国边境贸易外汇管理指引”,允许非边境地区银行授权边境地区银行代理其边贸人民币结算
		越南国家银行开始实施《关于越南—中国边境贸易所得外汇管理意见》,允许拥有边境分行的授权银行跨境调出和跨境调入人民币现钞和越南盾现钞
	2021	富滇银行红河分行与越南投资发展银行老街省分行签订《跨境人民币结算业务合作框架协议》
金融基础设施合作	1993	签订《中国人民银行与越南国家银行关于边贸结算与合作协定》,自此中越建立边贸银行结算渠道
	1994	中国农业银行河口瑶族自治县支行与越南农业与农村发展银行老街省分行签订互开本币账户协议书
	1996	中国农业银行广西分行率先在广西东兴、凭祥等边境城市与越南开展边贸银行结算业务
	1997	中国农业银行云南省分行与越南农业与农村发展银行老街省分行正式签订《边贸结算协议》
		中国工商银行广西分行分别与越南工商股份商业银行广宁省分行以及谅山省分行签署了边贸结算合作协议
	2004	中国农业银行广西分行与越南农业与农村发展银行广宁省分行在越南下龙市签订边贸结算合作补充协议,并在广西银行业实现通过 SWIFT 系统办理边贸结算,使业务处理的方式由手工向电子化转变
		中国工商银行广西分行与越南投资发展银行谅山省分行及广宁省分行签订《边贸结算合作协议》

（续表）

方面构成	年份	金融合作主要事件
金融基础设施合作	2004	中国银行广西分行和越南农业与农村发展银行芒街分行建立边贸合作代理行关系
	2006	中国工商银行广西分行分别和越南农业与农村发展银行、越南投资发展银行广宁省分行及谅山省分行签订《边贸结算合作协议》
	2007	中国工商银行广西分行分别与越南工商股份商业银行广宁省分行以及谅山省分行修订了边贸结算合作协议，同年又和越南农业与农村发展银行、越南投资发展银行开通"边贸通"网上银行边贸结算业务
	2008	中国工商银行广西分行与湄公河平原住房银行签署了"边贸通"网上银行边贸结算协议
	2012	广西北部湾银行和越南农业与农村发展银行签订边贸结算业务合作协议
	2013	富滇银行红河分行和越南农业与农村发展银行老街省分行签订边贸结算合作框架协议
	2014	中国农业银行云南省分行和越南农业与农村发展银行河江省分行举行"中越边贸网银业务启动仪式"
	2015	广西北部湾银行和越南农业与农村发展银行签订边贸结算合作协议
		中国农业银行云南省分行正式和越南农业与农村发展银行老街省分行签署《越南盾跨境调运协议》
	2016	广西北部湾银行和越南农业与农村发展银行在凭祥签订边贸结算合作协议
		桂林银行和越南农业与农村发展银行、越南工商股份商业银行分别签订协议，开启了中越双边本币结算和边贸业务合作
		中国银行云南省分行与越南投资发展银行老街省分行成功举办边贸结算合作签约仪式
		桂林银行和越南农业与农村发展银行签订边贸结算业务合作协议，并先后完成了双边本币结算账户的互开、边贸网银信息传递系统配置以及双边货币清算渠道搭建等

(续表)

方面构成	年份	金融合作主要事件
金融基础设施合作	2017	文山州首笔越南盾外币现钞跨境调入成功
		广西北部湾银行与越南西贡商信银行在越南谅山市举行边贸结算合作协议
		广西壮族自治区农村信用社联合社、广西东兴农村商业银行与越南军队股份商业银行在东兴市举行边贸结算业务合作签约仪式
		中国农业银行防城港分行办理第一笔越南盾现钞跨境调运业务
		中国跨境资本服务机制在越南实现落地
	2018	广西正式启动首笔中越人民币现钞跨境调运,标志着广西第一条人民币现钞跨境调运线路成功打通
		云南省农村信用社与越南工商股份商业银行签署《跨境贸易结算合作框架协议》
		桂林银行东兴支行成功打通人民币和越南盾现钞双币同时跨境调运渠道
		中国银行在广西打通越南的人民币回流通道
	2019	广西北部湾银行东兴支行与越南工商股份商业银行芒街分行在越南芒街签订边贸结算业务合作协议
		文山州越南盾外币现钞调出业务实现零的突破
	2021	中国人民银行云南省红河州中支河口瑶族自治县支行成功为越南某进出口企业开立非居民人民币账户
		广西北部湾银行和越南农业与农村发展银行签订边贸结算业务合作协议
金融市场合作	2004	中国进出口银行与越南城市开发总公司签署1151万美元贷款协议,中国进出口银行第一次对越南提供出口买方信贷
	2006	中国进出口银行与越南煤炭矿产集团签署1.47亿美元出口买方信贷协议

(续表)

方面构成	年份	金融合作主要事件
金融市场合作	2010	中国进出口银行分别与老挝财政部、越南工贸部、中国华电集团公司等签署总额约 14 亿美元的贷款协议
	2012	中国上海证券交易所与越南河内证券交易所签订合作备忘录
	2013	银联与越南外贸股份商业银行合作首次推出银联借记卡和银联信用卡
		平安产险广西分公司与越南保越保险总公司双方确立持续的合作关系,开展跨境保险服务
	2014	富宁县对越南边民开立结算账户并发放首笔贷款
	2015	中国进出口银行与越南计划投资部签署关于基础设施的合作谅解备忘录
	2016	中国银行胡志明市分行与中国天虹纺织集团签署 1.03 亿美元银团贷款
		中国银行与玖龙纸业在越南签署 1.68 亿美元银团贷款
	2017	中国进出口银行与越南财政部签署越南河内轻轨二号线项目追加援外优惠贷款协议
		深圳证券交易所携手多家中资证券公司与越南西贡商信银行证券公司、越南投资等越方机构成功举办中—越资本合作论坛
		中国平安财产保险股份有限公司与越南保越保险总公司签署战略合作协议
		中国人民财产保险有限公司与越南保越保险总公司签订全面战略合作协议
	2019	中国华安财产保险股份有限公司广西分公司与越南北宁邮政保险公司签订跨境合作协议

(续表)

<table>
<tr><th>方面构成</th><th>年份</th><th>金融合作主要事件</th></tr>
<tr><td rowspan="8">金融监管合作</td><td>2013</td><td>中国工商银行崇左分行与凭祥分行联合越南工商股份商业银行谅山省支行、越南农业与农村发展银行同登支行和越南投资发展银行谅山省分行构建中越边境反洗钱管理和宣传新机制</td></tr>
<tr><td>2015</td><td>中国银行东兴支行、越南西贡商信银行广宁省分行签署反假货币合作备忘录</td></tr>
<tr><td>2017</td><td>中国银监会与越南央行签署了双边监管合作谅解备忘录</td></tr>
<tr><td rowspan="3">2019</td><td>广西东兴农村商业银行与越南军队商业股份银行芒街分行签订《反假货币合作备忘录》</td></tr>
<tr><td>“中国—越南”金融标准双边交流培训会在广西东兴国家重点开发开放试验区举行</td></tr>
<tr><td>由中国东兴市人民政府、越南芒街市人民委员会共同主办的“中国东兴—越南芒街征信跨境合作交流会”在广西东兴市召开</td></tr>
<tr><td>2020</td><td>广西北部湾银行与越南西贡商信银行签订反洗钱合作备忘录</td></tr>
<tr style="display:none"></tr>
<tr><td rowspan="10">金融机构合作</td><td>1995</td><td>中国银行在越南设立胡志明市分行</td></tr>
<tr><td rowspan="2">2008</td><td>中国银监会批复同意交通银行在越南设立胡志明市分行</td></tr>
<tr><td>越南西贡商信银行南宁代表处正式成立</td></tr>
<tr><td>2009</td><td>中国工商银行在越南设立河内分行</td></tr>
<tr><td>2010</td><td>中国建设银行在越南设立胡志明市分行</td></tr>
<tr><td>2011</td><td>交通银行在越南设立胡志明市分行</td></tr>
<tr><td>2012</td><td>中国农业银行在越南设立河内分行</td></tr>
<tr><td>2018</td><td>中国工商银行胡志明市代表处正式开业</td></tr>
<tr><td rowspan="2">2019</td><td>平安产险广西分公司在凭祥和东兴出入境口岸设立了服务机构</td></tr>
<tr><td>国泰君安国际成功收购越南券商 IVS,成为首家入驻越南的中资证券公司</td></tr>
</table>

数据来源:中国人民银行、商务部等 22 个机构官网。

四、中国与柬埔寨金融合作进展

柬埔寨位于中南半岛最南端,西部和西北部与泰国相邻,东北部与老挝相邻,东部和东南部与越南相邻,南部面向泰国湾,地理位置优越。柬埔寨是传统农业国,工业基础较为薄弱,严重依赖国际外援和外资支持,但2010年以来柬埔寨经济一直保持高速增长①,政府积极推动经济结构转型,吸引了大量外商投资。柬埔寨于1953年独立后便与中国建立了友好关系,基于两国多年深厚的政治友好关系及其自身发展需求,柬埔寨政府对双边金融合作给予了强有力的政策支持,两国金融合作不断取得实质性成果。

(一)货币合作

相比老挝、缅甸及越南,柬埔寨对人民币在其本国的使用给予了最大力度的支持。2015年,中国银行金边分行成功办理柬埔寨首笔CIPS人民币跨境汇款业务。2016年,柬埔寨政府提出中国游客可以在柬埔寨直接使用人民币,不必兑换成美元或柬埔寨瑞尔,这给中国游客带来极大便利,是柬埔寨政府推动旅游业发展的有力政策,同时也为中柬贸易或投资带动下的货币合作创造了条件。2017年,柬埔寨政府进一步鼓励中柬贸易和投资使用人民币进行支付结算,以促进双边贸易和投资,同年柬埔寨最领先的银行加华银行首次推出人民币存贷款业务,以助推人民币在柬埔寨的流通,进一步便利了中柬双边的经贸往来。2021年,中柬货币合作得到全面升级,双边银行签署双边本币合作协

① 2010年以来柬埔寨国民生产总值增速均保持在6%以上。

议,将本币结算范围扩大至两国已开放的所有经常项目和资本项目下,中柬货币合作在中柬双边政府强有力的政策支持下取得跨越式发展。

(二) 金融基础设施合作

中国与柬埔寨金融基础设施合作形式包括在柬设立跨境人民币业务清算银行(中国银行金边支行)、建立双边商业银行间本币清算渠道及双边跨境资本服务平台合作。根据柬埔寨国家银行发布的报告,截至2022年底,柬埔寨有58家商业银行、9家专业银行和86家小额信贷机构,且柬埔寨实行对外开放和自由市场经济政策,但目前仅柬埔寨最大的商业银行之一加华银行与中国广西壮族自治区的部分商业银行建立了本币清算合作关系,双边银行业间的跨境合作仍有很大空间。

(三) 金融市场合作

中国与柬埔寨金融市场合作主要以中国向柬埔寨提供银行贷款为主,这些贷款主要用于支持柬埔寨经济发展、基础设施建设或为人民币跨境使用提供流动性支持。2013年,中国向柬埔寨提供2亿元人民币无息贷款,用于支持柬埔寨经济发展、改善民生、消除贫困。2015年,中国银行金边分行向柬埔寨小额贷款机构提供1000万美元贷款,用于支持该小额贷款机构对中小企业和农户贷款。2016年,国家开发银行向柬埔寨加华银行提供2亿元人民币贷款,为加华银行开展人民币业务提供流动性支持。2023年,中国进出口银行与柬埔寨经济和财政部签署水库发展项目贷款协议。双边资本市场也开展了相关合作,2021年,上海证券交易所与柬埔寨证券交易所通过邮寄方式签署了合作谅解备忘录。

(四) 金融监管合作

中国与柬埔寨金融监管合作主要体现在中国银监会与柬埔寨国家

银行、柬埔寨证券交易委员会签署了监管合作谅解备忘录，中国反洗钱监测分析中心与柬埔寨金融情报机构签署了《关于反洗钱和反恐怖融资信息交流合作谅解备忘录》，中国人民银行南宁中心支行与柬埔寨国家银行就开展金融标准化合作等议题进行了深入交流。

（五）金融机构合作

截至2023年底，中国银行和中国工商银行共在柬埔寨设立了5家分支机构。其中，中国银行先后在柬埔寨首都金边（2011年）、五洲（2013年）、暹粒（吴哥）（2017年）及西哈努克港（2017年）设立了4家分支机构；中国工商银行于2011年在金边设立“中国工商银行金边分行”；2020年，云南景成集团在柬埔寨首都金边投资设立柬埔寨瑞丽银行，这是我国民营企业在老缅越柬设立金融机构的首个案例。

中国与越南上述五个领域金融合作的主要事件如表2.4所示。

表2.4　中国与柬埔寨金融合作主要事件表

分类	年份	金融合作主要事件
货币合作	2000	东盟10国及中日韩（10+3）财长共同签署了建立区域性货币互换网络的协议，即《清迈倡议》
	2015	中国银行金边分行成功办理柬埔寨首笔CIPS人民币跨境汇款业务
	2016	柬埔寨允许中国游客在柬埔寨境内直接使用人民币，不必兑换美元或柬埔寨瑞尔
	2017	柬埔寨政府鼓励使用人民币，以促进柬中两国之间的贸易和投资
		人民币首次在柬埔寨跨境交割成功。金边分行首次将1070万元人民币现钞从暹粒存入中银香港账户，成为在柬人民币业务全面流通的里程碑式突破
		柬埔寨加华银行首推人民币存贷款业务，以助推人民币在柬埔寨的流通

(续表)

分类	年份	金融合作主要事件
货币合作	2020	中国银行(香港)金边分行加入人民币对柬埔寨瑞尔银行间市场区域交易
	2021	中国人民银行与柬埔寨中央银行签署双边本币合作协议,将本币结算范围扩大至两国已放开的所有经常和资本项下
金融基础设施合作	2013	中国银行金边分行成为柬埔寨本地和跨境人民币业务清算银行
	2017	广西北部湾银行和柬埔寨加华银行完成首笔人民币对柬埔寨瑞尔清算交易
		中柬跨境资本服务平台启动仪式暨首场路演对接活动在柬埔寨金边正式举行
		桂林银行与柬埔寨加华银行开展人民币与柬埔寨瑞尔本币清算合作
金融市场合作	2013	中国向柬埔寨提供2亿元人民币无息贷款
	2015	中国银行金边分行与柬埔寨小额贷款机构 PRASAC MFI LTD 签订协议,中国银行提供1000万美元贷款,支持 PRASAC 对中小企业和农户贷款
	2016	柬中双方签署关于"中柬友谊城"和"'一带一路'产业投资基金"的合作备忘录
		中国进出口银行与柬埔寨经济和财政部签署四个"两优"项目贷款协议
		中国进出口银行融资支持柬埔寨76号公路正式通车
		国家开发银行广西分行向柬埔寨加华银行发放境外项目人民币贷款2亿元,为加华银行在柬埔寨开展人民币业务提供流动性支持
	2017	深圳证券交易所赴柬埔寨开展资本市场合作,推进"一带一路"跨境资本市场服务
		中国进出口银行与柬埔寨经济和财政部签署援外优惠贷款协议和优惠出口买方信贷贷款协议

（续表）

分类	年份	金融合作主要事件
金融市场合作	2017	中国进出口银行与柬埔寨经济和财政部、柬埔寨商业部共同签署《柬埔寨稻谷生产和大米出口促进项目谅解备忘录》
	2018	中国进出口银行与柬埔寨经济和财政部签署公路项目贷款协议
	2021	国家开发银行作为牵头行、代理行，组建总额为6.6亿美元的银团贷款，支持柬埔寨暹粒新机场——吴哥国际机场建设
		上海证券交易所与柬埔寨证券交易所通过邮寄方式签署合作谅解备忘录
	2022	国家开发银行与世界银行集团国际金融公司（IFC）联合牵头、多家金融机构参加，总金额为2.69亿美元的柬埔寨ACLEDA银行2021年国际银团贷款项目已实现全额发放
		中国进出口银行批贷近20亿元率先支持柬埔寨西港特区、埃塞俄比亚东方工业园等两大国家级境外经贸合作区和全国首家“一带一路”产能合作园区中阿（联酋）产能合作示范园建设
	2023	中国进出口银行与柬埔寨经济和财政部签署柬埔寨磅通省当卡贝特水库发展项目贷款协议
金融监管合作	2013	中国银监会和柬埔寨国家银行签署谅解备忘录
	2016	中国反洗钱监测分析中心与柬埔寨金融情报机构在北京签署《关于反洗钱和反恐怖融资信息交流合作谅解备忘录》
	2019	中国证监会与柬埔寨证券交易委员会签署《证券期货监管合作谅解备忘录》
	2020	中国人民银行南宁中支与柬埔寨国家银行就开展金融标准化合作等议题进行深入交流

(续表)

分类	年份	金融合作主要事件
金融机构合作	2011	中国银行在柬埔寨设立金边分行
		中国工商银行在柬埔寨设立金边分行
	2013	中国银行柬埔寨五洲支行对外营业,这是中国银行金边分行在柬埔寨境内开设的第一家支行
	2017	中国银行在柬埔寨的两家支行暹粒(吴哥)支行和西哈努克港支行正式对外营业
	2020	由云南景成集团投资的柬埔寨瑞丽银行对外营业,总部设在柬埔寨首都金边

数据来源:中国人民银行、商务部等22个机构官网。

第三章　中国与老缅越柬金融合作指数构建与测算

第一节　金融合作指数构建

本章对中国与老缅越柬金融合作指数的构建，首先依据区域金融合作理论内涵与实践经验，将金融合作具体分解为货币合作、金融基础设施合作、金融机构合作、金融市场合作与金融监管合作五个层面，从这五个维度来构建金融合作指数。其次，全面收集整理中国与老缅越柬四国五个层面金融合作进展，从中遴选梳理金融合作典型事件，运用事件赋值法对五个层面金融合作事件进行赋值。再次，运用熵值法设置金融合作指标的权重。最后，综合金融合作指标赋值和指标权重分配，构建中国与老缅越柬金融合作指数并进行实证测算，以揭示中国与老缅越柬金融合作的水平和程度。

一、金融合作指标体系构成

基于前述理论基础，金融合作指标体系由货币合作、金融基础设施合作、金融机构合作、金融市场合作、金融监管合作五个维度的指标构成。其中,货币合作指标主要从货币合作会议、交易结算、储备货币、货币互换协议和多边货币合作这五个方面去衡量;金融基础设施合作指标主要涵盖金融信息交流与合作平台、支付与结算体系、金融交易平台与清算机制、合作机制与法规建设等四个方面;金融机构合作指标主要包括金融机构布局、业务交流与合作、合作协议与协定、多边合作等四个方面;金融市场合作主要涵盖金融市场交流合作、金融产品与服务、金融市场建设支持、多边金融市场合作等四个方面;金融监管合作主要包括监管会议和论坛,反洗钱、反假币、反恐融资合作,监管合作框架等三个方面。上述五个维度金融合作指标体系具体如表 3.1 所示。

表 3.1 金融合作指标体系

指标名称	指标内容
货币合作	货币合作会议 交易结算 储备货币 货币互换协议 多边货币合作
金融基础设施合作	金融信息交流与合作平台 支付与结算体系 金融交易平台与清算机制 合作机制与法规建设
金融机构合作	金融机构布局 业务交流与合作 合作协议与协定 多边合作
金融市场合作	金融市场交流合作 金融产品与服务 金融市场建设支持 多边金融市场合作
金融监管合作	监管会议和论坛 反洗钱、反假币、反恐融资合作 监管合作框架

二、金融合作指标赋值

事件赋值法能够有效解决 0—1 赋值法固有的偏差,可以清晰明了地观测到事件随时间流逝而产生的基本信息变化。由于国家间金融合作是一个循序渐进的累积过程,而不是一个静止不动的代表合作与否的二值变量的发展状态,类比金融市场化、利率市场化、资本账户开放等量化方法[①]。其中,完全金融合作被赋值 1,不存在金融合作被赋值 0,0—1 之间则代表处于不完全金融合作状态。如果一年中只出现一次金融合作事件,那么金融合作赋值比前一年增加 0. 05 个数值,也就是每年单个的金融合作事件赋值的最小区间为 0. 05;如果一年内出现了不止一起金融合作事件,那么则在 0. 05 的基础上对一年中除第一起事件外的其余金融合作事件增加 0. 05,即金融合作事件越多,赋值就越高。因为不能确定每一起金融合作事件对双边金融合作过程的影响深度,所以将一年内每一起金融合作事件赋予相同的 0. 05 数值。此外,为了防止一年内多起事件相互重叠造成的效应,在基本事件评分的基础上,根据每起事件赋予 0. 05 的方式,对多个事件进行赋值累计,最终通过求和计算该年内金融合作得分。

据此,首先确定五个维度各金融合作指标内容的赋值标准,如表 3. 2 所示。其次,基于此金融合作指标赋值标准,对本书第二章表 2. 1—2. 4 所列中国与老缅越柬金融合作主要事件进行赋值,赋值结果如表 3. 3—3. 6 所示。

---

① 庄晓玖. 中国金融市场化指数的构建[J]. 金融研究,2007(11):180-190; Quinn D. The Correlates of Change in International Financial Regulation[J]. American Political Science Review, 1997(3):531-551.

表 3.2 金融合作指标赋值标准

<table>
<tr><td rowspan="11">货币合作</td><td>货币合作会议</td><td>地方货币合作相关会议</td><td>0.5</td></tr>
<tr><td rowspan="6">交易结算</td><td>边境贸易结算协议</td><td>1</td></tr>
<tr><td>一般贸易结算协议</td><td>1.5</td></tr>
<tr><td>办理双边人民币跨境结算、现钞兑换、存贷款等业务</td><td>1</td></tr>
<tr><td>签订双边本币合作协议</td><td>2</td></tr>
<tr><td>区域挂牌交易</td><td>1</td></tr>
<tr><td>外汇直接交易</td><td>1.5</td></tr>
<tr><td>储备货币</td><td>将人民币纳入国家储备货币</td><td>2</td></tr>
<tr><td>货币互换协议</td><td>本币间货币互换协议</td><td>1.5</td></tr>
<tr><td rowspan="2">多边货币合作</td><td>利用多边合作机制货币合作建立货币互换、外汇储备</td><td>2</td></tr>
<tr><td>签订多边货币合作协议</td><td>2</td></tr>
<tr><td rowspan="10">金融基础设施合作</td><td rowspan="2">金融信息交流与合作平台</td><td>设立跨境金融、信息交流等平台</td><td>0.5</td></tr>
<tr><td>设立货币兑换中心、金融合作服务中心、网络中心</td><td>1</td></tr>
<tr><td rowspan="4">支付与结算体系</td><td>设立跨境支付服务点</td><td>0.5</td></tr>
<tr><td>支付结算设备的合作与优化(包括开通网银、银行卡)</td><td>1.5</td></tr>
<tr><td>互开本币结算账户</td><td>2</td></tr>
<tr><td>本币支付结算系统建立或联通合作</td><td>2</td></tr>
<tr><td rowspan="4">金融交易平台与清算机制</td><td>单边建立双边货币兑换中心、交易平台</td><td>1</td></tr>
<tr><td>设立人民币清算行</td><td>1</td></tr>
<tr><td>人民币跨境调运</td><td>1.5</td></tr>
<tr><td>人民币代理清算协议</td><td>1.5</td></tr>
</table>

（续表）

<table>
<tr><td rowspan="3">金融基础设施合作</td><td rowspan="3">合作机制与法规建设</td><td>单边建立推动双边金融合作的制度、法规</td><td>1</td></tr>
<tr><td>建立双边金融合作机制</td><td>1.5</td></tr>
<tr><td>资本流通机制的建立</td><td>1.5</td></tr>
<tr><td rowspan="14">金融市场合作</td><td rowspan="2">金融市场交流合作</td><td>有关金融市场合作的交流、访问、论坛</td><td>0.5</td></tr>
<tr><td>签订金融市场合作备忘录</td><td>1</td></tr>
<tr><td rowspan="9">金融产品与服务</td><td>援助性贷款</td><td>0.5</td></tr>
<tr><td>边境跨境金融产品</td><td>0.5</td></tr>
<tr><td>保险市场互保、担保</td><td>1</td></tr>
<tr><td>买方信贷促进国内出口</td><td>1</td></tr>
<tr><td>货币借贷、投融资等业务</td><td>1</td></tr>
<tr><td>单边发行跨境金融产品</td><td>1.5</td></tr>
<tr><td>境内贷款促进境外投资</td><td>1</td></tr>
<tr><td>人民币合格境外机构投资者</td><td>1.5</td></tr>
<tr><td>双边合作共同推出金融产品</td><td>2</td></tr>
<tr><td rowspan="2">金融市场建设支持</td><td>提供金融市场技术支持和培训</td><td>1</td></tr>
<tr><td>双边金融市场合作建设</td><td>1.5</td></tr>
<tr><td>多边金融市场合作</td><td>多边合作机制下的金融市场合作</td><td>2</td></tr>
<tr><td rowspan="6">金融监管合作</td><td rowspan="2">监管会议和论坛</td><td>地方层面双边金融监管的会议、论坛、宣讲</td><td>0.5</td></tr>
<tr><td>国家层面双边金融监管的会议、论坛、宣讲</td><td>1</td></tr>
<tr><td rowspan="4">反洗钱、反假币、反恐融资合作</td><td>反洗钱、反假币、反恐融资宣传的信息交换、技术援助</td><td>1</td></tr>
<tr><td>反洗钱、反假币、反恐融资执法合作</td><td>1.5</td></tr>
<tr><td>边境监测人民币现钞流通</td><td>0.5</td></tr>
<tr><td>金融机构间业务监管合作</td><td>1</td></tr>
</table>

(续表)

金融监管合作	监管合作框架	双边金融标准合作	1
		证监会签订监管合作备忘录	1.5
		银保监会签订监管合作备忘录	1.5
		建立双边金融监管合作机制	2
金融机构合作	金融机构布局	单边设金融机构代表处、合作办公室	0.5
		单边设金融机构分支机构	1
		互设金融机构代表处、合作办公室	1
		互设金融机构分支机构	1.5
	业务交流与合作	地方性商业银行、保险公司、证券公司间业务往来	1
		国有银行、政策性银行、证券交易所间业务往来	1.5
		央行间业务合作	2
	合作协议与协定	金融机构签订合作备忘录	1.5
	多边合作	多边金融机构合作	2

表 3.3　中国与老挝金融合作主要事件赋值表

指标	年份	金融合作主要事件	赋值
货币合作	2000	东盟 10 国及中日韩(10+3)财长共同签署了建立区域性货币互换网络的协议,即《清迈倡议》	2
	2009	中国农业银行云南省分行与老挝发展银行签署《农业银行云南省分行与老挝发展银行边境贸易结算合作协议》,并首次实现边贸人民币银行结算	3
	2016	勐腊县农村信用合作联社与老挝外贸大众银行签署跨境人民币结算业务合作协议,并开立人民币同业往来账户	4

（续表）

指标	年份	金融合作主要事件	赋值
货币合作	2020	中国人民银行与老挝国家银行签署双边本币合作协议	7.5
		中国人民银行与老挝国家银行签署60亿元人民币/7.6万亿老挝基普的双边本币互换协议	
金融基础设施合作	2010	中国云南省6家商业银行与越南、老挝、泰国、新加坡、缅甸等国家的9家银行签署人民币代理清算协议	3.5
		富滇银行和老挝大众外贸银行分别在对方银行开立了对方国家货币的结算账户	
	2012	老挝国家银行正式对外宣布指定中国工商银行万象分行作为当地唯一的人民币清算行	4.5
	2013	老中证券有限公司与老挝外贸银行签署了《证券资金清算合作协议及长期战略合作备忘录》	5.5
	2014	西双版纳境内银行业金融机构面向老挝的首台金融服务终端POS机正式走出国门，落户老挝磨丁经济开发专区	6
	2015	由国家开发银行、中国银联和老挝国家银行三方合作建设的老挝国家银行卡支付系统项目正式上线	9.5
		富滇银行与老挝联合发展银行互开本币清算账户，为中老两国间的跨境资金的清算提供支持	
	2017	中老“跨境资本服务机制”在老挝万象启动，旨在推动跨境投融资项目对接，促进跨境资本形成，丰富跨境金融服务模式	11
	2018	富滇银行西双版纳磨憨支行与老中银行磨丁分行正式开展跨境人民币现钞调运业务	14.5
		富滇银行成功开启中老跨境速达业务新模式，实现快捷跨境结算	
	2022	中国人民银行与老挝银行签署在老挝建立人民币清算安排的合作备忘录	18.5

(续表)

指标	年份	金融合作主要事件	赋值
金融基础设施合作	2022	中国人民银行授权中国工商银行万象分行担任老挝人民币清算行	18.5
		老挝国家银行和中国人民银行以通函形式签署了关于指定银行清算人民币的谅解备忘录	
金融市场合作	2003	正式启动亚洲债券基金,初始规模10亿美元	2
	2004	设立第二期亚洲债券基金,初始规模为20亿美元	4
	2005	东亚及太平洋地区中央银行行长会议宣布,亚洲债券基金二期(ABF2)正式启动	6
	2010	中国进出口银行分别与老挝财政部、越南工贸部、中国华电集团公司等签署了总额约14亿美元的贷款协议	7.5
	2011	富滇银行在老挝万象与老挝外贸银行签署《富滇银行与老挝外贸银行同业资金交易协议》	8.5
	2013	中国进出口银行与老挝国家电力公司签署了《中国进出口银行与老挝国家电力公司融资合作备忘录》	9.5
	2016	中国工商银行签署老挝500 KV Pakading-Mahaxai输变电线路项目合同,合同总金额为3.43亿美元	12.5
		广西北部湾银行与老挝加华银行签署《股权投资意向书》	
		中国进出口银行与老挝财政部成功签署了老挝沙拉湾-色贡500 KV输变电项目贷款协议	
	2017	在中国国家主席习近平与老挝国家主席本扬的共同见证下,中国进出口银行和老挝财政部签署援外优惠贷款协议	17
		在中国国家主席习近平与老挝国家主席本扬的共同见证下,中国进出口银行与老挝财政部签署了老挝115KV输变电线路扩建与综合改造项目贷款协议	
		深圳证券交易所与老挝证券交易所签署合作谅解备忘录	

（续表）

指标	年份	金融合作主要事件	赋值
金融市场合作	2017	国家开发银行与老挝国家银行签署《金融支持老挝中小企业发展合作谅解备忘录》	17
	2018	在中国国家主席习近平和老挝国家主席本扬的共同见证下，中国进出口银行与老挝财政部签署电力领域项目合作协议	18.5
金融监管合作	2011	中国证监会与老挝证券委员会签订证券期货监管合作谅解备忘录	1.5
	2016	中国反洗钱监测分析中心和老挝反洗钱情报办公室在美国签署《关于反洗钱和反恐怖融资信息交流合作谅解备忘录》	4.5
		老挝国家银行和中国银行业监管委员会签署谅解备忘录	
金融机构合作	2010	中国银监会同意富滇银行设立老挝代表处	0.5
	2011	中国工商银行在老挝设立万象分行	1.5
	2013	中国太平洋证券股份有限公司与老挝农业促进银行、老挝信息产业有限公司合资成立老中证券有限公司	3
	2014	富滇银行和老挝大众外贸银行合资设立老中银行	4
	2015	中国银行在老挝设立“万象分行”	5
	2016	国家开发银行万象代表处在老挝万象挂牌成立	5.5
	2017	老中银行在老挝南塔省磨丁经济专区设立磨丁分行	6.5

表 3.4　中国与缅甸金融合作主要事件赋值表

指标	年份	中国与缅甸金融合作主要事件	赋值
货币合作	1996	缅甸佤邦银行开始经营人民币业务	1
	2000	东盟 10 国及中日韩（10+3）财长共同签署了建立区域性货币互换网络的协议，即《清迈倡议》	3

(续表)

指标	年份	中国与缅甸金融合作主要事件	赋值
货币合作	2008	中缅签订边境贸易使用人民币结算的备忘录	5
		中国人民银行批复同意缅甸经济银行在中国云南省边境地区商业银行开立人民币往来账户,用于中缅边贸结算	
	2011	缅甸政府正式同意中资银行和中缅合资企业在缅银行开立人民币账户,人民币可以兑换成外汇券并按市场汇率兑换缅币	6.5
	2019	缅甸央行正式批准人民币作为结算及兑换货币,获得外汇经营许可证的银行可开立人民币账户	7.5
	2021	缅甸央行对外宣布允许在中缅两国边境地区直接使用人民币/缅币进行支付结算,并签署《中缅边贸结算协议》,中缅边贸跨境人民币结算业务试点宣告成功	13
		缅甸中央银行发布通告,宣布增加人民币为外汇市场合法交易货币,准许人民币在当地外汇市场合法兑换	
金融基础设施合作	2009	中国农业银行云南省分行、中国建设银行云南省分行与缅甸经济银行签署人民币清算协议	3.5
		缅甸经济银行在云南边境地区的农行和建行开立人民币往来账户,用于中缅边贸结算	
	2010	中国云南省6家商业银行与越南、老挝、泰国、新加坡、缅甸等国家的9家银行签署代理清算协议	7
		缅甸经济银行在中国工商银行德宏分行开立人民币结算账户,用于中缅边贸结算	
	2012	中国人民银行普洱市中心支行搭建了中国农业银行孟连支行与缅甸邦康市商业银行的结算平台,将双方贸易往来资金结算纳入银行体系	11
		中国建设银行云南省分行与缅甸经济银行木姐市支行签订《边贸结算网上银行协议》	

（续表）

指标	年份	中国与缅甸金融合作主要事件	赋值
金融基础设施合作	2014	云南沧源佤族自治县在缅甸佤邦地区率先试点设立跨境结算服务点	11.5
	2015	中国建设银行云南省分行与缅甸合作社银行签署跨境清算合作协议、人民币代理清算协议、人民币清算协议、边贸结算网上银行协议	16.5
		缅甸合作社银行（私人银行）木姐支行在中国建设银行姐告支行正式开立基本存款账户	
		缅甸环球财富银行木姐支行，在富滇银行瑞丽分行开设人民币结算账户	
	2019	中国工商银行云南省分行搭建了中缅边贸合作的新平台“边民互市电子结算系统”	18
	2020	富滇银行与缅甸伊洛瓦底农民发展银行互开本币账户	20
金融市场合作	2003	正式启动亚洲债券基金，初始规模 10 亿美元	2
	2004	设立第二期亚洲债券基金，基金初始规模为 20 亿美元	4
	2005	东亚及太平洋地区中央银行行长会议宣布，亚洲债券基金二期（ABF2）正式启动	6
	2006	中国进出口银行与缅甸邮电通讯公司在人民大会堂签署项目买方信贷协议	7
	2010	中国提供缅甸提供 300 亿元人民币无息贷款，用于缅甸水电站、公路、铁路及信息技术建设	7.5
	2014	云南保险业启动跨境保险业务试点，为中小学生（缅甸籍为主）开展学生意外伤害保险	11.5
		中国进出口银行被指定为中缅农业合作框架下项目的定向融资支持行	
		中国进出口银行分别与缅甸外经银行和缅甸计划与经济发展部签署了《小额农业贷款二期项目贷款协议》及《300 亿元人民币贷款项目合作谅解备忘录》	

(续表)

指标	年份	中国与缅甸金融合作主要事件	赋值
金融市场合作	2017	中国进出口银行与缅甸仰光机场公司签署《仰光国际机场改扩建项目贷款协议》	12.5
	2019	缅甸海螺(曼德勒)水泥有限公司向中国进出口银行安徽省分行申请11亿元人民币贷款	13.5
金融监管合作	2014	沧源佤族自治县对缅甸佤邦开展常态化反假人民币宣传	1
	2016	中国人民银行瑞丽支行与缅甸经济银行木姐分行建立金融机构反洗钱交流和信息共享机制	2
	2018	中国反洗钱监测分析中心与缅甸金融情报中心签署《关于反洗钱和反恐融资金融情报交流合作谅解备忘录》	3.5
		缅甸勐冒县设立"跨境人民币现钞反假综合服务点",建立残损人民币兑换绿色街道试点,固化跨境人民币现钞流通监测工作	
金融机构合作	2011	中国工商银行仰光代表处成立	0.5
	2015	中国工商银行仰光分行正式开业,成为第一家进入缅甸市场的中资商业银行	2
		中国银行在缅甸设立仰光代表处	

表3.5 中国与越南金融合作主要事件赋值表

指标	年份	金融合作主要事件	赋值
货币合作	1996	中越边境首次通过商业银行开办边贸人民币与越南盾直接结算业务	1.5
	2000	东盟10国及中日韩(10+3)财长共同签署了建立区域性货币互换网络的协议,即《清迈倡议》	3.5
	2003	中越两国央行签署边境贸易双边本币结算协定	4.5
	2011	中国农业银行与越南工商股份商业银行芒街分行签署跨境人民币合作协议	6.5
	2012	中国农业银行云南省分行与越南湄公河三角洲房屋发展银行老街省分行签署跨境贸易人民币结算协议	7.5

（续表）

指标	年份	金融合作主要事件	赋值
货币合作	2013	河口瑶族自治县农村信用社合作联社与越南农业与农村发展银行老街省分行签订跨境贸易人民币结算业务合作协议	9.5
	2015	富滇银行与越南农行老街省分行建立中越本币结算关系	11.5
	2016	云南省与越南北部四省签署《跨境人民币结算业务合作框架协议》	15
		桂林银行与越南农业与农村发展银行、越南工商股份商业银行分别签订中越双边本币结算和边贸业务合作协议	
	2017	中国农业银行河口支行与越南金融机构参与汇率协商	15.5
	2018	越南央行宣布可在越南北部边境地区使用人民币进行贸易结算	20.5
		越南央行正式推行边贸公布“越南—中国边境贸易外汇管理指引”，允许非边境地区银行授权边境地区银行代理其边贸人民币结算	
		越南国家银行开始实施《关于越南—中国边境贸易所得外汇管理意见》，允许拥有边境分行的授权银行可以跨境调出和跨境调入人民币现钞和越南盾现钞	
	2021	富滇银行红河分行与越南投资发展银行老街省分行签订《跨境人民币结算业务合作框架协议》	21.5
金融基础设施合作	1993	签订《中国人民银行与越南国家银行关于边贸结算与合作协定》，自此中越建立边贸银行结算渠道	1.5
	1994	中国农业银行河口瑶族自治县支行与越南农业与农村发展银行老街省分行签订互开本币账户协议书	3.5
	1996	中国农业银行广西分行率先在广西东兴、凭祥等边境城市与越南开展边贸银行结算业务	5.5
	1997	中国农业银行云南省分行与越南农业与农村发展银行老街省分行正式签订《边贸结算协议》	8.5

(续表)

指标	年份	金融合作主要事件	赋值
金融基础设施合作	1997	中国工商银行广西分行分别与越南工商股份商业银行广宁省分行以及谅山省分行签署了边贸结算合作协议	8.5
	2004	中国农业银行广西分行与越南农业与农村发展银行广宁省分行在越南下龙市签订边贸结算合作补充协议,并在广西银行业实现通过 SWIFT 系统办理边贸结算,使业务处理的方式由手工向电子化转变	15
		中国工商银行广西分行与越南投资发展银行谅山省分行及广宁省分行签订《边贸结算合作协议》	
		中国银行广西分行和越南农业与农村发展银行芒街分行建立边贸合作代理行关系	
	2006	中国工商银行广西分行分别和越南农业与农村发展银行、越南投资发展银行广宁省分行及谅山省分行签订《边贸结算合作协议》	19.5
	2007	中国工商银行广西分行分别与越南工商股份商业银行广宁省分行以及谅山省分行修订了边贸结算合作协议,当年又和越南农业与农村发展银行、越南投资发展银行开通“边贸通”网上银行边贸结算业务	26.5
	2008	中国工商银行广西分行与湄公河平原住房银行签署了“边贸通”网上银行边贸结算协议	28
	2012	广西北部湾银行和越南农业与农村发展银行签订边贸结算业务合作协议	29.5
	2013	富滇银行红河分行和越南农业与农村发展银行老街省分行签订边贸结算合作框架协议	31
	2014	中国农业银行云南省分行和越南农业与农村发展银行河江省分行举行“中越边贸网银业务启动仪式”	32.5
	2015	广西北部湾银行和越南农业与农村发展银行签订边贸结算合作协议	37
		中国农业银行云南省分行正式和越南农业与农村发展银行老街省分行签署《越南盾跨境调运协议》	

（续表）

指标	年份	金融合作主要事件	赋值
金融基础设施合作	2016	广西北部湾银行与越南农业与农村发展银行在凭祥签订边贸结算合作协议	37
		桂林银行和越南农业与农村发展银行、越南工商股份商业银行分别签订协议，开启了中越双边本币结算和边贸业务合作	46.5
		中国银行云南省分行与越南投资发展银行老街省分行成功举办边贸结算合作签约仪式	
		桂林银行和越南农业与农村发展银行签订边贸结算业务合作协议，并先后完成了双边本币结算账户的互开、边贸网银信息传递系统配置以及双边货币清算渠道搭建等	
	2017	文山州首笔越南盾外币现钞跨境调入成功	55.5
		广西北部湾银行与越南西贡商信银行在越南谅山市举行边贸结算合作协议	
		广西壮族自治区农村信用社联合社、广西东兴农村商业银行与越南军队股份商业银行在东兴市举行边贸结算业务合作签约仪式	
		中国农业银行防城港分行办理第一笔越南盾现钞跨境调运业务	
		中国跨境资本服务机制在越南实现落地	
	2018	广西正式启动首笔中越人民币现钞跨境调运，标志着广西第一条人民币现钞跨境调运线路成功打通	63
		云南省农村信用社与越南工商股份商业银行签署《跨境贸易结算合作框架协议》	
		桂林银行东兴支行成功打通人民币和越南盾现钞双币同时跨境调运渠道	
		中国银行在广西打通越南的人民币回流通道	
	2019	广西北部湾银行东兴支行与越南工商股份商业银行芒街分行在越南芒街签订边贸结算业务合作协议	65.5
		文山州越南盾外币现钞调出业务实现零的突破	

(续表)

指标	年份	金融合作主要事件	赋值
金融基础设施合作	2021	中国人民银行云南省红河州中支河口瑶族自治县支行成功为越南某进出口企业开立非居民人民币账户	68.5
		广西北部湾银行和越南农业与农村发展银行签订边贸结算业务合作协议	
金融市场合作	2004	中国进出口银行与越南城市开发总公司签署1151万美元贷款协议,中国进出口银行第一次对越南提供出口买方信贷	1
	2006	中国进出口银行与越南煤炭矿产集团签署1.47亿美元出口买方信贷协议	2
	2010	中国进出口银行分别与老挝财政部、越南工贸部、中国华电集团公司等签署总额约14亿美元的贷款协议	5
	2012	中国上海证券交易所与越南河内证券交易所签订合作备忘录	6
	2013	银联与越南外贸股份商业银行合作首次推出银联借记卡和银联信用卡	9
		平安产险广西分公司与越南保越保险总公司双方确立持续的合作关系,开展跨境保险服务	
	2014	富宁县对越南边民开立结算账户并发放首笔贷款	10.5
	2015	中国进出口银行与越南计划投资部签署关于基础设施合作谅解备忘录	11.5
	2016	中国银行胡志明市分行与中国天虹纺织集团签署1.03亿美元银团贷款	13.5
		中国银行与玖龙纸业在越南签署1.68亿美元银团贷款	
	2017	中国进出口银行与越南财政部签署越南河内轻轨二号线项目追加援外优惠贷款协议	17.5
		深圳证券交易所携手多家中资证券公司与越南西贡商信银行证券公司、越南投资等越方机构成功举办中—越资本合作论坛	

（续表）

指标	年份	金融合作主要事件	赋值
金融市场合作	2017	中国平安财产保险股份有限公司与越南保越保险总公司签署战略合作协议	17.5
		中国人民财产保险有限公司与越南保越保险总公司签订全面战略合作协议	
	2019	中国华安财产保险股份有限公司广西分公司与越南北宁邮政保险公司签订跨境合作协议	19
金融监管合作	2013	中国工商银行崇左分行与凭祥分行联合越南工商股份商业银行谅山省支行、越南农业与农村发展银行同登支行和越南投资发展银行谅山省分行构建中越边境反洗钱管理和宣传新机制	1
	2015	中国银行东兴支行、越南西贡商信银行广宁省分行签署反假货币合作备忘录	2
	2017	中国银监会与越南央行签署了双边监管合作谅解备忘录	3.5
	2019	广西东兴农村商业银行与越南军队商业股份银行芒街分行签订《反假货币合作备忘录》	6.5
		“中国—越南”金融标准双边交流培训会在广西东兴国家重点开发开放试验区举行	
		由中国东兴市人民政府、越南芒街市人民委员会共同主办的“中国东兴—越南芒街征信跨境合作交流会”在广西东兴市召开	
	2020	广西北部湾银行与越南西贡商信银行签订反洗钱合作备忘录	7.5
金融机构合作	1995	中国银行在越南设立胡志明市分行	1
	2008	中国银监会批复同意交通银行在越南设立胡志明市分行	2.5
		越南西贡商信银行南宁代表处正式成立	
	2009	中国工商银行在越南设立河内分行	3.5

(续表)

指标	年份	金融合作主要事件	赋值
金融机构合作	2010	中国建设银行在越南设立胡志明市分行	4.5
	2011	交通银行在越南设立胡志明市分行	5.5
	2012	中国农业银行在越南设立河内分行	6.5
	2018	中国工商银行胡志明市代表处正式开业	7
	2019	平安产险广西分公司在凭祥和东兴出入境口岸设立了服务机构	9
		国泰君安国际成功收购越南券商 IVS,成为首家入驻越南的中资证券公司	

表 3.6 中国与柬埔寨金融合作主要事件赋值表

指标	年份	金融合作主要事件	赋值
货币合作	2000	东盟 10 国及中日韩(10+3)财长共同签署了建立区域性货币互换网络的协议,即《清迈倡议》	2
	2015	中国银行金边分行成功办理柬埔寨首笔 CIPS 人民币跨境汇款业务	3
	2016	柬埔寨允许中国游客在柬埔寨境内直接使用人民币,不必兑换美元或柬埔寨瑞尔	4
	2017	柬埔寨政府鼓励使用人民币,以促进柬中两国之间的贸易和投资	7
		人民币首次在柬埔寨跨境交割成功。金边分行首次将 1070 万元人民币现钞从暹粒存入中银香港账户,成为在柬人民币业务全面流通的里程碑式突破	
		柬埔寨加华银行首推人民币存贷款业务,以助推人民币在柬埔寨的流通	
	2020	中国银行(香港)金边分行加入人民币对柬埔寨瑞尔银行间市场区域交易	8
	2021	中国人民银行与柬埔寨中央银行签署双边本币合作协议,将本币结算范围扩大至两国已放开的所有经常和资本项下	10

（续表）

指标	年份	金融合作主要事件	赋值
金融基础设施合作	2013	中国银行金边分行成为柬埔寨本地和跨境人民币业务清算银行	1
	2017	广西北部湾银行和柬埔寨加华银行完成首笔人民币对柬埔寨瑞尔清算交易	4
		中柬跨境资本服务平台启动仪式暨首场路演对接活动在柬埔寨金边正式举行	
		桂林银行与柬埔寨加华银行开展人民币与柬埔寨瑞尔本币清算合作	
金融市场合作	2013	中国向柬埔寨提供 2 亿元人民币无息贷款	0.5
	2015	中国银行金边分行与柬埔寨小额贷款机构 PRASAC MFI LTD 签订协议，中国银行提供 1000 万美元贷款，支持 PRASAC 对中小企业和农户贷款	2
	2016	柬中双方签署关于"中柬友谊城"和"'一带一路'产业投资基金"的合作备忘录	6
		中国进出口银行与柬埔寨经济和财政部签署四个"两优"项目贷款协议	
		中国进出口银行融资支持柬埔寨 76 号公路正式通车	
		国家开发银行广西分行向柬埔寨加华银行发放境外项目人民币贷款 2 亿元，为加华银行在柬埔寨开展人民币业务提供流动性支持	
	2017	深圳证券交易所赴柬埔寨开展资本市场合作，推进"一带一路"跨境资本市场服务	8.5
		中国进出口银行与柬埔寨经济和财政部签署援外优惠贷款协议和优惠出口买方信贷贷款协议	
		中国进出口银行与柬埔寨经济和财政部、柬埔寨商业部共同签署《柬埔寨稻谷生产和大米出口促进项目谅解备忘录》	
	2018	中国进出口银行与柬埔寨经济和财政部签署公路项目贷款协议	9.5

(续表)

指标	年份	金融合作主要事件	赋值
金融市场合作	2021	国家开发银行作为牵头行、代理行,组建总额为6.6亿美元的银团贷款,支持柬埔寨暹粒新机场——吴哥国际机场建设	11.5
		上海证券交易所与柬埔寨证券交易所通过邮寄方式签署合作谅解备忘录	
	2022	国家开发银行与世界银行集团国际金融公司(IFC)联合牵头、多家金融机构参加,总金额为2.69亿美元的柬埔寨ACLEDA银行2021年国际银团贷款项目已实现全额发放	14.5
		中国进出口银行批贷近20亿元率先支持柬埔寨西港特区、埃塞俄比亚东方工业园等两大国家级境外经贸合作区和全国首家“一带一路”产能合作园区中阿(联酋)产能合作示范园建设	
	2023	中国进出口银行与柬埔寨经济和财政部签署柬埔寨磅通省当卡贝特水库发展项目贷款协议	15.5
金融监管合作	2013	中国银监会和柬埔寨国家银行签署谅解备忘录	1.5
	2016	中国反洗钱监测分析中心与柬埔寨金融情报机构在北京签署《关于反洗钱和反恐怖融资信息交流合作谅解备忘录》	3
	2019	中国证监会与柬埔寨证券交易委员会签署《证券期货监管合作谅解备忘录》	4.5
	2020	中国人民银行南宁中支与柬埔寨国家银行就开展金融标准化合作等议题进行深入交流	5.5
金融机构合作	2011	中国银行在柬埔寨设立金边分行	2
		中国工商银行在柬埔寨设立金边分行	
	2013	中国银行柬埔寨五洲支行对外营业,这是中国银行金边分行在柬埔寨境内开设的第一家支行	3
	2017	中国银行在柬埔寨的两家支行暹粒(吴哥)支行和西哈努克港支行正式对外营业	5
	2020	由云南景成集团投资的柬埔寨瑞丽银行对外营业,总部设在柬埔寨首都金边	6

数据来源:中国人民银行、商务部等22个机构官网。

三、金融合作指标权重设置

金融合作是一个动态、多维度的双边或多边活动过程,因此金融合作指数本质上是一个多维合成的复合指数,其生成的关键是指标权重的设置,即赋权。常见的指标赋权方法主要分为主观赋权法和客观赋权法。主观赋权法过于依赖主体的思维判断,不具备客观性,因此本书使用客观赋权法设置指标权重。在客观赋权法中,常见的方法主要有主成分分析、熵值法、纵横向拉开档次法等。其中,熵值法通过计算特定指标的信息熵,根据指标的相对变化程度对系统整体的影响确定指标权重,具有从少量信息中找出规律且客观性较强的优势,其得到的指标权重也具有较高的可信度。因此,本书采用熵值法确定金融合作指标的权重。

在熵值法中,假设有 m 个样本待评,n 项评价指标,形成由 m 个样本、n 个指标组成的原始指标数据矩阵 X_{ij}。其中 X_{ij} 表示了第 i 个样本的第 j 个指标数值,其一般的步骤如下:

首先,由于各指标数据数量级和量纲不同,应采用极差法对原始数据进行标准化处理。另外,根据各评价指标对于评价目标的影响不同,评价指标又分为正向指标与负向指标,即正向指标表示该指标对于评价目标具有正向的促进作用,负向指标表示该指标对于评价目标具有负向的影响机制。由于本书选择的评价变量对于评价目标均具有正向的影响机制,因此这里采用正向的极差法对原始数据进行标准化处理。具体如下:

$$A_{ij}=\frac{X_{ij}-\min(X_{ij})}{\max(X_j)-\min(X_j)}$$

其次,经过标准化处理后,接下来就要计算确定各指标的权重:利用标准化后各指标数据构建 m 个评价样本,n 个评价指标的判断矩阵 R,其中,A_{ij} 表示空间,单元 i 对应指标 j 的标准化数据。

$$R = \begin{pmatrix} A_{11} & \cdots & A_{1n} \\ \vdots & \ddots & \vdots \\ A_{m1} & \cdots & A_{mn} \end{pmatrix}$$

按照信息熵的公式,可得出每一个指标的信息熵值,如下所示:

$$H_j = -\sum_{i=1}^{m} \frac{P_{ij}\ln(P_{ij})}{\ln(m)} (j = 1, 2, \cdots, n)$$

其中 $P_{ij} = A_{ij} / \sum_{i=1}^{m} (1 + A_{ij})$,因此当 P_{ij} 为 0 时,其取对数无意义。尽管原有熵计算中将其定义为 $0\log 0 = 0$。不过,本书借鉴拉普拉斯平滑定理,将每一个 A_{ij} 加上一个常数值 λ,这里取 $\lambda = 1$。因此,熵值计算公式对于存在 $P_{ij} = 0$ 的情况下有意义,同时又可保证估计的概率变化对于结果的影响可忽略,最终定义式如下:

$$P_{ij} = (1 + A_{ij}) / \sum_{i=1}^{m} (1 + A_{ij}) (j = 1, 2, \cdots, n)$$

四、金融合作指数构建

基于上述熵值法赋权的一般原理,结合本书金融合作指数构成及其分析需要,采取如下具体步骤对各金融合作指标进行权重设置,并实现对金融合作指数的构建。

第一步:指标选取。设有 t 个年份,n 个国家,m 个指标,实际可以看成($t \times n, m$)的二维数组,则 $X_{\theta ij}$ 表示第 θ 年,第 i 个国家,第 j 个指标的值。这里 $\theta = 1,2,\cdots,t$、$i = 1,2,\cdots,n$、$j-1,2,\cdots,m$。

第二步:对指标进行标准化处理。采取极差标准化方法处理原始数据,对于正向指标,也就是数值越大越好的指标,用公式(3.1),对于负向指标,也就是数值越小越好的指标,用公式(3.2)。

正向指标标准化:

$$X'_{\theta ij} = \frac{X_{\theta ij} - X_{\min}}{X_{\max} - X_{\min}} \tag{3.1}$$

负向指标标准化:

$$X'_{\theta ij} = \frac{X_{\max} - X_{\theta ij}}{X_{\max} - X_{\min}} \tag{3.2}$$

其中 $X_{\max}$、$X_{\min}$ 分别表示第 j 个指标在第 i 个国家所有年份的最大值、最小值。指标标准化处理后,$X'_{\theta ij}$ 的取值范围为[0,1],表示 $X'_{\theta ij}$ 在 n 个国家 t 个年份中的相对大小。

第三步:采用公式(3.3)对极差标准化后的数据进行非负平移。

$$X''_{\theta ij} = X'_{\theta ij} + 0.0000000001 \tag{3.3}$$

由于极差标准化后会产生0值,而之后需要对所有数值取对数,所以需要采用非负平移方法给所有数据加上很小的数,以避免无法取对数。

第四步:计算第 θ 年国家 i 的第 j 个指标下的权重。

$$Y_{\theta ij} = \frac{X''_{\theta ij}}{\sum_{\theta}^{t} \sum_{i}^{n} X''_{\theta ij}} \tag{3.4}$$

第五步:计算第 j 个指标对应的熵值。

$$S_j = -\frac{1}{\ln(t \times n)} \sum_{\theta}^{t} \sum_{i}^{n} (Y_{\theta ij} \ln(Y_{\theta ij})) \tag{3.5}$$

第六步:计算第 j 个指标的差异系数。

$$E_f = 1 - S_j \tag{3.6}$$

第七步:计算第 j 个指标权重。

$$W_j = \frac{E_j}{\sum_{j=1}^{m} E_j} \tag{3.7}$$

第八步:计算每个国家每个年份的综合得分即金融合作指数。各指标权重与标准化后的指标值乘积之后再求和,即第 θ 年国家 i 的综合得分。

$$H_{\theta i} = \sum_{j}^{m} (W_j X''_{\theta ij}) \tag{3.8}$$

综上,本章首先从货币合作、金融基础设施合作、金融机构合作、金融市场合作及金融监管合作五个方面,梳理中国与老挝、中国与缅甸、中国与越南、中国与柬埔寨在 1993—2023 年的金融合作主要事件,其次对照表 3.2 运用事件赋值法对中国及云南与各国之间的双边金融合作主要事件进行赋值,再次运用熵值法对前步获得的双边金融合作主要事件赋值结果展开分析,确定货币合作、金融基础设施合作、金融机构合作、金融市场合作及金融监管合作五个方面的权重,最后得到中国与老挝、中国与缅甸、中国与越南、中国与柬埔寨的金融合作指数。

第二节　金融合作指数测算

一、数据处理

本章选取货币合作、金融基础设施合作、金融机构合作、金融市场合作及金融监管合作研究变量进行描述性统计分析。通过对比各变量的最大值、最小值以及均值发现,变量之间的统计单位存在较大的差异,同时由于各指标数据数量级和量纲不同,若将其直接纳入模型进行计算,将会对模型计算的结果造成影响,因此首先对于原始数据进行数据标准化处理。本书采用极差法对数据进行处理,使得标准化后的数据在[0,1]范围内。

二、金融合作指数测算结果

对原始数据进行标准化处理后,采用 STATA 软件对表 3. 3—3. 6 的各项数据按照金融合作指数构建的步骤进行运算。使用信息熵模型计算各级指标的权重,各指标权重计算结果见表 3. 7。各指标赋值得分及金融合作指数见表 3. 8。图 3. 1 展示了 1993—2023 年中国与老缅越柬金融合作指数的变化与走势。

表 3. 7　金融合作指标权重计算结果

指标变量	货币合作	金融基础设施合作	金融市场合作	金融监管合作	金融机构合作	求和
权重	0. 326517	0. 148363	0. 245112	0. 081985	0. 198023	1

表 3.8 各指标赋值得分及金融合作指数得分

国家	年份	货币合作得分	金融基础设施合作得分	金融市场合作得分	金融监管合作得分	金融机构合作得分	金融合作指数总得分
老挝	1993	1.2×10^{-12}	7.89×10^{-13}	6.52×10^{-13}	3.84×10^{-13}	6.82×10^{-13}	3.71×10^{-12}
	1994	1.2×10^{-12}	7.89×10^{-13}	6.52×10^{-13}	3.84×10^{-13}	6.82×10^{-13}	3.71×10^{-12}
	1995	1.2×10^{-12}	7.89×10^{-13}	6.52×10^{-13}	3.84×10^{-13}	6.82×10^{-13}	3.71×10^{-12}
	1996	1.2×10^{-12}	7.89×10^{-13}	6.52×10^{-13}	3.84×10^{-13}	6.82×10^{-13}	3.71×10^{-12}
	1997	1.2×10^{-12}	7.89×10^{-13}	6.52×10^{-13}	3.84×10^{-13}	6.82×10^{-13}	3.71×10^{-12}
	1998	1.2×10^{-12}	7.89×10^{-13}	6.52×10^{-13}	3.84×10^{-13}	6.82×10^{-13}	3.71×10^{-12}
	1999	1.2×10^{-12}	7.89×10^{-13}	6.52×10^{-13}	3.84×10^{-13}	6.82×10^{-13}	3.71×10^{-12}
	2000	0.0011192	7.89×10^{-13}	6.52×10^{-13}	3.84×10^{-13}	6.82×10^{-13}	0.0011192
	2001	0.0011192	7.89×10^{-13}	6.52×10^{-13}	3.84×10^{-13}	6.82×10^{-13}	0.0011192
	2002	0.0011192	7.89×10^{-13}	6.52×10^{-13}	3.84×10^{-13}	6.82×10^{-13}	0.0011192
	2003	0.0011192	7.89×10^{-13}	0.0006861	3.84×10^{-13}	6.82×10^{-13}	0.0018053
	2004	0.0011192	7.89×10^{-13}	0.0013722	3.84×10^{-13}	6.82×10^{-13}	0.0024914
	2005	0.0011192	7.89×10^{-13}	0.0020583	3.84×10^{-13}	6.82×10^{-13}	0.0031775
	2006	0.0011192	7.89×10^{-13}	0.0020583	3.84×10^{-13}	6.82×10^{-13}	0.0031775
	2007	0.0011192	7.89×10^{-13}	0.0020583	3.84×10^{-13}	6.82×10^{-13}	0.0031775
	2008	0.0011192	7.89×10^{-13}	0.0020583	3.84×10^{-13}	6.82×10^{-13}	0.0031775
	2009	0.0016788	7.89×10^{-13}	0.0020583	3.84×10^{-13}	6.82×10^{-13}	0.0037371
	2010	0.0016788	0.0004032	0.0025729	3.84×10^{-13}	0.0003786	0.0050334
	2011	0.0016788	0.0004032	0.002916	0.0007686	0.0011359	0.0069024
	2012	0.0016788	0.0005183	0.002916	0.0007686	0.0011359	0.0070176
	2013	0.0016788	0.0006335	0.003259	0.0007686	0.0022718	0.0086117
	2014	0.0016788	0.0006911	0.003259	0.0007686	0.003029	0.0094265

（续表）

国家	年份	货币合作得分	金融基础设施合作得分	金融市场合作得分	金融监管合作得分	金融机构合作得分	金融合作指数总得分
老挝	2015	0.0016788	0.0010943	0.003259	0.0007686	0.0037863	0.010587
	2016	0.0022383	0.0010943	0.0042882	0.0023058	0.0041649	0.0140916
	2017	0.0022383	0.0012671	0.0058319	0.0023058	0.0049222	0.0165653
	2018	0.0022383	0.0016702	0.0063465	0.0023058	0.0049222	0.0174831
	2019	0.0022383	0.0016702	0.0063465	0.0023058	0.0049222	0.0174831
	2020	0.0041969	0.0016702	0.0063465	0.0023058	0.0049222	0.0194416
	2021	0.0041969	0.0016702	0.0063465	0.0023058	0.0049222	0.0194416
	2022	0.0041969	0.002131	0.0063465	0.0023058	0.0049222	0.0199024
	2023	0.0041969	0.002131	0.0063465	0.0023058	0.0049222	0.0199024
缅甸	1993	1.2×10^{-12}	7.89×10^{-13}	6.52×10^{-13}	3.84×10^{-13}	6.82×10^{-13}	3.71×10^{-12}
	1994	1.2×10^{-12}	7.89×10^{-13}	6.52×10^{-13}	3.84×10^{-13}	6.82×10^{-13}	3.71×10^{-12}
	1995	1.2×10^{-12}	7.89×10^{-13}	6.52×10^{-13}	3.84×10^{-13}	6.82×10^{-13}	3.71×10^{-12}
	1996	0.0005596	7.89×10^{-13}	6.52×10^{-13}	3.84×10^{-13}	6.82×10^{-13}	0.0005596
	1997	0.0005596	7.89×10^{-13}	6.52×10^{-13}	3.84×10^{-13}	6.82×10^{-13}	0.0005596
	1998	0.0005596	7.89×10^{-13}	6.52×10^{-13}	3.84×10^{-13}	6.82×10^{-13}	0.0005596
	1999	0.0005596	7.89×10^{-13}	6.52×10^{-13}	3.84×10^{-13}	6.82×10^{-13}	0.0005596
	2000	0.0016788	7.89×10^{-13}	6.52×10^{-13}	3.84×10^{-13}	6.82×10^{-13}	0.0016788
	2001	0.0016788	7.89×10^{-13}	6.52×10^{-13}	3.84×10^{-13}	6.82×10^{-13}	0.0016788
	2002	0.0016788	7.89×10^{-13}	6.52×10^{-13}	3.84×10^{-13}	6.82×10^{-13}	0.0016788
	2003	0.0016788	7.89×10^{-13}	0.0006861	3.84×10^{-13}	6.82×10^{-13}	0.0023649
	2004	0.0016788	7.89×10^{-13}	0.0013722	3.84×10^{-13}	6.82×10^{-13}	0.003051
	2005	0.0016788	7.89×10^{-13}	0.0020583	3.84×10^{-13}	6.82×10^{-13}	0.0037371
	2006	0.0016788	7.89×10^{-13}	0.0024014	3.84×10^{-13}	6.82×10^{-13}	0.0040801

(续表)

国家	年份	货币合作得分	金融基础设施合作得分	金融市场合作得分	金融监管合作得分	金融机构合作得分	金融合作指数总得分
缅甸	2007	0.0016788	7.89×10^{-13}	0.0024014	3.84×10^{-13}	6.82×10^{-13}	0.0040801
	2008	0.0027979	7.89×10^{-13}	0.0024014	3.84×10^{-13}	6.82×10^{-13}	0.0051993
	2009	0.0027979	0.0004032	0.0024014	3.84×10^{-13}	6.82×10^{-13}	0.0056025
	2010	0.0027979	0.0008063	0.0025729	3.84×10^{-13}	6.82×10^{-13}	0.0061771
	2011	0.0036373	0.0008063	0.0025729	3.84×10^{-13}	0.0003786	0.0073951
	2012	0.0036373	0.0012671	0.0025729	3.84×10^{-13}	0.0003786	0.0078559
	2013	0.0036373	0.0012671	0.0025729	3.84×10^{-13}	0.0003786	0.0078559
	2014	0.0036373	0.0013247	0.0039451	0.0005124	0.0003786	0.0097981
	2015	0.0036373	0.0019006	0.0039451	0.0005124	0.0015145	0.0115099
	2016	0.0036373	0.0019006	0.0039451	0.0010248	0.0015145	0.0120224
	2017	0.0036373	0.0019006	0.0042882	0.0010248	0.0015145	0.0123654
	2018	0.0036373	0.0019006	0.0042882	0.0017934	0.0015145	0.013134
	2019	0.0041969	0.0020734	0.0046312	0.0017934	0.0015145	0.0142094
	2020	0.0041969	0.0023038	0.0046312	0.0017934	0.0015145	0.0144398
	2021	0.0072746	0.0023038	0.0046312	0.0017934	0.0015145	0.0175175
	2022	0.0072746	0.0023038	0.0046312	0.0017934	0.0015145	0.0175175
	2023	0.0072746	0.0023038	0.0046312	0.0017934	0.0015145	0.0175175
越南	1993	1.2×10^{-12}	0.0001728	6.52×10^{-13}	3.84×10^{-13}	6.82×10^{-13}	0.0001728
	1994	1.2×10^{-12}	0.0004032	6.52×10^{-13}	3.84×10^{-13}	6.82×10^{-13}	0.0004032
	1995	1.2×10^{-12}	0.0004032	6.52×10^{-13}	3.84×10^{-13}	0.0007573	0.0011604
	1996	0.0008394	0.0006335	6.52×10^{-13}	3.84×10^{-13}	0.0007573	0.0022302
	1997	0.0008394	0.0009791	6.52×10^{-13}	3.84×10^{-13}	0.0007573	0.0025757
	1998	0.0008394	0.0009791	6.52×10^{-13}	3.84×10^{-13}	0.0007573	0.0025757

（续表）

国家	年份	货币合作得分	金融基础设施合作得分	金融市场合作得分	金融监管合作得分	金融机构合作得分	金融合作指数总得分
越南	1999	0.0008394	0.0009791	6.52×10^{-13}	3.84×10^{-13}	0.0007573	0.0025757
	2000	0.0019585	0.0009791	6.52×10^{-13}	3.84×10^{-13}	0.0007573	0.0036949
	2001	0.0019585	0.0009791	6.52×10^{-13}	3.84×10^{-13}	0.0007573	0.0036949
	2002	0.0019585	0.0009791	6.52×10^{-13}	3.84×10^{-13}	0.0007573	0.0036949
	2003	0.0025181	0.0009791	6.52×10^{-13}	3.84×10^{-13}	0.0007573	0.0042545
	2004	0.0025181	0.0017278	0.0003431	3.84×10^{-13}	0.0007573	0.0053463
	2005	0.0025181	0.0017278	0.0003431	3.84×10^{-13}	0.0007573	0.0053463
	2006	0.0025181	0.0022462	0.0006861	3.84×10^{-13}	0.0007573	0.0062077
	2007	0.0025181	0.0030525	0.0006861	3.84×10^{-13}	0.0007573	0.007014
	2008	0.0025181	0.0032253	0.0006861	3.84×10^{-13}	0.0018931	0.0083227
	2009	0.0025181	0.0032253	0.0006861	3.84×10^{-13}	0.0026504	0.0090799
	2010	0.0025181	0.0032253	0.0017153	3.84×10^{-13}	0.0034077	0.0108663
	2011	0.0036373	0.0032253	0.0017153	3.84×10^{-13}	0.0041649	0.0127428
	2012	0.0041969	0.0033981	0.0020583	3.84×10^{-13}	0.0049222	0.0145754
	2013	0.005316	0.0035708	0.0030875	0.0005124	0.0049222	0.017409
	2014	0.005316	0.0037436	0.0036021	0.0005124	0.0049222	0.0180963
	2015	0.0064352	0.004262	0.0039451	0.0010248	0.0049222	0.0205893
	2016	0.0083938	0.0053563	0.0046312	0.0010248	0.0049222	0.0243282
	2017	0.0086736	0.006393	0.0060034	0.0017934	0.0049222	0.0277856
	2018	0.0114715	0.0072569	0.0060034	0.0017934	0.0053008	0.031826
	2019	0.0114715	0.0075448	0.006518	0.0033307	0.0068153	0.0356803
	2020	0.0114715	0.0075448	0.006518	0.0038431	0.0068153	0.0361927
	2021	0.0120311	0.0078904	0.006518	0.0038431	0.0068153	0.0370979

(续表)

国家	年份	货币合作得分	金融基础设施合作得分	金融市场合作得分	金融监管合作得分	金融机构合作得分	金融合作指数总得分
越南	2022	0.0120311	0.0078904	0.006518	0.0038431	0.0068153	0.0370979
	2023	0.0120311	0.0078904	0.006518	0.0038431	0.0068153	0.0370979
柬埔寨	1993	1.2×10^{-12}	7.89×10^{-13}	6.52×10^{-13}	3.84×10^{-13}	6.82×10^{-13}	3.71×10^{-12}
	1994	1.2×10^{-12}	7.89×10^{-13}	6.52×10^{-13}	3.84×10^{-13}	6.82×10^{-13}	3.71×10^{-12}
	1995	1.2×10^{-12}	7.89×10^{-13}	6.52×10^{-13}	3.84×10^{-13}	6.82×10^{-13}	3.71×10^{-12}
	1996	1.2×10^{-12}	7.89×10^{-13}	6.52×10^{-13}	3.84×10^{-13}	6.82×10^{-13}	3.71×10^{-12}
	1997	1.2×10^{-12}	7.89×10^{-13}	6.52×10^{-13}	3.84×10^{-13}	6.82×10^{-13}	3.71×10^{-12}
	1998	1.2×10^{-12}	7.89×10^{-13}	6.52×10^{-13}	3.84×10^{-13}	6.82×10^{-13}	3.71×10^{-12}
	1999	1.2×10^{-12}	7.89×10^{-13}	6.52×10^{-13}	3.84×10^{-13}	6.82×10^{-13}	3.71×10^{-12}
	2000	0.0011192	7.89×10^{-13}	6.52×10^{-13}	3.84×10^{-13}	6.82×10^{-13}	0.0011192
	2001	0.0011192	7.89×10^{-13}	6.52×10^{-13}	3.84×10^{-13}	6.82×10^{-13}	0.0011192
	2002	0.0011192	7.89×10^{-13}	6.52×10^{-13}	3.84×10^{-13}	6.82×10^{-13}	0.0011192
	2003	0.0011192	7.89×10^{-13}	6.52×10^{-13}	3.84×10^{-13}	6.82×10^{-13}	0.0011192
	2004	0.0011192	7.89×10^{-13}	6.52×10^{-13}	3.84×10^{-13}	6.82×10^{-13}	0.0011192
	2005	0.0011192	7.89×10^{-13}	6.52×10^{-13}	3.84×10^{-13}	6.82×10^{-13}	0.0011192
	2006	0.0011192	7.89×10^{-13}	6.52×10^{-13}	3.84×10^{-13}	6.82×10^{-13}	0.0011192
	2007	0.0011192	7.89×10^{-13}	6.52×10^{-13}	3.84×10^{-13}	6.82×10^{-13}	0.0011192
	2008	0.0011192	7.89×10^{-13}	6.52×10^{-13}	3.84×10^{-13}	6.82×10^{-13}	0.0011192
	2009	0.0011192	7.89×10^{-13}	6.52×10^{-13}	3.84×10^{-13}	6.82×10^{-13}	0.0011192
	2010	0.0011192	7.89×10^{-13}	6.52×10^{-13}	3.84×10^{-13}	6.82×10^{-13}	0.0011192
	2011	0.0011192	7.89×10^{-13}	6.52×10^{-13}	3.84×10^{-13}	0.0015145	0.0026337
	2012	0.0011192	7.89×10^{-13}	6.52×10^{-13}	3.84×10^{-13}	0.0015145	0.0026337
	2013	0.0011192	0.0001152	0.0001715	0.0007686	0.0022718	0.0044463

（续表）

国家	年份	货币合作得分	金融基础设施合作得分	金融市场合作得分	金融监管合作得分	金融机构合作得分	金融合作指数总得分
柬埔寨	2014	0.0011192	0.0001152	0.0001715	0.0007686	0.0022718	0.0044463
	2015	0.0016788	0.0001152	0.0006861	0.0007686	0.0022718	0.0055204
	2016	0.0022383	0.0001152	0.0020583	0.0015372	0.0022718	0.0082208
	2017	0.0039171	0.0004608	0.002916	0.0015372	0.0037863	0.0126173
	2018	0.0039171	0.0004608	0.003259	0.0015372	0.0037863	0.0129604
	2019	0.0039171	0.0004608	0.003259	0.0023058	0.0037863	0.013729
	2020	0.0044767	0.0004608	0.003259	0.0028182	0.0045436	0.0155582
	2021	0.0055958	0.0004608	0.0039451	0.0028182	0.0045436	0.0173635
	2022	0.0055958	0.0004608	0.0049743	0.0028182	0.0045436	0.0183927
	2023	0.0055958	0.0004608	0.0053173	0.0028182	0.0045436	0.0187357

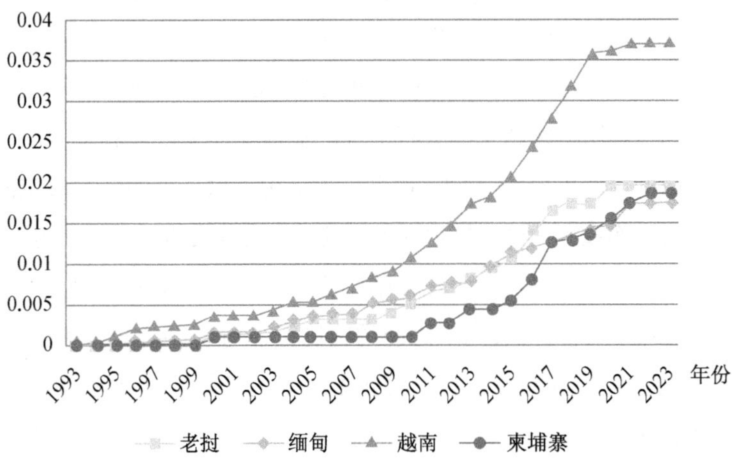

图 3.1　中国与老挝、缅甸、越南、柬埔寨金融合作指数（1993—2023 年）

三、实证分析结论

首先,从金融合作指标权重的计算结果来看,金融合作强度由高到低依次为:货币合作、金融市场合作、金融机构合作、金融基础设施合作、金融监管合作。货币合作权重最高反映了人民币在老缅越柬等云南周边国家使用的典型性,以人民币在周边国家的使用为主要表现的货币合作成为中国与周边国家金融合作成效最为显著的领域。金融市场合作权重较高的主要原因在于本书将中国对老缅越柬等国的贷款及投资支持纳入了金融市场合作范畴。这反映出中国与周边国家金融合作的主要形式仍然体现在贷款支持方面,尤其是在"一带一路"倡议推动下,区域建设项目带动中国的贷款或投资资金流向老缅越柬等"一带一路"共建国家,促进其经济社会发展的同时,也有效推动了双边金融合作的实施。金融机构合作权重较高,一方面反映了区域国家间具有的地理邻近优势为中国云南的金融机构"走出去"提供了便利条件,另一方面也说明老缅越柬的银行等金融业组织体系发展程度有限,为中国云南的金融机构"走出去"设立分支机构提供了广阔的发展空间。金融机构合作成为中国与周边国家尤其是云南等沿边省区与周边国家金融合作的特色与亮点。金融基础设施合作权重仅位列第四,在一定程度上说明,中国与周边国家之间的跨境贸易与投资结算和清算系统仍不够完善,因而推动以人民币为主要结算与清算货币的区域货币结算与清算体系建设仍有较大空间。金融监管合作权重较低,表明中国与老缅越柬等周边国家之间的金融合作对话与金融合作会商不足,尚未形成长期而稳定的跨境金融监管合作机制。

其次,从金融合作指数的发展走势来看,自 20 世纪 90 年代中国与周边国家关系全面恢复和发展以来，中国与老缅越柬之间的金融合作总体呈现持续提升态势。双边金融合作从无到有，由浅入深，金融合作指数不断增大。1993—2002 年，中国与周边四国金融合作发展速度缓慢，中国与四国的金融合作水平相当，合作程度均较低。2002 年以后，中国与四国金融合作逐渐加速，金融合作程度国别差异开始拉大且呈分化趋势。2011 年前后，金融合作发展速度进一步提升，四国分化趋势进一步显现。2019—2023 年，中国与四国金融合作放缓，甚至出现停滞，反映出新冠疫情传播对区域金融合作的不利影响。疫情之后，中国及周边国家采取积极举措推动经济社会复苏发展，可以预见区域金融合作后续会有较大发展空间。

再次，从金融合作的国别差异来看，中国与越南的金融合作指数在四国之中始终最高。主要原因除了地理毗邻给两国经贸往来、人员交流及金融合作提供了方便外，很大程度上是因为越南是周边四国中与中国经济社会发展水平最为接近、经济发展基础最强的国家。此外，两国市场经济改革与对外开放目标和进程也较为相似。上述区位、经济发展水平以及政策与制度环境诸方面的契合为中越两国在包括金融领域在内的各方面合作奠定了有利基础，成为中越金融合作指数持续领先于中国与其他周边国家金融合作指数的根本原因。中国与老挝、缅甸及柬埔寨金融合作指数水平大致相当，1993—2023 年中国与这三个国家的金融合作指数水平均在[0,0.02]区间。其中，1993—2003 年中国与三国的金融合作水平均处于较低程度；2003 年之后金融合作水平有所提高，并开始出现国别差异。中老金融合作超过中缅、中柬并保持领先增长态势，而中缅和中柬金融合作在 2003—2010 年缺乏增长，直到 2011 年后中缅和中柬金融合作才跟随中老金融合作态势，呈现出持续快速的增长。这一增长态势反映了近 20 年来中国积极推进面向周边国家的经济金融开放制度红利,也体现了中国与周边国家经济与金融联系日渐紧密的良好发展局面。

最后,尽管中国与老缅越柬等周边国家金融合作呈现增长趋势,但从金融合作指数的实际数值来看,中国与这些国家之间的金融合作水平并不高,金融合作的深度和广度仍有较大拓展空间,金融合作仍面临亟待破解的瓶颈和困难。其中,一个重要的困难在于中国与老缅越柬等周边国家的金融合作是在国家之间客观存在着经济发展、金融发展与制度环境等多方面差异(即国家异质性)的条件下进行的,国家异质性的客观存在增大了金融合作的难度,使金融合作的开展面临诸多挑战。本书后续内容将对此进行详细分析。

第四章　中国与老缅越柬国家异质性的主要表现与测度

基于本书第一章第二节的理论梳理，国家异质性作为国家之间社会经济最本质、内在的差异，主要表现为国家间在资源禀赋、要素价格、经济与金融结构、经济发展水平、金融发展水平及制度文化方面的差异。本章从全面掌握中国与老缅越柬四国政治、经济、文化与制度发展现状出发，一方面依据国家异质性的内涵，分析中国与老缅越柬四国经济、金融、政治、文化与制度环境存在的差异，另一方面依据区域金融合作影响因素理论，吸收借鉴国家异质性测度指标现有研究成果，针对金融合作中国家异质性因素的影响，重点从经济异质性、金融异质性与制度异质性三个层面概括中国与老缅越柬国家异质性的主要表现，并对中国与老缅越柬四国的国家异质性进行具体测度。

第一节　国家异质性的主要表现

一、经济异质性

首先，从经济发展水平的差异来看，中国作为发展中大国，无论是经济总规模还是人均经济收入都远高于老缅越柬等云南周边国家。即使单以云南省作为比较对象,其经济总量和人均国民生产总值也与老缅越柬四国存在明显差异。相比之下,老缅越柬等云南周边国家在经济规模和人均收入方面相对较低。这一差异具体如图 4.1—4.4 所示。

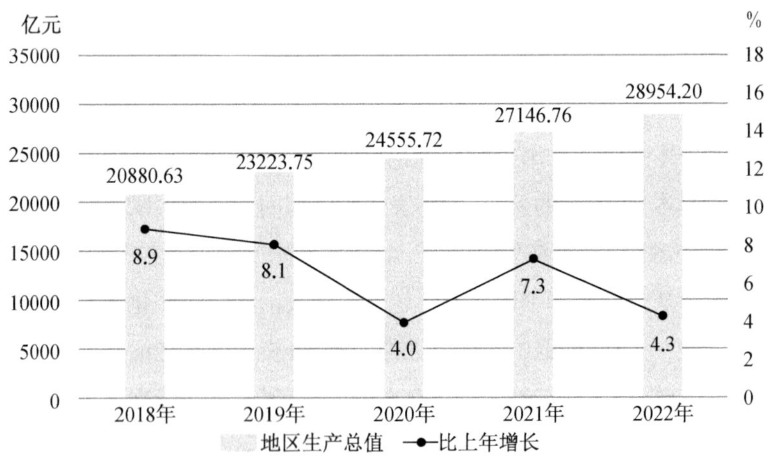

图 4.1　云南省国民生产总值及增长速度(2018—2022 年)

数据来源:云南省统计局

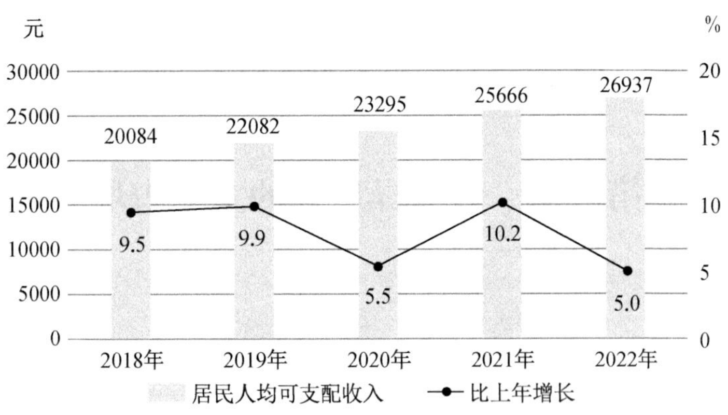

图 4.2　云南省居民人均可支配收入及增长速度(2018—2022 年)

数据来源:云南省统计局

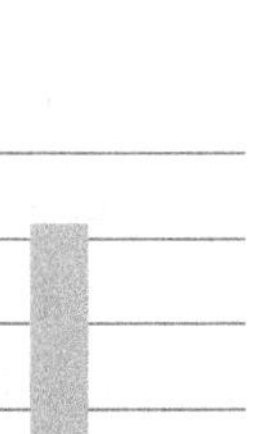

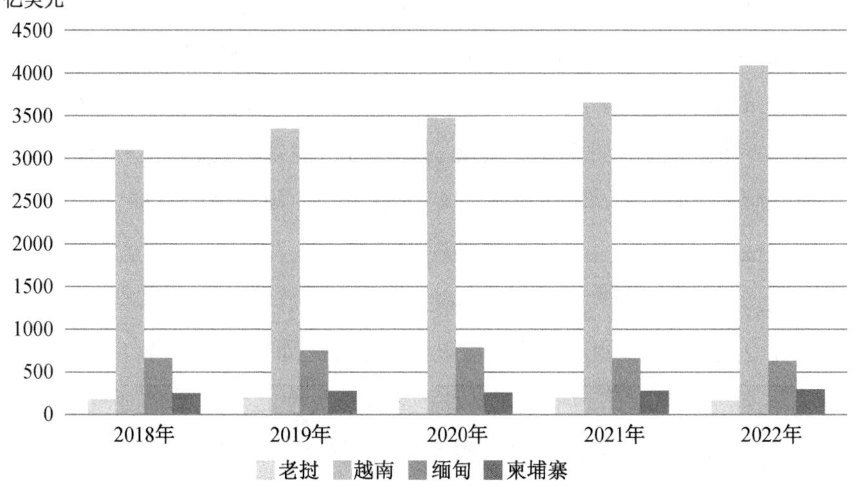

图 4.3　老缅越柬国内生产总值(2018—2022 年)

数据来源:世界银行

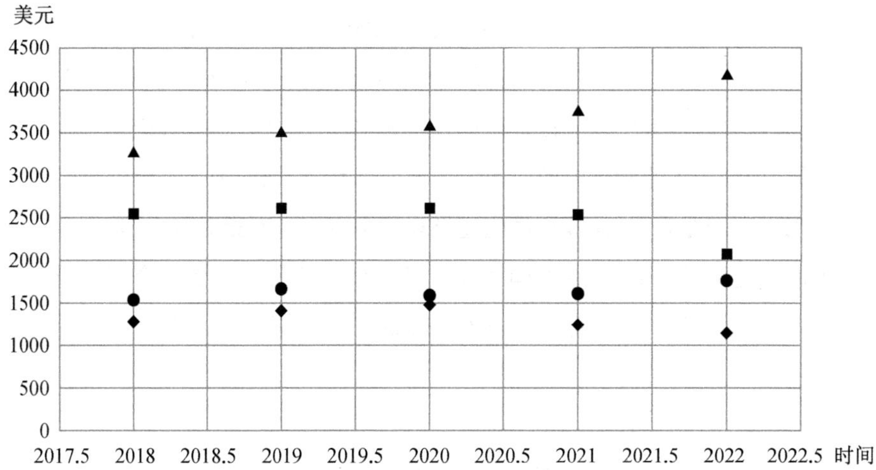

图 4.4　老缅越柬人均国民生产总值(2017—2022 年)

数据来源:世界银行

其次,从产业结构的差异来看,中国的产业结构比较完善和多元化,已实现包括农业、制造业、服务业等众多产业领域的协调发展。云南省按照打造先进制造、旅游文化、高原特色现代农业、现代物流、健康服务5个万亿级产业和绿色能源、数字经济、生物医药、新材料、环保、金融服务、房地产、烟草8个千亿级产业的产业规划稳步发展,一批新的支柱产业和产业集群正在形成。由于其多元化的产业结构,出口商品包括农产品、矿产、机械设备和电子产品等,反映了较高的产业多样性和专业化程度。相比之下,老缅越柬等云南周边国家产业结构较为单一,经济发展更多地依赖于某种产品或某些特定产业,如农业或资源开采业等,对外贸易也高度依赖于特定商品(如农产品、传统手工艺品、原材料)和少数贸易伙伴。中国在基础设施(如交通、通信)和技术应用方面比周边国家更加发达,这反映出更高的经济发展水平和更好的投资环境。老缅越柬等周边国家中除了越南在制造业和服务业(尤其是旅游业和金融服务业)方面发展程度相对更高以外,其余三个国家尚处于工业化进程较初级阶段。经济发展高度依赖于农业和资源开采,农业也以粮食生产等传统产业领域为主,缺乏高附加值农产品产业发展;金融服务业和高端商业服务领域尚未充分发展,迫切需要提升技术水平和产业升级,在基础设施建设和技术应用方面相对落后,限制了他们的经济增长潜力;这些国家在贸易上也更依赖于少数几个国家或地区,在吸引外资和国际合作方面面临挑战,这会增加他们经济上的脆弱性。

二、金融异质性

首先,在货币和汇率制度方面,中国与老缅越柬存在差异。除了各国拥有各自的主权货币外，各国的汇率制度也不尽相同。中国实行相对独立的货币政策和有管理的浮动汇率制度；而老缅越柬等周边国家是典型的美元化国家，国内货币局势受到美元等国际货币波动的较大影响，实行的是盯住美元的固定汇率制，其货币政策和金融政策的独立性不足。

其次，在金融市场发展水平方面，中国的金融市场发展水平相对较高，拥有较为完善的金融基础设施和较高的金融服务水平。相比之下，老缅越柬等周边国家的金融市场发展较为缓慢，市场成熟度不高，金融产品和金融服务的种类和质量有限，且更加依赖于外国投资与金融援助。

再次，在金融监管机构和法律体系方面，中国有建制完备的金融监管机构和法律体系，能够对金融市场运行进行有效监督和管理。老缅越柬等周边国家总体上还未形成完备的金融监管体系，存在金融监管职能不明确、金融监管法律不规范、投资者权益保护不力等问题。

最后，在金融产品和服务方面，中国的金融体系提供了多样化的金融产品和服务，包括银行存款、贷款、证券交易、保险等不同金融服务领域，数字金融和互联网金融服务也在快速发展。老缅越柬等周边国家金融服务覆盖率还较低，能够提供的金融产品和服务相对有限，金融科技发展也相对滞后。

三、制度异质性

制度异质性涉及政治、社会与文化等多领域，包含不同国家或地区之间在政治治理、法律制度、文化习俗等方面存在的差异。

首先，从政治治理的角度来看，中国与老缅越柬的政治体制不同，因而在政治稳定性与治理效率方面存在差异。中国政治环境稳定,决策程序科学有序,政治治理效率较高,形成了长期稳定的政策规划制度和宏观调控体系。相比之下,周边国家中老挝和越南政局相对稳定,能够实施有效的国家治理。缅甸和柬埔寨两国由于历史原因,存在政局不稳的风险。缅甸政局受制于军政府,政策决策与执行效率受到严重干扰,国家长期政治前景存在不确定性,民主改革停滞或倒退的可能性依然存在。柬埔寨政治及社会仍存在不稳定因素,经济结构转型、反腐败问题、提高民众收入水平、治理环境污染、维护社会治安以及领土安全等都是考验当局执政能力的重大问题。此外,老缅越柬等云南周边国家普遍面临本币币值不稳、通货膨胀和财政赤字等挑战。国内政局不稳和政治治理效能问题对经济政策的一贯性、稳定性与执行效率会产生较大影响。

其次,从法律制度的角度来看,中国与老缅越柬之间在法律体系、司法实践、法律保护以及商业法律环境等方面存在差异。这些差异既反映了各国的发展历史、文化背景和政治体制,也对金融合作产生了重要影响。中国的法律制度体系具有完备性和统一性。缅甸的法律体系经历了英国殖民时期的影响和近年来向民主制度的过渡,呈现出混合法系的特点。老挝和越南的法律体系受到社会主义法律传统的影响,强调国家的集中统一领导和法治。在商业法律环境方面,中国商业法律和市场规则日益完善。相较而言,老缅越柬的商业法律环境各具特色,反映了各自的市场开放程度、商业习惯和国际商业合作态度,但总体上还存在法律制度不够完备、执法不够规范、法治环境不够稳定等问题。

再次,从社会政策和制度的角度来看,中国与老缅越柬在社会福利、教育制度、医疗保健体系以及社会保障体系等方面存在差异,这些差异反映了各国不同的政治体制、经济发展水平以及文化传统。中国已经建成包括基本医疗保险、养老保险等在内的完备社会保障体系,同时具有完善的教育和公共卫生服务体系。老挝近年来社会政策聚焦于减贫,但社会保障和公共服务体系发展尚需时间。缅甸社会政策不稳定,受政治变革影响较大,社会福利体系发展有限。老挝和缅甸的教育体系均面临资金短缺、投入不足的突出问题。越南具有普及的社会保障和教育系统,在基础教育普及方面取得了较好成绩,但在社会福利水平上与中国有差距。柬埔寨社会保障和公共服务发展较慢,基本医疗和教育服务体系建设仍在改进中。

最后,从文化异质性的角度来看,中国与老缅越柬等周边国家语言多样性十分突出,这不仅是文化差异性的直接体现,也是影响区域社会互动和经济社会一体化的关键要素①。历史、文化与艺术传统差异也是该地区文化多样性的重要体现。中国是历史悠久的文明古国,云南历史上也曾建立过多个古代王国,如滇池的古滇王国,后来的南诏古国和大理国等。老缅越柬等周边国家也经历了各自的古代王朝、殖民历史(如越南和老挝的法国殖民历史)以及近现代的历史变迁,塑造了各自独特的文化和社会结构,形成了独特的宗教、艺术和文化景观,体现了各自的文化传统和社会价值。

① 老挝、缅甸、越南和柬埔寨除了各自的官方语言外,均有丰富的多民族语言。老挝有克木语、哈尼语、阿卡语、卡松语等;缅甸有僧伽罗语、雷伊语、阿卡语、那加语、班塔语等;越南有柯语、赛诺伊语、傈僳语、布依语等;柬埔寨有高棉语、乌戎语、佤语、朗语、布劳语等。

第二节 国家异质性测度

一、国家异质性指标体系构建

(一) 构建原则

一是兼顾深度和广度,国家异质性指标的选取要基于国家异质性的内涵和特征概括,力求每个维度的指标都能够作为一个有机整体在相互配合中比较全面、科学、准确地反映国家异质性的内涵和特征。二是展现可比性,通过选取具有可比性的指标,可以提供客观的参照,更好地理解和比较国家之间的差异,客观地评估不同国家之间的异质性水平。三是指标的时效性,国家的异质性是动态变化的,随着时间的推移,国家的经济、社会、环境等方面会发生变化。具有时效性的指标能够准确地反映当前国家的异质性水平,为政策制定和决策提供及时的参考。

(二) 指标体系

基于前述国家异质性的主要表现,综合以上深度、广度、可比性以及时效性指标构建原则,本书将政治、经济、金融、文化、社会制度作为国家异质性考量因素,选取经济发展差异、金融发展差异与制度差异为一级指标。其中,经济发展差异包括国内生产总值差值和人均国内生产总值差值两个二级指标;金融发展差异包括金融机构深度、效率与服务可及性和金融市场深度、效率与服务可及性 6 个二级指标;制度差异包括法律制度差异、经济制度差异、企业运行及管理制度差异[①]。由于中国与越、老、缅、柬文化同源,且文化距离目前只能测算截面数据,所以文化距离加入常数值。国家异质性指标体系具体如表 4.1 所示。

表 4.1　国家异质性指标体系

<table>
<tr><th>目标</th><th colspan="2">测度</th><th>指标</th></tr>
<tr><td rowspan="13">国家异质性</td><td colspan="2" rowspan="2">经济发展差异</td><td>国内生产总值</td></tr>
<tr><td>人均国内生产总值</td></tr>
<tr><td colspan="2" rowspan="6">金融发展差异</td><td>金融机构深度</td></tr>
<tr><td>金融机构效率</td></tr>
<tr><td>金融机构服务可及性</td></tr>
<tr><td>金融市场深度</td></tr>
<tr><td>金融市场效率</td></tr>
<tr><td>金融市场服务可及性</td></tr>
<tr><td rowspan="3">制度差异</td><td rowspan="3">法律制度差异</td><td>话语权与问责</td></tr>
<tr><td>稳定性与非暴乱</td></tr>
<tr><td>政府有效性</td></tr>
</table>

① 制度差异或制度距离是衡量不同国家制度环境差异的重要指标(见陈侃翔,谢洪明,程宣梅等.新兴市场技术获取型跨国并购的逆向学习机制[J].科学学研究,2018,36(6):1048-1057),可用于比较母国和东道国在国家制度环境存在的差异(见 Kostova T. Success of the Transnational Transfer of Organizational Practices within Multinational Companies[D]. University of Minnesota,1996:9-21)。根据 North 的制度理论分析框架(见 North D C. Institutions, Institutional Change and Economic Performance[M]. Cambridge: Cambridge University Press,1990:179-183),制度距离又被分为正式制度距离和非正式制度距离,前者指的是政治、司法等规章的差距,后者指的则是文化、思想或者行为等标准和认识层面的差距。本书参考 North 的制度理论分析框架将包含政治、社会制度、文化因素的制度差异分解为法律制度差异、经济制度差异、企业运行制度差异、企业管理制度差异。

(续表)

目标	测度		指标
国家异质性	制度差异	法律制度差异	管制质量
			法制程度
			腐败控制
		经济制度差异	财产权
			政府诚信
			税收负担
			政府开支
			商业自由
			劳动力自由
			货币自由
			贸易自由
			投资自由
			财务自由
		企业运行制度差异	政府部门的腐败程度
			开办新企业的难易程度
			官僚制度的负担
			政府官员的决策偏好
			贷款的难易程度
		企业管理制度差异	以顾客为导向
			授权的意愿
			以绩效为导向的激励
			产品的先进性/ 产品工艺的复杂度
			重视员工培训
			研发活动的强度

二、国家异质性测度

（一）测度方法

由于经济发展差异、金融发展差异以及制度差异并非经济、金融及制度直接变量，因此本书参考已有文献包括绝对值法、欧式距离、马式距离等测定方法，采用科格特和辛格的文化距离指数（Kogut and Singh Index）研究方法计算经济发展差异、金融发展差异及制度差异①，具体公式如式（4.1）所示。

$$CD_{ijt} = \frac{\sum_{k=1}^{n} \frac{(I_{kit} - I_{kjt})^2}{V_k}}{n} \tag{4.1}$$

其中，CD_{ijt} 是指 t 时期国家 i（越南、老挝、缅甸、柬埔寨）和国家 j（中国）之间的差异，I_{kit} 是指 t 时期国家 i 在第 k 个维度上的得分，I_{kjt} 是指 t 时期国家 j 在第 k 个维度上的得分。V_k 是指第 k 项指标的方差。n 表示制度是一个 n 维结构体系，即指标个数。

（二）数据来源

数据来源于国际货币基金组织（IMF）报告、世界经济论坛《全球竞争力报告》、美国传统基金会《全球经济自由度指数》、世界银行每年发布的全球治理指数、各国（经济体）发展数据库、全球治理指标 WGI 数据库以及世界银行 WDI 数据库。

---

① Kogut B, Singh H. The Effect of National Culture on the Choice of Entry Mode[J]. Journal of International Business Studies, 1988, 19(3):411-432.

(三)测度结果

1. 经济发展差异

如表4.2和图4.5所示,中国与老缅越柬四国的经济发展差异变化趋势高度一致,总体呈现扩大趋势,且表现出十分明显的阶段变化特征。其中,1996—2009年,中国与四国之间的经济发展差异并不明显,差异值在[0.100066511,0.879641591]范围内;2009—2019年,中国与四国之间的经济发展差异持续稳步扩大,但增幅并不显著,差异值在[0.960455431,7.232819359]范围内;2020年以来,中国与四国之间的经济发展差异显著扩大,差异值均超过31.28980864。

表4.2 中国与老挝、缅甸、越南、柬埔寨经济发展差异(1996—2021年)

国家 年份	老挝	缅甸	越南	柬埔寨
1996	0.100066511	0.443462822	0.103145031	0.103941347
1997	0.1290337	0.761139844	0.128212443	0.132434028
1998	0.158928329	1.495442005	0.148544254	0.156787517
1999	0.176003686	0.189261184	0.166641887	0.174007615
2000	0.213598966	0.237250008	0.205554895	0.216513126
2001	0.265234419	0.294637895	0.254373385	0.265833117
2002	0.323751933	0.356201242	0.306944876	0.320953057
2003	0.411307438	0.448996141	0.391003809	0.411201871
2004	0.572935896	0.622126714	0.546565316	0.574607269
2005	0.782882888	0.849443947	0.734189913	0.782921258
2006	0.208962467	0.317558204	0.15889881	0.223621888
2007	0.361335807	0.520059984	0.29343803	0.39069913
2008	0.605976258	0.736451302	0.494161216	0.681334545

（续表）

年份＼国家	老挝	缅甸	越南	柬埔寨
2009	0.763756359	0.822597494	0.62836222	0.879641591
2010	1.067872926	1.146319247	0.960455431	1.302552113
2011	1.648836048	1.904844731	1.536383397	2.057570037
2012	2.04628233	2.452297265	1.914904323	2.630102839
2013	2.474189621	3.146827921	2.000586217	3.315739798
2014	2.919857977	3.794423795	2.887829471	3.93386117
2015	3.172701814	4.273986845	2.714353757	4.316715182
2016	3.059266934	4.44870207	3.200840109	4.28026353
2017	3.71806117	5.398695612	3.824015357	5.074108263
2018	4.945205522	6.883331585	4.949246982	6.47291135
2019	5.210215124	7.232819359	5.070016954	6.639006028
2020	31.62999022	33.39191791	31.28980864	33.25190067
2021	47.13369368	49.7910169	45.00327618	48.98022775

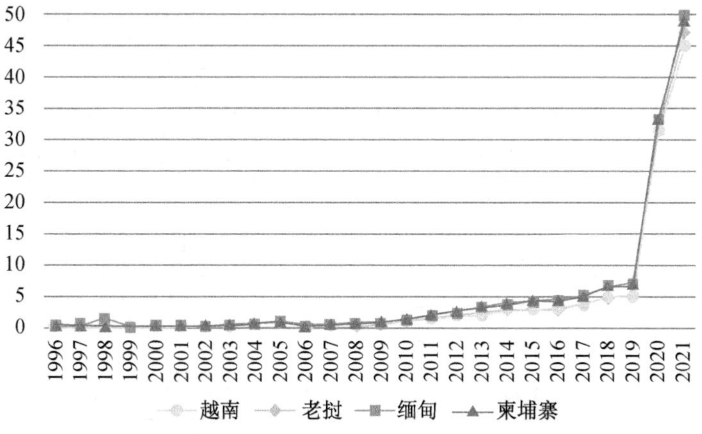

图 4.5　中国与老挝、缅甸、越南、柬埔寨经济发展差异趋势图（1996—2021 年）

2. 金融发展差异

如表 4.3 和图 4.6 所示,中国与老缅越柬四国的金融发展差异变化趋势基本保持一致,总体呈现缓慢上升状态。其中,与老挝、缅甸、柬埔寨相比,越南与中国的金融发展差异相对最小并且相对稳定,波动不显著。老挝、缅甸、柬埔寨三国与中国的金融发展差异趋势线较为接近,2014 年前柬埔寨与中国的金融发展差异大于老挝和缅甸与中国的金融发展差异,但 2015 年后柬埔寨与中国的金融发展差异总体低于老挝、缅甸与中国的金融发展差异。

表 4.3 中国与老挝、缅甸、越南、柬埔寨金融发展差异(1996—2021 年)

年份 \ 国家	老挝	缅甸	越南	柬埔寨
1996	1.597994481	1.607408264	0.422492056	2.794502846
1997	1.828608568	1.914247141	0.635934912	2.945825024
1998	1.705747446	1.891988866	0.612841931	3.086630391
1999	2.040033261	1.854288199	0.595114851	3.34262567
2000	1.806767703	1.590755262	0.492264303	3.008900195
2001	1.667769518	1.526499301	0.458224196	4.899684059
2002	3.380752088	1.877816026	0.541116423	2.481015464
2003	2.197775621	2.099397498	0.44519563	2.59219111
2004	2.908264007	2.552048504	0.740149506	3.134195954
2005	3.190419892	2.242762543	0.497539598	3.205631473
2006	2.291503314	3.121360497	0.631117122	3.594416855
2007	2.951000155	4.111747451	1.329611485	4.301067849
2008	2.941835604	3.263470533	0.75435207	3.490517026
2009	3.064161239	3.836933784	0.649594553	4.566813368

（续表）

年份＼国家	老挝	缅甸	越南	柬埔寨
2010	3.087961169	4.327351039	0.673480488	4.179950811
2011	3.141645362	3.732069149	1.023245762	3.737844358
2012	3.259186308	4.415095535	1.273035416	4.03390052
2013	3.381983554	4.529092269	1.602461623	4.06901303
2014	5.700240467	5.320267471	1.591922238	4.684792783
2015	5.877905739	6.675066011	2.45778607	5.284705687
2016	6.286713007	6.887661533	2.531618431	5.463771926
2017	6.42226538	6.624181143	2.482585058	5.14244539
2018	5.306278228	6.858661564	2.533349646	5.41472763
2019	4.905088338	6.589495116	2.87736646	4.688669268
2020	5.979823366	7.674042754	2.654722748	5.505763933
2021	5.375002004	7.071806063	2.754976131	5.018120887

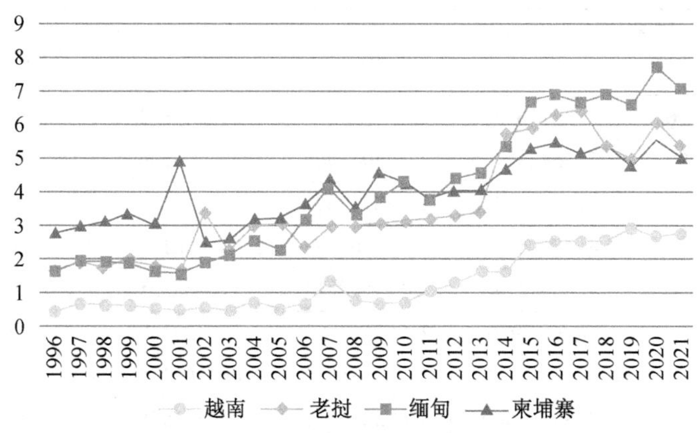

图4.6　中国与老挝、缅甸、越南、柬埔寨金融发展差异趋势图（1996—2021年）

3. 制度差异

如表 4.4 和图 4.7 所示,中国与老挝、缅甸、越南、柬埔寨的制度差异呈现波动缩小趋势。其中,1997—2002 年,老挝与中国的制度差异小幅高于越南、缅甸、柬埔寨与中国的制度差异;2003—2015 年,缅甸与中国的制度差异大幅高于越南、老挝、柬埔寨与中国的制度差异;2016—2018 年,柬埔寨与中国的制度差异略高于老挝、缅甸各自与中国的制度差异,大幅高于越南与中国的制度差异;2019—2021 年,缅甸与中国的制度差异略高于老挝、柬埔寨与中国的制度差异,大幅高于越南与中国的制度差异。四国之中越南与中国的制度差异水平最小,除 1996—2000 年,其余年份越南与中国的制度差异水平均低于老挝、缅甸、柬埔寨各自与中国的制度差异,中越两国的制度异质性较小,这与两国同为社会主义国家以及市场经济改革和经济对外开放的共同政策选择有关。

表 4.4 中国与老挝、缅甸、越南、柬埔寨制度差异(1996—2021 年)

年份 \ 国家	老挝	缅甸	越南	柬埔寨
1996	2. 321165586	2. 40299009	1. 294449882	1. 180296546
1997	3. 454232136	2. 473944965	1. 781100696	1. 096863366
1998	3. 896404276	2. 688594527	1. 667938151	1. 724098889
1999	4. 479968712	2. 830967633	1. 545038124	1. 21965881
2000	4. 409722461	2. 827579814	1. 776965425	0. 771926787
2001	4. 62179768	2. 909567899	0. 713422339	1. 492927456
2002	4. 044381683	3. 449645053	0. 603566145	1. 987748106
2003	2. 845448806	3. 123047641	0. 437411556	2. 671639543
2004	2. 245009567	3. 526676269	0. 425521601	2. 461669423
2005	1. 951852467	4. 216555033	0. 577004557	1. 613781097

（续表）

年份＼国家	老挝	缅甸	越南	柬埔寨
2006	0.919545544	3.609154072	0.201724411	1.06515745
2007	0.706832587	3.526188574	0.068838778	1.360715233
2008	0.883189065	4.958195325	0.080108252	1.916850067
2009	1.805056306	6.014161199	0.123832875	2.02647056
2010	1.333083457	5.393877611	0.162995187	2.108159629
2011	1.212550032	4.838422514	0.051945004	1.719721238
2012	0.437832369	3.611310627	0.000606278	1.228086057
2013	0.516789461	3.600549648	0.010385185	1.707582398
2014	0.430934931	2.532296624	0.048861481	1.463286105
2015	0.627119802	2.715159443	0.044089806	1.664209942
2016	1.025155198	1.378811186	0.581385898	2.19565656
2017	1.714821661	2.022307386	0.588053541	2.205733855
2018	2.144729075	2.524633709	0.31748664	3.135195831
2019	1.784436894	2.605579375	0.251757202	1.717172223
2020	2.532801962	4.396729891	0.047783204	2.860431256
2021	2.269408027	3.273421191	0.121015543	2.241843133

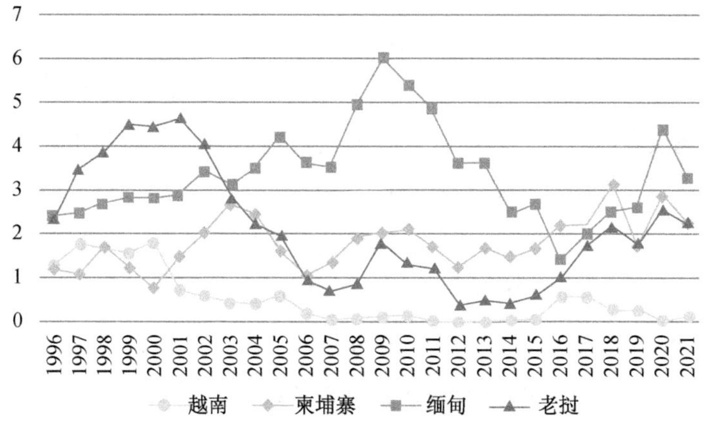

图 4.7　中国与老挝、缅甸、越南、柬埔寨制度差异趋势图（1996—2021 年）

第五章　国家异质性影响下中国与老缅越柬金融合作的机制

第一节　基于动态随机一般均衡模型分析

一、动态随机一般均衡模型

动态随机一般均衡模型(Dynamic Stochastic General Equilibrium, DSGE)是宏观经济学中用于描述经济现象的一种模型。这种模型在现代宏观经济学中被广泛采用,特别是在研究经济政策和经济周期的波动等问题时。模型会考虑经济中的不确定性,比如技术进步、政府政策、外部冲击等随机因素。模型考虑的是整个经济体系,而不仅是一部分市场或者部门。它假设所有市场(包括货币市场、商品市场、劳动力市场等)都处于均衡状态。在 DSGE 模型中,经济行为人(例如家庭和公司)都是理性的,他们会根据预期来最大化自己的效用或者利润。同时,政府的政策决策也是理性的,并会影响经济体系的均衡状态。DSGE 模型可以用来预测和分析宏观经济政策的效果,比如财政政策和货币政策的改变如何影响整体经济的产出、通货膨胀和失业率等。这使得 DSGE 模型在政策制定和经济预测中都有很重要的应用。

由于存在诸多异质性,中国(云南)与周边国家在金融合作中面临诸多挑战。本章试图通过 DSGE 模型,对这些异质性进行量化分析,以揭示其对金融合作的影响。本章初步探讨了异质性如何影响云南与周边国家的金融合作,通过引入 DSGE 模型,考虑了金融、经济和制度三方面的异质性。研究发现,这些异质性对云南与周边国家的金融合作有着重要的影响。

二、理论模型

在 DSGE 模型中,不同国家之间的异质性主要体现在生产函数、效用函数、政策规则以及经济冲击等方面。我们设定一个包含中国和周边国家的 DSGE 模型。模型中引入了经济、金融和制度三方面的异质性。具体设定如下:

(一)经济维度

1. 家庭的最优化行为方程

(1)消费—休闲权衡

家庭选择消费和休闲以最大化其效用,考虑到预算约束和时间约束,效用函数通常包括消费和休闲的组合,可能还会考虑家庭成员的劳动供给。

$$\max_{C_t,N_t,S_t} E_0 \sum_{t=0}^{\infty} \beta^t U(C_t, 1 - N_t)$$

其中,C_t 是消费,N_t 是劳动供给,S_t 是储蓄,β 是主观折现率,$U(.)$是效用函数。

(2) 跨期预算约束

考虑家庭收入、资产(包括跨境资产)的积累和债务。

$$A_{t+1} = (1 + r_t)A_t + W_tN_t + \pi_t - C_t - T_t$$

其中,A_t 是资产,r_t 是利率,W_t 是工资率,π_t 是非劳动收入,T_t 是税收。

2. 企业的最优化行为方程

企业的最优化行为方程主要考虑企业的生产决策,企业选择投入组合以最大化利润,考虑到生产技术和市场条件,最优化方程如下:

$$\max_{K_t,L_t} P_tF(K_t,L_t) - W_tL_t - R_tK_t$$

其中,P_t 是产品价格,$F(.)$是生产函数,K_t 和 L_t 分别是资本和劳动投入,R_t 是资本租金率。

(二) 金融维度

1. 银行的信贷供给决策

银行基于利润最大化原则,考虑到风险和监管约束,决定信贷供给。

$$\max_{L_t^d} R_{lt}L_t^d - R_{ft}D_t$$

其中,L_t^d 是贷款供给,R_{lt} 和 R_{ft} 分别是贷款利率和筹资成本,D_t 是银行负债。

2. 资本流动

描述资本在不同区域间流动的行为,考虑到资本控制和风险评估。

$$\max_{F_{ij,t}} \sum_j R_{ij,t}F_{ij,t} - \varphi(F_{ij,t})$$

其中,$F_{ij,t}$ 是从国家 i 到国家 j 的资本流动,$R_{ij,t}$ 是相应的收益率,

$\varphi(.)$表示跨境投资的成本或限制。

（三）制度维度

1. 货币政策规则

中央银行根据经济状况（如通货膨胀率和产出差距）调整利率。

$$R_t = \bar{R} + \phi_\pi(\pi_t - \bar{\pi}) + \phi_y(y_t - \bar{y})$$

其中，R_t 是名义利率，$\bar{R}$、$\bar{\pi}$、$\bar{y}$ 分别是目标利率、通货膨胀率和产出的基准水平，ϕ_π 和 ϕ_y 是政策参数。

2. 财政政策规则

政府通过调整支出和税收来影响经济。

$$G_t = \bar{G} + \theta(T_t - \bar{T})$$

其中，G_t 是政府支出，T_t 是税收，$\bar{G}$ 和 $\bar{T}$ 是基准水平，θ 是调整参数。

三、理论分析

（一）经济维度

经济维度下的两个重要方面是资源配置效率和跨境劳动力流动。模型可以用来评估不同国家/地区的资源配置效率，这涉及比较他们的生产技术和劳动力市场情况。通过对产出、就业和资本积累等指标的比较，我们可以确定资源是否被有效地配置，或者是否存在优化的空间。这样的评估有助于识别经济中的潜在问题，并为政策制定提供指导，以改善资源利用效率和促进经济增长。

(二) 金融维度

资本流动和金融脆弱性是金融维度中的重要考量。通过模型中的资本流动方程,我们可以深入评估不同国家或地区金融市场的开放程度,以及资本流动对金融脆弱性的影响。这种分析有助于识别潜在的金融风险,并为制定跨境资本流动的政策提供重要参考。金融市场发展和信贷供给是评估金融市场健康程度的重要方面。模型中银行的信贷供给决策分析可以帮助我们评估金融市场的发展水平,以及跨境金融活动对信贷市场的影响。深入了解金融市场的深度和广度,以及跨境金融合作的潜在益处,有助于我们更好地理解金融体系的稳定性和发展趋势。

(三) 制度维度

货币政策协调是货币制度维度中的关键议题。通过模型中的货币政策规则,我们可以详细分析不同国家或地区之间货币政策协调的程度,以及这种协调对经济稳定和通货膨胀的影响。深入了解货币政策的协调性有助于评估货币政策的有效性,并确定是否需要加强或调整协调的程度,以维护宏观经济的稳定。财政政策的空间是制度维度中的重要考量。通过分析模型中的财政政策规则,我们可以评估不同国家或地区的财政政策空间,即政府能够自主调整财政政策以影响经济增长和稳定的能力。这种分析有助于确定财政政策的优先领域和政策工具的选择,以最大程度地发挥财政政策对经济的促进作用,并确保经济稳定和可持续增长。

第二节　国家异质性影响中国(云南)与周边国家金融合作的路径

一、经济异质性影响金融合作的路径

经济异质性影响下,中国(云南)与周边国家金融合作的路径如图5.1所示。

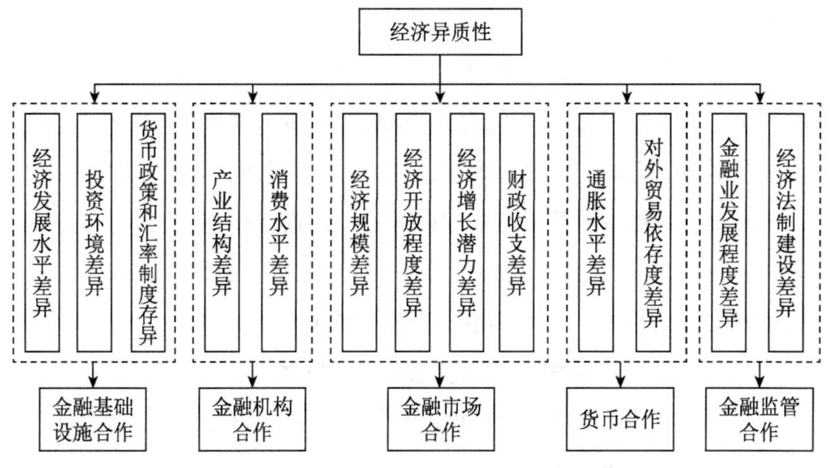

图5.1　经济异质性影响金融合作的路径

(一)影响金融基础设施合作

1. 经济发展水平差异导致基础设施需求不同

一个国家的经济发展水平越高,其经济体量越大,内需市场也越发达,这将导致该国对金融基础设施建设的需求更加全面和复杂。相对经济基础仍较薄弱的发展中国家,更需要从完善基础支付结算平台入手,逐步发展各类基础金融市场,如消费金融、中小企业融资平台等,以更好地激发和满足国内市场需求。而经济较发达的富裕国家,需要建立范围更广、层次更清晰的金融市场体系,包括完善的商业银行、发达的证券交易所、规模化的保险公司、高效的外汇交易中心、成熟的货币兑换市场等。这既需要各层次的股票市场、债券市场、外汇市场、衍生品市场等直接融资和金融衍生品交易平台,也需要清算结算、交易核心等支持这些机构和市场正常运转的关键基础设施。这种发展阶段的差异会直接影响相关国家在基础设施建设方面的侧重点和合作意愿。

中国与老挝、缅甸、越南、柬埔寨等国家的经济发展水平存在明显的差距。中国经济总量大、综合实力强,已经步入高质量发展阶段,而其他几个国家仍属于低收入国家,经济基础相对薄弱。这种发展水平的差异直接导致各国对金融基础设施建设的需求侧重点不同,会使双方在金融基础设施建设需求上出现明显分歧,很难就合作的方向和重点达成共识,这对基础设施合作的开展形成阻碍。

2. 投资环境差异影响基础设施建设积极性

国家的市场化和法治化程度直接影响其投资环境,从而影响外资对该国基础设施建设的参与积极性。市场化程度高、法治水平较高的国家,法律可以很好保护投资者权益,政策相对稳定,这降低了外资的政策风险,提高了该国的投资吸引力。相反,如果一个国家对外资准入存在种种限制,相关投资法律不健全,政策变化带来很大不确定性风险,那么外资银行等机构参与该国基础设施建设的积极性也会大幅降低。

老缅越柬等国对外资准入限制较多,相关法律不健全,政策变化带来的不确定性较大，增加了在这些国家投资的风险成本。

3. 货币政策和汇率制度存异

经济差异导致不同国家之间的货币政策、汇率制度存在差异，从而影响资金在不同国家之间的流动速度与成本，进而影响到支付、存管和结算等金融基础设施合作的效率与可行性。同时，由于货币汇率的波动性可能对资金流动和交易成本产生影响，导致金融基础设施合作中的汇率风险增加。由此可见，货币政策和汇率的差异可能通过影响跨境资金流动的成本、风险和稳定性等影响云南与周边国家金融基础设施合作的进行。

（二）影响金融机构合作

1. 产业结构差异使金融产品支持重点不同

一个国家的产业结构决定了其对金融资源的不同配置需求，这将直接影响金融产品设计的重点方向。以农业为第一大产业的国家，其农业产出占比重较大，农村人口也较多。这就需要金融体系提供更多专门针对农户和农企特点设计的金融产品和服务，通过支持农业生产经营促进农业增产和农民增收，引导更多金融资源流入服务农业的领域。而以工业制造业为第一大产业的国家，其经济增长和财富创造高度依赖工业产值。这需要金融体系依靠多层次的直接融资渠道，提供足够的中长期资金来支持高新技术研发和高端制造业发展。同时，发展风险投资基金、创业板、科创板等多渠道的风险资本配置，以支持科技创新的产业升级。这种产业结构的差异如果不能通过政策协调加以解决，会直接影响相关国家在金融基础设施建设中的合作方向。

中国与老缅越柬等国家产业结构存在较大差异，中国产业结构以第二产业为主，制造业占比较高，而老挝、缅甸等国家第一产业比重较大。这种产业结构的差异导致各国对金融基础设施的支撑需求存在明显差异。这会导致双方在金融基础设施建设重点上难以达成一致,影响基础设施合作的开展。

2. 消费水平差异促进差异化金融产品设计

不同国家居民消费水平的差异会导致金融机构开发差异化的金融产品设计,以更好地适应本国市场。中低收入国家居民以满足基本消费需求为主,需要更加易于推广的基础金融服务。而高收入国家居民消费需求多样化,需要个性化的财富管理与投资理财服务。这需要各国金融机构密切关注本国消费市场变化,开发针对性强的金融产品。同时也需要加强跨国合作,支持金融产品创新。

这种消费水平结构的差异促使双方金融机构针对各自国家的消费特征,设计差异化的金融产品。中资银行可以为中国客户提供投资理财、高端消费信贷等产品。而老缅越柬本地银行则可以开发基础的存款和消费信贷业务,满足广大低收入群众的基本融资需求。同时,双方还可以合作开发处于不同收入阶层的定制化银行产品,以更好地满足本国客户多层次的融资需求。这需要双方密切关注本国市场变化,并加强在金融产品设计和营销方面的深入合作与交流。

(三) 影响金融市场合作

1. 经济规模差异影响合作效果

经济规模大的国家,其国内各类金融市场也更加发达、覆盖面更广,这为与其他国家开展双边或多边金融市场合作提供了更大的空间,合作双方都可以发挥各自比较优势,实现互利共赢。相反,经济规模较小的国家,其国内金融市场发展局限性较大,这会使相关国家之间的金融市场合作成效较为有限。

老挝、缅甸等国民经济规模较小,金融市场发展也相对滞后,存在结构性缺陷,这直接影响双方开展金融市场合作可能产生的效果。中国大市场优势明显,无论是银行间的业务合作,还是企业到对方市场融资,都可以产生更大的规模效应,而老挝等国市场规模有限,使得合作空间相对狭小,效果也较为局限。

2. 经济开放程度差异导致合作意愿不同

经济差异使得不同国家的经济开放程度参差不齐,从而使各经济体在经济发展过程中面临的问题也不相同,对经济运行机制的需求亦不同,这导致各国决策者对地区宏观经济协调的成本、收益估计也存在较大差异。这种评估差异又会影响各国参与区域金融合作的态度和立场,使得各国与中国的合作程度呈现不平衡状态。中国作为世界第二大经济体,吸引了大量国际投资,拥有庞大的金融市场。相比之下,发展水平较低的部分国家在国际市场上缺乏竞争力,社会信用机制的不完善和主权违约风险较大,在很大程度上阻碍了与其他国家的合作。

金融市场开放程度较高的国家,由于政府和监管部门对外资机构较为开放和包容,更倾向于进行双边和多边的金融市场合作。这是因为开放可以提升本国金融业的竞争力和金融中心地位。而对外资较为保守封闭的国家,出于维护国内金融业者利益的考虑,其进行深入金融市场合作的意愿则相对较弱。这种开放程度的结构性差异会直接影响相关国家的合作意愿和合作潜力。

老缅越柬等国政府和监管部门对外资金融机构仍持较为谨慎和保守的态度,外资准入门槛较高,需要经过复杂审批,这使得中资机构直接进入当地市场存在一定困难。这种对外开放程度的差异直接导致中国和老挝等国在金融市场合作意愿上存在明显差异。中国更积极主动,希望扩大双边金融合作,而老挝等国则比较消极和谨慎,担心大规模开放会冲击国内金融业。这需要老挝等国根据自身国情逐步扩大对外开放,以便与中国开展更深入的金融市场合作。

3. 经济增长潜力差异

中国经济增速已从高速增长转向高质量发展阶段,预计未来经济增速将稳步放缓至3%—5%左右,但仍大有可为。而老挝、缅甸等国家正处于快速发展期,经济增长潜力较大,未来一段时间可能保持7%—8%的较快增长速度。这种经济增长潜力的差异推动中资金融机构与老挝等国金融机构开展战略合作。中资金融机构可以通过战略投资这些国家的优质银行或保险公司的方式,获取其高增长的份额红利。这些国家金融机构也可以通过引入中资战略投资者的方式获得资本金注入,增强自身业务扩张的资金实力。同时,双方还可以在人员培训、风险管理、内部控制、金融科技应用等方面开展深入合作。通过这种战略合作和优势互补,双方都可以获得更大的综合收益并提升实力。

4. 财政收支差异影响政府支持力度

财政收入充裕的国家能够从财政预算中拿出较多资金,通过贴息、财政补贴等方式直接支持本国金融业发展壮大。相反,财政收入偏少的国家,在支持本国金融业发展方面则受限于财力,支持力度和渠道较为有限。财政收入充裕的国家可以发挥这方面的比较优势,通过提供有条件的金融资助,帮助发展中国家政府增强对金融业发展的支持力度。

而老缅越柬等国财政收入相对较少,主要依赖于边境贸易税收,直接影响到其政府对本国金融业发展的支持力度。

（四）影响货币合作

1. 通胀水平差异影响汇率稳定性

通胀水平较低的国家，其货币政策相对稳健，能够有效控制国内通胀预期，使本币汇率保持在一个相对稳定的水平范围。这为与其他国家开展双边或多边货币合作创造了良好的稳定环境。反之，高通胀国家的本币汇率受国内通胀影响波动性较大，这不利于相关国家深入开展货币合作。

中国长期实行稳健的货币政策，通胀水平维持在较低区间。而老挝、缅甸等国通胀率普遍较高，存在明显的通胀压力，这种通胀差异直接影响到双方货币汇率的稳定性。中国人民币汇率相对稳定，主要受经济基本面影响，这为双边货币合作创造了良好环境。而老挝基普、缅币等货币汇率受通胀影响较大，存在一定的波动性，这增加了货币合作的难度和风险。

2. 对外贸易依存度差异影响货币政策立场

高度依赖对外贸易的国家，在制定汇率和货币政策时更侧重维护本国出口产品的国际价格竞争力，而对外贸易依存度下降的国家则更关注维持国内就业和通胀水平稳定。这种差异会影响相关国家在开展货币合作过程中的政策立场和主张，需要加强政策沟通协调，找到合适的政策平衡点。

中国经济转型升级，对外贸易依存度有所下降，而老挝、缅甸等国的对外贸易仍占国民经济很大比重。这直接影响各国在制定汇率和货币政策时的立场和侧重点。中国更看重通胀水平和就业目标，而老挝等国更侧重维护出口竞争力，这可能导致双方在有关调控汇率、实施量化宽松等重大政策上的立场出现分歧，影响货币合作在政策目标上的统一。

(五) 影响金融监管合作

1. 金融业发展程度差异导致监管重点不同

金融业高度发达的国家,其金融市场和产品类型繁多,机构角色复杂,系统性金融风险会较为突出,这通常需要金融监管侧重防控金融机构的道德风险和系统性风险。而金融业发展相对滞后的国家,市场和产品单一,监管则更侧重于引导金融机构扩大业务范围和市场份额,培育金融市场。这种发展阶段的差异需要相关国家在加强监管方面的交流与合作,逐步实现监管理念和政策的协调。

老缅越柬等国金融业起步较晚,市场规模有限,监管重点仍在培育金融市场。这导致中老双方在金融监管方面侧重点不同。中国监管机构更关注金融机构的风险控制、资本监管等审慎监管,而老挝等国监管机构更强调引导金融机构拓展业务、吸收存款等市场培育性质的监管。这需要双方加强在监管理念和监管制度设计方面的交流与协调。

2. 经济法制建设差异需要加强监管协调

经济法制建设完善的国家可以通过提供法律咨询服务、支持金融监管人才培训等方式,帮助法制不健全的国家加快建立现代金融监管规则体系。这可以推动两个国家之间的金融监管合作,实现监管规则和政策的协调。这也是法制发达国家支援发展中国家建设的重要方式之一。老挝、缅甸等国法制建设还不够完善,监管规则不健全,需要中国提供法律咨询和监管技术支持,推动老挝等国加快完善金融监管相关的法律法规建设,使监管规则更统一,有利于双边监管合作。双方也可以通过签署金融监管合作谅解备忘录等,建立定期对话机制,协调监管政策,防止监管套利。

二、金融异质性影响金融合作的路径

金融异质性影响下，中国（云南）与周边国家金融合作的路径如图5.2所示。

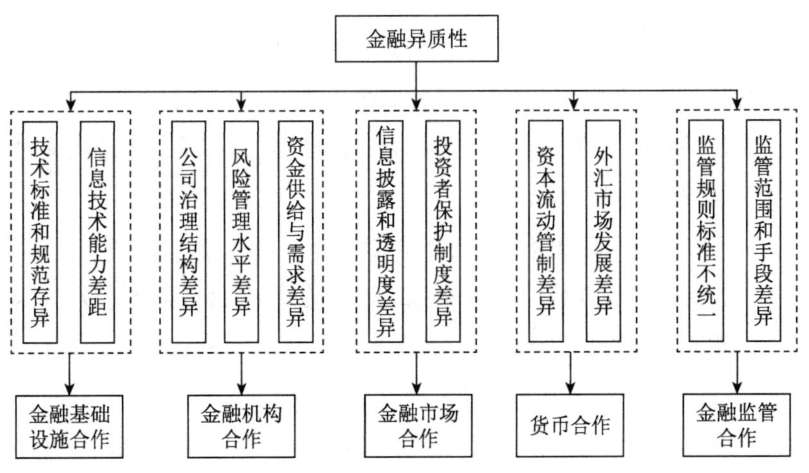

图5.2　金融异质性影响金融合作的路径

（一）影响金融基础设施合作

1. 技术标准和规范存异使金融合作面临挑战

不同国家采用不同的金融系统，产生不同的技术标准和规范。首先，这可能导致在支付系统、结算系统等方面存在互操作性和兼容性的问题，这意味着在跨境交易和资金流动中可能存在障碍，需要花费额外的时间和资源来解决技术上的对接问题。其次，不同的技术标准和规范可能导致数据传输安全性、交易处理准确性等运营风险的增加，最终影响到金融交易的稳定性和安全性。此外，金融产品和服务的创新与跨境推广可能会受到限制。由于技术上的差异,可能无法有效地满足不同市场的需求,从而限制了金融合作的深度和广度。同时,由于要适应不同的技术标准和规范,金融机构可能需要投入更多的资金和人力资源来进行系统调整和整合,增加合作的成本。因此,经济差异可能影响合作中对技术标准和规范的统一性和整合性,从而对各国的金融合作产生挑战。

中国已经建立了较为完善和成熟的支付清算体系,实现了全国范围内银行间支付的互联互通。但是老缅越柬等国的支付清算系统还处于初级发展阶段,与中国存在较明显的差异。这增加了双边跨境支付实现互联互通的难度和成本。

2. 信息技术能力差距影响合作效率

信息技术能力代表了一个国家或地区的数字化和金融科技发展水平,其差距会直接影响相关国家金融机构在数字化和金融科技领域合作的效率。信息技术水平较高的一方,其业务流程和管理模式都通过数字化重塑,而信息技术水平较低的一方仍存在人工操作环节,这将导致双方在业务对接和管理调整中的断层。信息技术水平较高的一方需要投入更多资源进行人员培训和系统调整,以适应合作需要。只有通过持续的技术培训和交流,促进信息技术能力的均衡提升,才能推动数字化和金融科技领域合作的顺利开展。

中国金融科技和数字化应用能力领先全球,而老挝等国仍处于普惠金融建设过程中,信息技术水平相对落后。这一差距会影响中资金融机构与老挝等国银行打通数字化流程和进行金融科技合作的效率。这需要中资机构对老缅越柬相关方面进行技术和业务培训,同时老挝等国也要加快金融科技能力建设。

（二）影响金融机构合作

1. 公司治理结构差异增加合作难度

不同国家和地区的金融机构在公司治理结构上存在差异，这会增加金融机构之间的合作难度。具体来说，在股权结构、董事会设置、管理团队构成等方面存在差异，这需要进行调整以适应合作方的要求。如果公司治理结构差异过大，那么合作双方就需要投入更多精力进行协调和治理结构调整，这增加了合作成本和难度。

中国金融机构的公司治理结构日趋规范，而老挝等国国内银行公司治理可能不够规范。这就需要老缅越柬等国银行调整公司治理结构，如接受外资持股、聘请外籍董事等，以满足与中资银行的合作需要。

2. 风险管理水平差异影响合作效果

不同国家和地区金融机构的风险管理理念和水平可能存在差异。经济较发达国家的金融机构更偏向于使用内部控制和资本约束来控制风险，而一些发展中国家金融机构则侧重于通过扩大业务规模分散风险。此外，不同地区在面对重大风险事件时的应对能力存在差异。只有通过加强在风险管理理念和方法上的交流，双方才能凝聚共识，否则难以在实务合作中协调风险管理措施，会影响合作效果。

具体来说，中国作为一个经济实力较强的国家，在风险管理方面具备较为成熟的经验和技术，能够提供相对全面的风险评估和管理服务，而老挝等国银行风险意识相对薄弱。周边国家金融机构可借鉴中国的风险管理经验，加强认知和评估能力，提升其风险管理水平。

3. 资金供给与需求差异提升合作意愿

经济差异会导致各国的资金供给与需求存在差异。中国作为一个较大的经济体，在资金供给方面更具优势，而周边国家则可能更需要吸引外来投资和扩大出口市场，通过合作来获取国际经验和资源。这将促进云南与周边国家的金融机构展开合作,例如银行业在跨境贷款、融资支持方面的合作,保险业在风险管理和再保险方面的合作,以及证券业在投资银行业务和资本市场开发方面的合作。具体措施包括中国工商银行、中国银行、中国建设银行等金融机构相继在澜湄国家设立分支机构,提供各类金融服务。在促进贸易与投资、提升中国国际影响力的同时,这些国家的金融机构也可以获得中国金融机构的技术、资金和专业知识的支持。

(三) 影响金融市场合作

1. 信息披露和透明度差异影响投资者信心

一个国家的企业信息披露和透明度水平直接影响着外国投资者对该国企业的信心,并最终影响企业开展跨境融资和招商引资的效果。信息披露规范、透明度较高的国家,其企业更容易获得外部投资者的认可和投资。反之,信息披露不规范、透明度不高的国家企业,其获得跨境融资的难度则更大。只有提升信息披露和公司治理透明度,才能增强外资对本国企业的信心,拓宽融资渠道。

中国企业信息披露制度日趋规范,而老挝、柬埔寨等国企业透明度较低。这将影响中资银行和基金等机构对老挝等国企业的投资意愿。老挝等国需要提升本国企业的信息披露水平和公司治理透明度。

2. 投资者保护制度差异增加合作风险

不同国家和地区之间投资者权益保护制度的差异会增加金融市场的跨境合作风险。投资者权益保护制度越完善的国家,外国金融机构进入该国市场的意愿也越强。反之,投资者权益得不到有效保护的国家,外资进入该市场的意愿则较弱。只有加强投资者权益保护,降低外资进入的风险,才能推动更深入的金融市场合作。

中国资本市场对投资者权益的法律保护较为完善，而老挝、越南等国未能建立完善的投资者权益保护机制，这会增加中资机构直接进入老挝等国市场的合作风险。老挝等国需要加快完善投资者权益保护制度。

（四）影响货币合作

1. 资本流动管制差异影响货币兑换

资本流动管制较为严格的国家和地区，其本币在国际市场上的流动性和可兑换能力会受到一定的限制。只有逐步放宽资本管制，扩大市场准入，才能提高本币的国际流动性和兑换能力。资本流动越不受限制，相关国家的企业和个人持有该币也越方便，有利于货币合作的推进。

中国已经逐步大幅放宽了对跨境资本流动的管制，而老缅越柬等国的资本管制措施依然较为严格，这在一定程度上限制了老挝基普、柬埔寨瑞尔等国内货币在中国市场的流动性。老挝等国需要逐步放宽对资本流动的监管管制。

2. 外汇市场发展差异限制交易规模

外汇市场的发展水平决定了相关国家货币在该市场的交易广度和深度，直接影响着货币合作中交易规模的大小。外汇市场发达、产品丰富、流动性充足的一方，能够为合作各方提供更丰富的外汇产品和服务，更好满足企业和个人的国际收付业务需求，这有利于扩大双边本币合作中的交易规模。

中国外汇市场规模庞大且参与主体众多，而老挝和柬埔寨等国外汇市场发展仍不成熟，这直接限制了双边进行本币交易时的市场流动性，影响了合作潜力的发挥。老挝等国需要发展外汇市场，以适应合作需要。

(五) 影响金融监管合作

1. 监管规则标准不统一增添合作成本

不同国家和地区监管部门的监管规则标准存在差异,这会直接增加金融机构进行跨境经营和合作的合规成本。如果双方能够就关键的监管规定和操作细则达成高度一致,那么金融机构在本地化经营时的合规修改成本会大幅降低。反之,若双方监管标准存在重大差异,企业则需要单独调整内部制度适应不同标准,增添合作成本。只有形成统一的监管规则体系,才能降低跨境金融合作的合规成本。

中国与老缅越柬等国在监管制度和监管规则方面存在一定差异,这增加了中资机构在老挝开展业务的合规成本。中老两国监管部门需要加强沟通,尽可能统一双方的监管标准。

2. 监管范围和手段差异需要协调

不同国家和地区的金融监管部门,其监管范围和采取的监管手段可能存在差异,这需要通过加强双边监管合作来进行协调。监管范围和手段越统一,监管部门之间信息共享和合作执行就越方便。反之,监管范围和手段存在重大差异,则会出现一定的监管盲区,不利于开展跨境监管合作。

中国与老缅越柬等国监管部门在监管范围和监管手段使用上存在一定差异,这需要双方开展对话与交流,协调监管理念,以便于未来的合作。

三、制度异质性影响金融合作的路径

制度差异对云南与周边国家金融合作的路径影响,从政治、文化和社会三个层面进行,结构如图 5.3 所示。

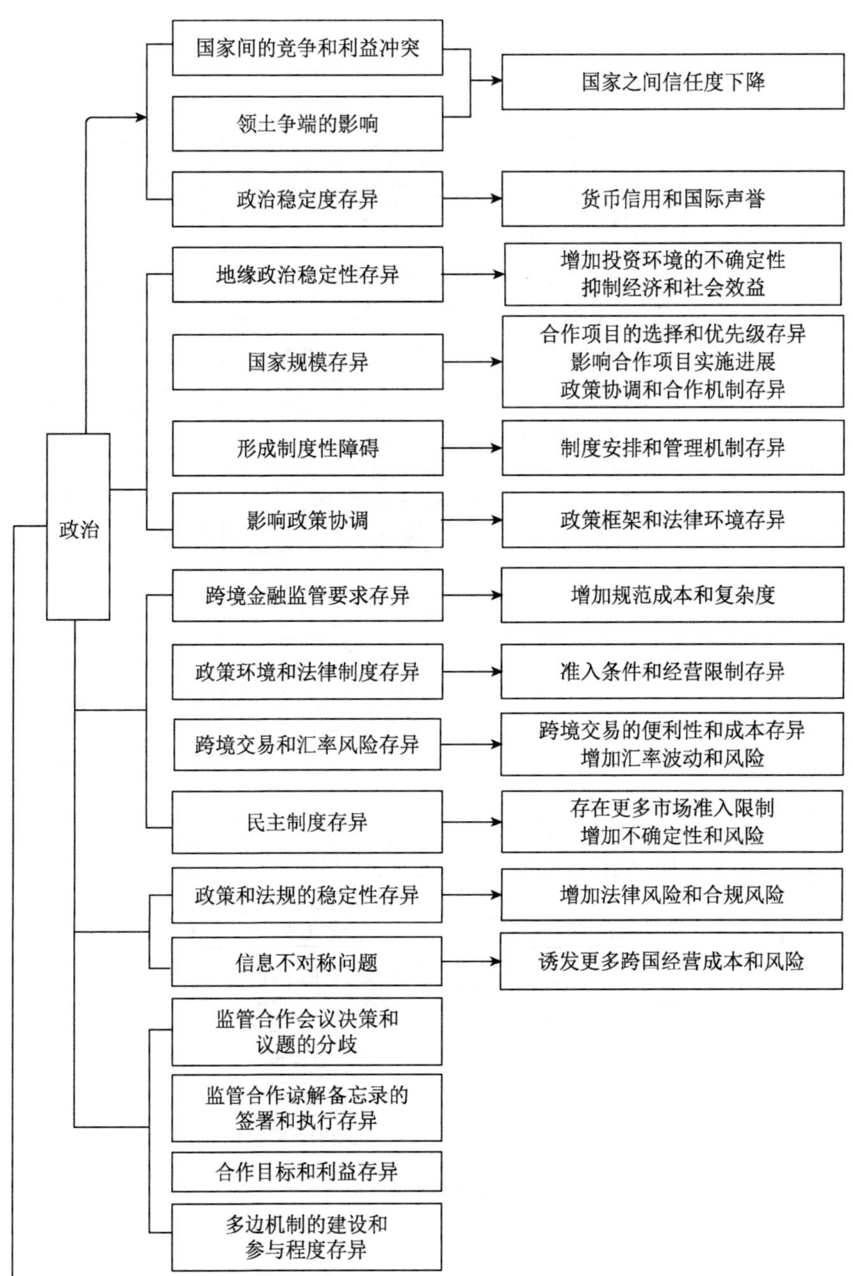
政治
国家间的竞争和利益冲突
领土争端的影响
国家之间信任度下降
政治稳定度存异
货币信用和国际声誉
地缘政治稳定性存异
增加投资环境的不确定性
抑制经济和社会效益
国家规模存异
合作项目的选择和优先级存异
影响合作项目实施进展
政策协调和合作机制存异
形成制度性障碍
制度安排和管理机制存异
影响政策协调
政策框架和法律环境存异
跨境金融监管要求存异
增加规范成本和复杂度
政策环境和法律制度存异
准入条件和经营限制存异
跨境交易和汇率风险存异
跨境交易的便利性和成本存异
增加汇率波动和风险
民主制度存异
存在更多市场准入限制
增加不确定性和风险
政策和法规的稳定性存异
增加法律风险和合规风险
信息不对称问题
诱发更多跨国经营成本和风险
监管合作会议决策和
议题的分歧
监管合作谅解备忘录的
签署和执行存异
合作目标和利益存异
多边机制的建设和
参与程度存异

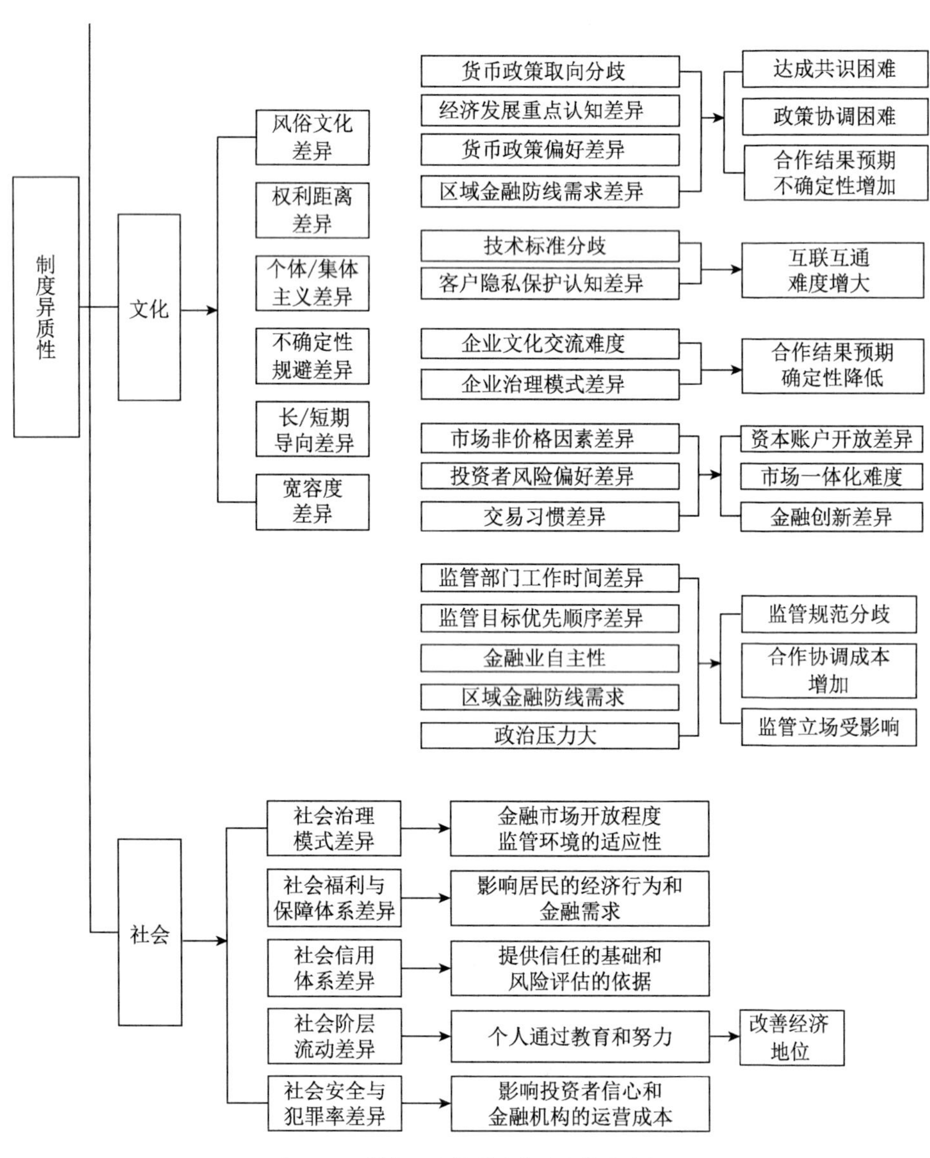

图 5.3　制度异质性影响金融合作的路径

(一) 政治层面

1. 政治体制的差异

首先,政治体制的差异会对金融合作产生直接影响,周边国家可能有着不同的政治体制,如多党制民主、君主制或者军事政府等。这些政治体制的根本差异导致金融政策和监管环境的异质性,如对外资的开放度、资本控制的严格程度以及金融监管的透明度等方面。金融合作需求的出现促使各政体间必须进行政策协调,找到共同的合作点和利益对接。政策协调的难度和复杂性直接受政治体制差异的影响,可能需要通过多轮谈判和调整来达成共识。为了适应不同政治体制下的合作,可能需要建立特殊的机构或框架来管理合作关系。这些机制或框架必须足够灵活,以适应政治体制的变化和差异,同时确保金融合作的连续性和稳定性。不同政治体制可能带来不同的政治风险,如政策突变、政治动荡等。在金融合作的每个阶段,都必须对政治风险进行评估,并制定相应的风险管理策略。

其次,政治体制的差异还会对金融合作产生间接影响,例如影响投资者信心、市场准入条件和资本流动性。这些间接影响最终会影响到金融合作的规模、深度和范围。长期来看,政治体制的差异可能要求金融合作在实践中不断调整和发展,以适应政治环境的变化。这可能涉及合作方式的创新,如发展新的金融工具、投资渠道和风险分担机制。

2. 政策导向的差异

在制度异质性的背景下,从政策导向差异的角度审视云南与周边国家金融合作的影响路径,我们首先观察到金融市场准入政策的差别。中国与邻国在市场准入自由度上有差异,这种差异影响了外国直接投资的流向、金融机构的跨境运营能力,以及金融产品和服务的跨境交易条件。此外,外汇管理政策的差异,尤其是中国与邻国的货币政策不同,带来了跨境资金流动性和汇率风险管理的合作挑战。在金融监管方面,各国政策的差异可能造成监管壁垒,应建立跨境监管协调机制或统一监管标准,以确保风险评估和合规监督的一致性。

进一步来看,金融创新政策的差异体现了对金融科技支持力度的不同,影响双方在金融科技应用和新金融产品开发方面的合作潜力。为了共同推进创新,合作双方需要在金融科技领域内找到互补点,共同推动区域金融科技标准的建立。同时,财政政策在税收优惠和财政补贴方面的差异影响了投资决策和项目的财务可行性,这可能促使双方探讨设立特殊经济区或跨境金融合作区,以获得税收和财政政策上的优势。最后,宏观经济政策差异,尤其是货币和财政政策的不同,对金融合作的稳定性和可持续性有着深远的影响。因此,各方需要通过宏观经济政策对话,减轻政策差异带来的影响,为金融合作提供稳定的宏观经济环境。

3. 合作机制的建立

首先,它通过为金融市场准入政策提供协调平台,缓和了不同政策之间的冲突,从而降低了外资进入和金融机构运营的壁垒。其次,合作机制促进了外汇管理政策的协同,减少了跨境资金流动性的障碍,降低了汇率风险。在监管方面,合作机制为达成监管一致性提供了框架,这对于建立透明和一致的监管环境至关重要。此外,金融创新政策的差异通过合作机制得以协调,共同推动了区域金融科技的发展。在财政政策层面,合作机制帮助形成了税收和财政补贴上的共识,这对于吸引跨境投资和提高项目的财务可行性极为有利。最后,合作机制在宏观经济政策的协调中发挥作用,为金融合作提供了一个稳定的宏观经济背景。整体而言,这些机制作为政策差异与金融合作之间的桥梁,不仅解决了即时的协调问题,也为长期的合作稳定性奠定了基础。

4. 政治关系稳定

政治关系的稳定性在缓解制度异质性对金融合作影响的路径中发挥着核心作用。在云南与周边国家之间的金融合作中,稳定的政治关系为跨越制度差异、促进金融合作项目的实施提供了坚实的基础。首先,稳定的政治关系增强了双方的信任和预期的可预测性,这是克服金融市场准入政策、外汇管理政策以及金融监管政策差异的前提。通过建立政治信任,合作双方能够在金融创新和财政政策方面达成共识,共同探索适应双方利益的合作模式。此外,稳定的政治关系促进了宏观经济政策的对话与协调,为金融合作创造了一个更加稳定和可预测的宏观经济环境。在这样的环境下,政策导向的差异和制度异质性的挑战可以通过建立合作机制和持续的政策对话得以缓解。因此,政治关系的稳定不仅是金融合作顺利进行的关键,也是跨越制度差异、实现有效金融合作的基石。

(二)文化层面

1. 信任建立与合作意愿

文化制度异质性在信任建立与合作意愿方面对云南与周边国家金融合作的影响是显著的。在具有高信任文化的地区,金融合作往往可以更顺畅地展开,因为当地的商业伙伴和消费者更倾向于基于信誉和相互尊重的前提下进行交易,这降低了监督成本并促进了更直接和个性化的交流。然而,当云南与那些文化制度强调谨慎和疑虑的周边国家合作时,合作的构建过程可能会变得复杂和缓慢。这种差异要求云南的金融机构必须投入更多的资源建立信誉,包括通过第三方认证、增加透明度和提供额外的安全保障等。此外,合作双方可能需要通过长期的互动和小规模的初步合作来逐步建立信任。这种信任的累积过程是渐进的,需要在不断的互动中验证合作伙伴的可靠性、稳定性以及对共同利益承诺的坚持。因此,信任的建立在金融合作中起着核心作用,它不仅影响合作的启动速度和合作范围,还深刻地影响到金融合作的深入发展和持久稳定。

2. 价值观与伦理标准

价值观与伦理标准作为文化制度的核心组成部分,在云南与周边国家的金融合作中起着至关重要的作用。金融合作不仅是资本和服务的交换,更是价值观和伦理观念的碰撞与融合。首先,价值观的差异会导致对金融产品和服务的认知差异,例如在某些文化中高利贷可能被视为不道德,而在其他文化中则可以被接受,这影响着金融产品的设计和营销策略。其次,伦理标准的不同决定了金融机构在社会责任、透明度和合规性方面的行为,这直接关联到合作的可持续性和信誉。例如,对于内部控制和财务报告的伦理要求不一,可能会造成合作双方在财务透明度和责任归属上的分歧。此外,价值观和伦理标准还影响着合作双方对风险的评估和管理方式,尤其是在涉及社会责任和环境保护的金融投资项目中,不同的伦理观念可能导致项目评估标准和结果的差异。在这样的背景下,金融合作的成功不仅取决于经济利益的最大化,更取决于如何在尊重各自价值观和伦理标准的基础上,建立起互信和共赢的合作关系。因此,云南与周边国家在金融合作中,需要深入理解彼此的价值观和伦理标准,并在此基础上进行沟通和调适,以确保合作的顺利进行。

3. 顾客行为与服务定制

文化制度的异质性在顾客行为与服务定制方面对云南与周边国家的金融合作产生了显著影响,因为顾客的金融需求和行为深受其文化背景的塑造。例如,某些文化可能更重视储蓄和家族财富的传承,而另一些文化则可能更注重消费和个人信贷。这导致金融机构在设计金融产品和服务时必须考虑到这些差异，以确保它们满足不同顾客的具体需求。在云南与周边国家进行金融合作时，这种文化差异可能意味着必须为每个市场量身定制独特的金融解决方案，从储蓄产品到投资策略，再到信贷服务。同时，金融服务提供者需要通过文化敏感的市场营销来传达他们的产品价值，确保营销信息与目标顾客群体的价值观和行为习惯相吻合。此外，客户服务和关系管理也必须适应不同的沟通和交易习惯，以建立信任并维护客户忠诚度。这不仅关系到产品设计的有效性，也关系到金融合作能否在文化多样性中取得成功，最终实现云南及其周边国家金融市场的共同繁荣。

（三）社会层面

1. 社会治理模式

社会治理模式作为一国或一地区社会制度的重要组成部分，其对金融合作的影响通常体现在合作双方对金融市场的开放程度和监管环境的适应性上。在云南与周边国家的金融合作中，若一方采取较为开放和透明的治理模式，倾向于营造一个稳定和可预测的金融环境，这样的环境将有助于降低合作中的信息不对称和不确定性，使双方能够基于共同的规则和预期进行有效的沟通和交易；相反，如果合作方的社会治理模式较为封闭或不透明，可能会引发对监管政策的顾虑，增加合作的风险和成本。此外，治理模式也决定了金融创新的速度和广度，开放的治理模式鼓励创新和竞争，促进了金融产品和服务的多样化，这对于跨境金融合作是至关重要的，因为它允许云南与周边国家在金融服务方面相互学习和借鉴，共同提升金融服务的质量和效率。因此，社会治理模式不仅影响着金融合作的直接参与者，也塑造了金融合作的广泛生态环境,对云南与周边国家的金融合作具有深刻的制约和推动作用。

2. 社会福利与保障体系

社会福利与保障体系的差异在云南与周边国家的金融合作中扮演了关键角色,它直接影响到居民的经济行为和金融需求。在一个社会福利体系较为完善的环境中,居民可能更倾向于进行长期的金融规划,因为他们不需要担心短期内的生活风险,这种稳定的消费和储蓄模式为金融合作提供了可预测的市场基础。相反,福利体系较薄弱国家的居民可能更加依赖于短期金融产品来应对突发事件,这增加了金融产品设计的复杂性和风险管理的难度。此外,社会保障的强度也影响着个人和企业的风险承受能力,进而影响投资决策和资本流动。云南的金融机构在与周边国家合作时,需要深入了解合作国的福利体系,并据此设计符合当地居民需求的金融产品,同时在信贷政策和风险评估中考虑到福利体系带来的潜在影响,以确保金融合作的稳定性和效益最大化。因此,社会福利与保障体系不仅是一个社会经济的指标,也是塑造金融合作特征和路径的关键因素。

3. 社会信用体系

社会信用体系在云南与周边国家金融合作中扮演着重要角色,因为它为交易双方提供了信任的基础和风险评估的依据。云南如果与拥有健全信用体系的国家合作,那么金融机构在进行信贷评估、投资决策和风险管理时能够依托这些国家的信用记录和评分系统,从而降低潜在的信用风险和违约概率;反之,如果合作方的社会信用体系不健全,金融机构就可能需要更高的风险溢价,或者采取更为谨慎的信贷策略。这不仅增加了交易成本,而且可能会抑制金融服务的供给和市场活力。此外,社会信用体系的强弱还直接影响到跨境金融服务的合规性与执行力度,一个稳定可靠的信用体系能够帮助建立合规性高的金融环境,避免金融欺诈和非法金融活动，维护金融市场的整体健康。因此，在云南与周边国家进行金融合作时，社会信用体系的对接和协调是确保合作顺畅、降低合作风险的关键环节，对双方都是至关重要的。

4. 社会阶层流动性

社会阶层流动性作为衡量一个国家或地区社会制度开放程度和灵活性的指标，对云南与周边国家的金融合作产生重要影响。在阶层流动性较高的社会中，个人通过教育和努力有更多机会改善经济地位，这样的环境通常鼓励创新和创业活动，从而促进了金融产品和服务的多样化发展。金融机构在这样的社会背景下，更倾向于设计适应不同社会群体需求的金融工具，支持新兴企业和个人投资者，满足他们对资本的需求。相反，在阶层流动性较低的社会中，金融合作可能受到社会阶级固化的影响，金融资源可能会集中于特定的社会群体手中，限制了金融服务的普及和创新。因此，云南在与周边国家进行金融合作时，需要考虑这些社会的阶层流动性差异，与流动性高的国家合作可能需要强调金融创新和普及，而与流动性低的国家合作可能需要更多关注于合作机制的公平性和风险控制。这些考量不仅影响金融合作策略的制定，也影响到合作实施的具体操作和效果评估。

5. 社会安全与犯罪率

社会安全与犯罪率是衡量一个地区金融合作可行性与风险的关键指标，它们直接影响投资者信心和金融机构的运营成本。在云南与周边国家进行金融合作时，社会安全水平的高低会影响到金融资产的安全性和合作双方的风险评估。如果合作国家的犯罪率较高，可能会增加金融机构在当地运营的安全成本，如保险费用增加、安保投入加大，并且可能会增加资产损失的风险，这些都会导致金融服务成本的上升。此外，犯罪率高的环境可能导致资本外流和人才流失，影响当地金融市场的稳定性和成熟度。金融合作在这样的环境下进行,不仅需要更严格的风险控制措施,还要面临较难预测的市场反应和投资回报率下降的风险。因此,云南在与这些国家进行金融合作时,必须进行更为谨慎的风险评估,并设计相应的风险缓解策略,如选择合作伙伴时更加注重其在风险管理上的能力和经验,或者在金融产品和服务设计时更加关注安全性和防范措施。同时,合作双方可能需要共同努力,通过提高执法力度、加强跨国警务合作等方式降低犯罪率,创造一个更为安全的金融合作环境。

第六章　国家异质性对中国与老缅越柬金融合作的影响实证分析

如本书其他章节所述,中国与老缅越柬等周边国家的金融合作是在国家之间客观存在着经济发展、金融发展与制度环境等多方面差异(即国家异质性)的条件下进行的,国家异质性对中国与老缅越柬的金融合作产生重要影响。本章基于国家异质性影响金融合作机制的理论分析,采用面板双向固定效应模型实证检验国家异质性对金融合作的影响,分析经济异质性、金融异质性以及制度异质性对金融合作的不同影响程度,并实证检验国家异质性对金融合作的影响机制。

第一节　变量设计与数据来源

一、变量设计

本书选取了老挝、缅甸、越南、柬埔寨四个国家 1996—2021 年的跨国面板数据展开实证分析。之所以没有选择 1993—2023 年的全样本数据,是为了避免数据缺失带来的分析偏误。为确保各国金融合作具有统一可比性,选用前文中采取熵值法构造的金融合作指数作为衡量中国与老挝、缅甸、越南、柬埔寨金融合作的代理指标。为了更好地解释金融合作,选择经济发展差异、金融发展差异和制度差异作为核心解释变量,并且结合一些重要的控制变量,以最大限度地减少遗漏变量带来的内生性问题。

(一) 被解释变量

被解释变量是金融合作指数(*fincoindex*)。前文已运用“事件赋值法”获得中国与老挝、缅甸、越南、柬埔寨四国金融合作指标赋值,并结合熵值法获得金融合作各级指标权重,从而构建中国与周边四国双边金融合作指数的面板数据。

(二) 解释变量

核心解释变量为国家异质性。从经济发展、金融发展与制度环境三个层面分别梳理国家异质性。前文已运用科格特和辛格的经济制度距离测算指数分别计算了经济发展差异指标(*eco*)、金融发展差异指标(*fin*)和制度差异指标(*regu*)。

(三) 机制变量

以国家风险(*countryrisk*)为机制变量。从信贷违约角度看,国家风险是由某个国家或地区的宏观经济、社会环境和自然灾害而导致的债务贷款拒绝偿付的可能性;从跨国投资角度看,国家风险是企业对外投资中,东道国本身因宏观经济、政治、社会和金融等风险因素的变化,引致企业跨国经营产生潜在的财务损失①。本书借鉴郭净等

① Goldberg L G, Johnson D. The Determinants of US Banking Activity Abroad[J]. Journal of International Money and Finance, 1990, 9(2): 123-137; Kolstad I, Wiig A. What Determines Chinese Outward FDI? [J]. Journal of World Business, 2012, 47(1):26-34.

的做法[①]，从经济风险、法律风险、经营风险和政治风险四个方面反映国家风险，具体指标设置如表 6.1 所示。

表 6.1　国家风险指标体系

<table>
<tr><th>目标层</th><th>一级指标</th><th>二级指标</th></tr>
<tr><td rowspan="18">国家风险</td><td rowspan="4">经济风险</td><td>GDP 增长率</td></tr>
<tr><td>人均 GDP 增长率</td></tr>
<tr><td>人均 GDP</td></tr>
<tr><td>失业率</td></tr>
<tr><td rowspan="2">法律风险</td><td>完成破产所需年数</td></tr>
<tr><td>履行合同所需天数</td></tr>
<tr><td rowspan="6">经营风险</td><td>纳税项</td></tr>
<tr><td>总税率</td></tr>
<tr><td>征信信息深度指数</td></tr>
<tr><td>开办企业流程成本</td></tr>
<tr><td>创办企业所需天数</td></tr>
<tr><td>外国直接投资净流入</td></tr>
<tr><td rowspan="6">政治风险</td><td>声音和问责制</td></tr>
<tr><td>政治稳定性和是否有暴力恐怖主义</td></tr>
<tr><td>政府效能</td></tr>
<tr><td>监管质量</td></tr>
<tr><td>法治</td></tr>
<tr><td>控制腐败</td></tr>
</table>

① 郭净，张居营，霍家旭. 东道国国家风险对中国企业国际投资绩效的影响[J]. 金融发展研究，2023(4)：43-51.

(四) 控制变量

选取以下重要控制变量:基础设施水平(*infrastructure*)、自然资源(*naturalresource*)、国家人口数(*people*)、通货膨胀率(*inflation*)。其中,基础设施水平用每百人移动蜂窝订阅量作为代理变量,自然资源用自然资源租金总额(占GDP的百分比)作为代理变量。鉴于基准模型与机制检验研究的侧重点有所不同,两个模型中解释变量、控制变量有所不同。基准模型中的解释变量包括经济发展差异、金融发展差异、制度差异,控制变量包括基础设施水平、自然资源、国家人口数、通货膨胀率。表6.2是主要变量及其定义。

表6.2 主要变量及其定义

变量类型	变量名称	定义
被解释变量	*fincoindex*	金融合作指数
核心解释变量	*eco*	经济发展差异
	fin	金融发展差异
	regu	制度差异
机制变量	*countryrisk*	国家风险
控制变量	*infrastructure*	基础设施水平
	naturalresource	自然资源
	people	国家人口数
	inflation	通货膨胀率

二、数据来源

金融合作指数计算的数据来源于中国人民银行、商务部等22个官方渠道。其他数据来源于IMF报告、世界经济论坛《全球竞争力报告》、美国传统基金会《全球经济自由度指数》、世界银行每年发布的全球治理指数、各国(经济体)发展数据库、全球治理指标 WGI 数据库、世界银行 WDI 数据库。

三、描述性统计

表 6.3 为各变量的描述性统计结果,从中可以看出,在国家异质性方面,经济发展差异(*eco*)均值为 4.649432395,最大值为 49.7910169,最小值为 0.100066511,标准差为 10.65348622,这说明中国与老挝、缅甸、越南、柬埔寨的经济发展差异较大。同样从金融发展差异(*fin*)以及制度差异(*regu*)的标准差结果也可以看出,中国与老挝、缅甸、越南、柬埔寨存在较大金融及制度差异。从金融合作指数(*fincoindex*)来看,指数最大值为 0.0370979,最小值为 3.71×10^{-12},可以看出中国与周边四国金融合作仍处于具有上升趋势的发展阶段,金融合作发展空间较大。

表 6.3　变量的描述性统计

变量	平均值	标准差	最小值	最大值
金融合作指数	0.00780866	0.008369159	3.71×10^{-12}	0.0370979
经济发展差异	4.649432395	10.65348622	0.100066511	49.7910169
金融发展差异	3.215596746	1.842916853	0.422492056	7.674042754
制度差异	1.946392369	1.384375615	0.000606278	6.014161199
国家风险	1.353812458	0.452872329	0.668939287	2.583135543
基础设施水平	51.34956154	55.64464782	0.0167	154.4969
自然资源	5.119439427	4.012058742	0.0443	15.2728
国家人口数	3.930670192	3.250866073	0.4951	9.8169
通货膨胀率	11.16848558	17.12043151	0.14	125.27

第二节 面板双向固定效应模型分析

一、模型构建

本研究主要考察国家异质性对中国与老挝、缅甸、越南、柬埔寨这四个周边国家金融合作的影响,即经济发展差异、金融发展差异、制度差异对金融合作的影响。面板双向固定效应模型可以通过对个体固定效应和时间固定效应的控制,提高对参数的估计效率,更好地解决内生性问题。本书借鉴白聚山、托蒂(Totty)及戈麦斯(Gomez)的研究[①],为了有效控制个体效应与时间效应,采用面板交互固定效应模型对国家异质性下区域金融合作受到的影响进行分析。为了降低样本异方差的干扰,对控制变量进行了对数化处理。设定基准模型如下:

$$fincoindex_{it} = \alpha_0 + \alpha_1 eco_{it} + \alpha_2 fin_{it} + \alpha_3 regu_{it} + \alpha_4 lnZ_{it} + \mu_i + \theta_t + \varepsilon_{it} \tag{6.1}$$

式(6.1)中,i 表示国家,t 表示时间,*fincoindex* 表示金融合作指数,*eco* 代表经济发展差异,*fin* 代表金融发展差异,*regu* 代表制度环境差异,Z_{it} 表示一系列可能对金融合作产生影响的控制变量,μ_i 表示个

① 白聚山在线性面板模型中引入了个体和时间的交互效应,以更好反映共同因素对不同个体影响的差异。与传统的面板固定效应模型相比,交互固定效应模型更加全面,能够更好地捕捉实际经济中多维冲击的特点,并且可以更加准确地表现出不同个体对这些冲击的反应程度,从而更好地满足实际应用的需求。Bai J S. Panel Data Models with Interactive Fixed Effects[J]. Econometrica, 2009, 77(4):1229-1279; Totty E. The Effect of Minimum Wages on Employment: A Factor Model Approach[J]. Economic Inquiry, 2017, 55(4):1712-1737; Gomez M. REGIFE: Stata Module to Estimate Linear Models with Interactive Fixed Effects[J]. Statistical Software Components, 2017, 15(2):1-9.

体固定效应，θ_t 表示时间固定效应，ε_{it} 表示随机误差项。

二、基准回归分析

国家异质性对金融合作的影响基准回归分析结果如表 6.4 所示。

表 6.4　国家异质性对金融合作的回归分析结果

变量	模型(6.1)
	fincoindex
经济发展差异	-0.00265***
	(0.000295)
金融发展差异	-0.00125**
	(0.000290)
制度差异	-0.000965**
	(0.000222)
控制变量	是
国家固定效应	是
时间固定效应	是
观测数	104
调整后 R^2	0.952

注：***、**、* 分别表示在 1%、5%和 10%置信水平下显著。

由表 6.4 的分析结果可知，国家异质性水平提高均不利于中国与老挝、缅甸、越南、柬埔寨的金融合作。反之，周边国家经济、金融以及制度异质性水平的降低将能有效促进中国与老挝、缅甸、越南、柬埔寨等云南周边国家金融合作的不断深入。

首先，从经济发展差异对金融合作的影响来看，其系数估计值为

-0.00265,且在1%的显著性水平下成立,表明中国与这四国中任一国家的经济发展水平差距越大,越会抑制中国与该国的金融合作水平。区域经济一体化程度的不断加深,区域经济相互协同发展,才能带来金融合作程度的不断加深。此外,实证检验还发现,经济发展差异对金融合作的影响程度要大于金融发展差异和制度差异对金融合作的影响。

其次,从金融发展差异对金融合作的影响来看,其系数估计值为-0.00125,且在5%的显著性水平下成立,表明中国与老挝、缅甸、越南、柬埔寨等云南周边国家的金融机构和金融市场发展距离的增加会对双边金融合作产生负面影响。从实际情况来看,由于中国与老缅越柬等周边国家区域内既没有一种共同货币,也没有出现一种主导货币作为锚货币,且中国目前与这些国家的货币互换范围和数额也还有限,货币合作程度还有待进一步提高。此外,老缅越柬四国与中国的金融发展水平差异较大。可以预见中国与老缅越柬四国金融机构及金融市场发展差距的缩小,将有利于中国与这四国金融合作水平的提高。

最后,从制度差异对金融合作的影响来看,系数估计值为-0.000965,在5%的显著性水平下成立,表明制度差异也是减弱中国与老缅越柬四国金融合作的原因之一。国家制度的复杂性会影响到国家间双边、多边和区域政策的稳定,从而影响金融合作协议、措施的实施效果。[①] 如前所述,老缅越柬制度环境与中国有很大的差异,加剧了跨境经济金融合作中的信息不对称问题,引发更多交易成本,使得跨国合作的成本和风险增加,不利于深化中国与老缅越柬等云南周边国家的金融合作。

---

① 中国与周边国家车辆保险制度规定差异能够较好说明制度异质性对金融合作的不利影响。目前从云南出境到缅甸的车辆须按缅甸的制度要求缴纳保险费,但由于两国在机动车辆保险责任及保险费率的规定上均存在差别,导致跨境保险责任不明晰,应有的保险和保障服务不到位。两国之间的制度差异对跨境保险业务合作产生了制约。

三、稳健性检验

为进一步检验经济发展差异、金融发展差异以及制度差异抑制中国与老缅越柬等云南周边国家金融合作这一分析结果的准确性，本章调整样本期为 2001—2021 年再次进行检验。结果显示在调整样本期后，国家异质性仍与金融合作指数呈负相关关系，从而验证了上述基准回归结论的稳健性。同时，在改变样本时间长度之后，经济发展差异、金融发展差异和制度差异系数估计值分别为-0.00238、-0.00138、-0.00114，分别在 10%、5%、10%的显著性水平下成立，表明国家异质性依然显著地抑制了金融合作，具体检验结果如表 6.5 所示。

表 6.5　稳健性检验结果

变量	模型(6.1)
	fincoindex
经济发展差异	-0.00238*
	(0.000772)
金融发展差异	-0.00138**
	(0.000268)
制度差异	-0.00114*
	(0.000476)
控制变量	是
国家固定效应	是
时间固定效应	是

(续表)

变量	模型(6.1)
观测数	84
调整后 R^2	0.956

注：***、**、*分别表示在1%、5%和10%置信水平下显著。

四、影响机制分析

国家异质性越强，国家风险也越大，越不利于国家间开展金融合作。本书借鉴云倩和汪天倩、朱小梅的研究①，采用主成分分析法得到云南周边四国的国家风险指数，具体见表6.6和图6.1。

表6.6　老挝、缅甸、越南、柬埔寨国家风险指数

年份＼国家	老挝	缅甸	越南	柬埔寨
1996	1.252479374	1.985498677	0.935968181	1.418423604
1997	1.245943681	1.567771148	1.165912392	2.055212707
1998	1.363603501	2.179406148	0.919051685	1.52609751
1999	1.359238978	1.8774138	1.064176117	1.989499469
2000	1.376367005	2.213997929	0.926025897	1.680057169
2001	1.603712742	1.40045426	1.205169084	1.640545363
2002	1.525129652	2.526958296	0.965703834	1.536110292

① 国家风险的增加在一定程度上制约了中国与东盟开展的金融合作。货币合作对象国的国家风险水平和区域货币合作的可行性之间存在一定相关性。云倩.“一带一路”倡议下中国—东盟金融合作的路径探析[J].亚太经济,2019(5):32-40+150;汪天倩,朱小梅.中国同“一带一路”沿线国家货币合作的可行性分析——基于国家风险评价的视角[J].湖北大学学报(哲学社会科学版),2022,49(6):150-158.

（续表）

年份＼国家	老挝	缅甸	越南	柬埔寨
2003	1.598728326	2.437047587	0.997063037	1.779245191
2004	1.500697412	2.583135543	0.976178855	1.745054985
2005	1.473397656	2.52695394	0.85750292	1.571282855
2006	1.343717232	2.280861861	0.87967791	1.545112173
2007	1.256678378	2.109571863	0.849072395	1.413827855
2008	1.21498015	2.205271387	0.844192787	1.447791064
2009	1.273105737	2.087803722	0.863360004	1.441808202
2010	1.235026535	2.065715001	0.88177117	1.409916743
2011	1.18994849	1.895361122	0.849790674	1.347862812
2012	1.115304767	1.664115033	0.846677469	1.244495379
2013	1.089043236	1.600675565	0.831204627	1.309767623
2014	1.008303891	1.507727723	0.804659254	1.273451436
2015	1.047914577	1.368721865	0.773929967	1.237304913
2016	1.018395617	1.187085519	0.719541663	1.237315126
2017	1.015154696	1.186095984	0.693698253	1.225215329
2018	1.043749135	1.22099743	0.68121185	1.214684749
2019	1.078091666	1.234628095	0.668939287	1.183282823
2020	1.032264981	1.59377643	0.704053147	1.172973577
2021	0.963460514	1.644643047	0.703427215	1.166070056

老缅越柬国家风险指数及其变化趋势表明，四国国家风险整体呈下降趋势。其中，1996—2002 年四国的国家风险水平波动性强，且国家风险水平整体较高。之后，四国的国家风险水平开始呈现稳定持续下降态势。国家风险水平从高到低排列分别是缅甸、柬埔寨、老挝、越南。

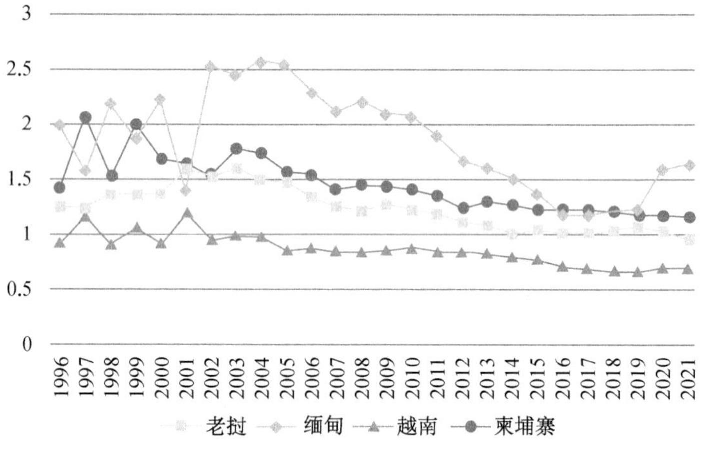

图 6.1 老挝、缅甸、越南、柬埔寨国家风险趋势图(1996—2021 年)

根据基准回归分析可知,国家异质性水平提升会显著降低区域金融合作水平。为进一步分析具体的影响机制,结合江艇的操作建议①,首先使用模型(6.2)检验国家异质性对机制变量国家风险(*countryrisk*)的影响,再结合前文关于机制变量与金融合作之间关系的理论分析,检验传导机制的存在性。

$$L1.\ countryrisk_{it} = \beta_0 + \beta_1 fin_{it} + \beta_2 K_{it} + \mu_i + \theta_t + \varepsilon_{it} \qquad (6.2)$$

式(6.2)中,i 表示国家,t 表示时间,*fin* 代表金融发展差异,为了降低样本异方差的干扰,对部分控制变量取对数处理,K_{it} 表示处理后的控制变量,μ_i 表示个体固定效应,θ_t 表示时间固定效应,ε_{it} 表示随机误差项。考虑到机制变量的滞后效应,对国家风险指标做滞后一期(以 $L1.\ countryrisk_{it}$ 表示)的处理,分析结果如表 6.7 所示。

① 江艇. 因果推断经验研究中的中介效应与调节效应[J]. 中国工业经济,2022(5):100-120.

表 6.7　影响机制分析

变量	模型 6.2
	L1. countryrisk
金融发展差异	0.0203** (0.00575)
控制变量	是
国家固定效应	是
时间固定效应	是
观测数	100
调整后 R^2	0.648

注：***、**、*分别表示在1%、5%和10%置信水平下显著。

国家异质性系数在5%的显著性水平下为正，即国家异质性每增加1%，国家风险上升0.0203%。国家异质性水平扩大，不确定性随之增加，国家风险进而增加，导致区域金融合作可能面临的障碍和压力更大，区域金融合作的可行性更低，不利于区域间金融合作的展开。

五、实证分析结论

上述实证分析表明，国家异质性的客观存在增大了金融合作的难度，使金融合作的开展面临诸多挑战。

首先，异质性降低了合作双方的合作意愿，使金融合作共识的达成更加困难。与中方相比，云南周边国家经济发展阶段相对滞后、金融发展基础相对薄弱、经济金融制度与法律法规相对不健全，诸多发展差异对合作双方的积极性产生了不利的影响。作为发展较强的一方，中方对合作的收益和潜在风险存有顾虑。作为发展较弱的一方，周边国家对中方合作诚意存有疑虑与防备心理。异质性使国家间的合作关系有所失调,使得各国做出不同的合作策略选择,降低了国家间的互相信任。合作主体的异质性越强,形成联盟或对某一个问题达成共识的难度就越大,越不可能达成合作协议,已有协议也越容易破裂。比如,在金融机构"走出去"方面,中国五大国有银行在越南都设有分支机构,而缅甸只有中国工商银行一家分行和中国银行一家代表处,这一差异既是由于越、缅两国金融管制程度的不同,也反映了中资银行对在缅甸设立分支机构的预期收益与风险的担忧。

其次,异质性不利于合作双方的行动一致性,加大了金融合作协调与推进的难度。国家间的同质化是走向货币融合的重要条件,中国与云南周边国家经济金融发展差异使各国经济周期的相似度下降,导致各国经济的冲击响应存在差异。而各国政治体制与经济制度的差异使各国拥有不同的金融决策程序、决策标准以及决策实施效率,导致各国应对冲击的政策偏好与政策响应存在差异,从而对金融合作行动一致性产生不利影响,为政策协调达成一致造成了明显的阻碍。比如,双边层面的金融安全网主要通过货币互换来实现,目前越、缅、柬三国均未与中国签订货币互换协议。这既与各国央行间沟通合作不足有关,也反映了各国在金融市场深度、汇率机制、经济政策偏好等方面存在的差异,降低了各国对实施汇率协调和货币互换的需求。

最后,异质性导致合作双方对合作内容与方式的需求存在差异,加大了金融合作举措对接与实施的难度。中国与周边国家金融体系深度、可获取度、效率与稳定方面的不一致,客观上使合作双方对金融合作内容的需求存在差异,增加了规则设计的复杂性,加大了金融合作对接的难度。而周边国家金融发展不充分、法律法规不健全使其金融合作承载力不足,加大了金融合作实际举措实施的难度与风险,降低了金融合作举措成功实施的概率。比如，云南周边国家金融基础设施相对落后，以缅甸为例，由于银行现代化程度低，银行结算体系不健全，缺乏统一的国家支付系统，银行结算主要依托电话平台或现金结算，导致人民币跨境支付结算系统 CIPS 无法与其跨境联通，跨境资金结算只能通过缅方银行在中方商业银行开立单边跨境人民币结算账户进行，或者通过中国香港和新加坡的银行中转，而大部分结算为了提高结算效率和节约结算成本，选择从“地摊银行”进行。

第七章　老缅越柬美元化形成轨迹与成因

20 世纪 90 年代以来，经济全球化快速发展，国际资本自由流动成为新兴经济体面临的重大外部冲击。在当时的国际背景下，一国货币政策效应被大幅降低。面对以独立的货币政策实现汇率稳定和利率目标受严重制约的情况，一些国家开始试图寻求一劳永逸的方式规避国际游资冲击和应对本国严重通胀，于是实行美元化政策。

云南周边国家老挝、缅甸、越南及柬埔寨是典型的美元化国家[①]，美元化程度高，跨国贸易甚至境内贸易合同多用美元计价、结算，除了本国货币之外，美元是主要的可流通交易的外币。即使这些国家推出一系列“去美元化”政策，限制美元的使用，但是民间还是大量使用美元，地下钱庄可以合法挂牌交易美元。根据周边国家中央银行统计数据，截至 2019 年底，柬埔寨的美元化程度高达 84%，美元业已代替瑞尔行使价值尺度、流通手段、贮藏手段和支付手段职能，成为货币制度和金融体系核心要素。相比之下，老挝美元化程度已经下降到 45%左右，而越南则在 20%以下。柬埔寨、老挝仍属于“高度美元化”国家，而越南则是“中度美元化”国家。老挝、越南属于货币替代层次的美元化，

① 美元化程度指标有两种：一是外币存款占 M2（总存款）的比重，用以衡量外币资产对本币资产的替代程度；二是流通领域中的外币持有量占流通货币总量的比重，用以衡量外币对本币的替代程度。

柬埔寨则属于法偿货币层次的半正式美元化[①]。2008 年美国次贷危机以来,各国"去美元化"呼声日趋高涨,然而,由于货币使用惯性,美元化具有一定程度的持续性,各国"去美元化"的效果不尽相同。

第一节　老缅越柬美元化的形成轨迹

老缅越柬四国彼此相邻,四国美元化的形成轨迹高度相似,总体上可分为美元化积累期、美元化攀升期、美元化波动期、"去美元化"时期或美元化略有下降期。

一、美元化积累期

老缅越柬的美元化起始于 20 世纪 50 年代。老挝的美元化积累期是 20 世纪 60 年代至 80 年代中期,这段时期老挝战争频发,经济政治极不稳定,为美元在老挝的贮存与交易创造了条件。抗法战争之后,美国为了取代法国在越南、老挝、柬埔寨三国的宗主国地位,通过扶植亲美傀儡政权、挑起老挝内战、加大经济军事援助等方式逐步渗入老挝内政。越南战争期间,大量美元涌入,外币开始被老挝民众贮存并用于日

---

① 根据巴利尼奥(Baliño)等人的研究,若一国外币存款占广义货币的比重高于 30%,则该国就可以被称为"高度美元化"的国家;反之,若一国外币存款占广义货币的比重低于 30%,则该国就可以被称为"中度美元化"国家。Baliño T J T, Bennett A, Borensztein E. Monetary Policy in Dollarized Economies[M]. Washington: International Monetary Fund, 1999.

常交易。1975 年,老挝摆脱美法新旧殖民统治,建立老挝人民民主共和国后,老挝国内经济政治局势依然处于不稳定状态。1979 年,泰国在西方国家支持下,对老挝采取了关闭两国边界口岸、扣留老挝人道主义援助等不友好政策以对其进行经济封锁,使得老挝因国内商品短缺引起物价上涨,本币对内贬值又引起汇率波动。国内政治的不稳定加上通货膨胀和汇率剧烈波动使得民众对本币基普丧失信心,币值稳定的美元不断被老挝民众使用和储存起来。

缅甸美元化可以追溯到 20 世纪 40 年代末,在吴努政府时期,缅甸政府对外奉行中立的外交政策,获得了多国的经济援助,其中就包括美国的美元贷款和援助,这为美元在缅甸的流通创造了条件。

越南的美元化积累期是 20 世纪 50 年代至 70 年代,在这期间美国利用对外援助政策推行其遏制战略,通过经济援助和军事援助给越南带入大量美元,美元开始被美军军事基地所在的越南南方居民广泛使用和储存。1975 年越南实行社会主义计划经济早期,经济改革的失败导致本国经济陷入困境,为了应对这一局面,政府采取宽松的货币政策,导致通货膨胀,货币严重贬值,极大地打击了越南居民对越南盾的信心,导致更多民众使用黄金或者美元作为价值储藏和支付交易货币。

虽然柬埔寨政府从未正式采用美元化制度,但柬埔寨是东南亚国家中美元化程度最高的国家。美元作为该国最常用的外币,不仅用于商业交易,而且常用于一般的日常交易。柬埔寨的美元化积累期是 20 世纪 50 年代至 80 年代中期。1950 年,美国在柬埔寨设立公馆,并于一年后与其签订了《共同防御援助协定》,协定约定未来 4 年内将对柬埔寨提供超过 78 万美元的经济和军事援助。1953 年,柬埔寨从法国殖民统治中解放后,政治相对稳定但经济基础非常薄弱。1955—1962

年，美国对柬埔寨的经济援助共计 2.72 亿美元[①]。自 1970 年开始，柬埔寨国内冲突加剧，五年内战使国内金融基础设施被彻底摧毁，经济援助带来的美元在柬埔寨国内大肆流通，美元开始大规模代替柬埔寨瑞尔执行货币价值尺度和交易媒介职能。1975 年内战结束，进入红色高棉掌权时期，在此期间，红色高棉实施极端的经济政策，包括废除货币制度，采取以物易物的方式进行商品交换等措施。大规模的基础设施损毁、百姓流离失所，为红色高棉政权结束后货币供应不稳定的局面埋下了伏笔。1979 年红色高棉政权结束后，柬埔寨国家银行重新建立，1980 年瑞尔得以重新启用，但是由于经济与政治的持续波动使柬埔寨民众对本国货币瑞尔缺乏信心，并且随之而来的又是新一轮内战和国际援助。柬埔寨在联合国派遣的紧急援助下，经济发展实现了有限的货币化，大多数国内交易仍以物物交换为基础，黄金和美元则是民间交易和囤积的普遍商品。

二、美元化攀升期

20 世纪 80 年代至 20 世纪末，老缅越柬美元化程度持续攀升。20 世纪 80 年代中期，老挝从中央计划经济转向市场经济，改变长期以来的对外封闭，实施经济开放政策，开始步入国家转型发展的新阶段。1988 年，老挝颁布的《投资法》给予外商诸多优惠条件，试图营造良好的营商环境，促进外国直接投资。同年，老挝还对银行部门进行了行政与经营分离，放松对本国银行监管的同时，也允许外资银行在老挝国内经营。1990 年，老挝政府颁布《外汇法》，取消了持有外汇的限制，允许

① 数据来源：USAID 官方网站。

居民和企业在当地商业银行持有外币存款,同时商业银行也被允许向国内企业提供外币贷款。这些经济自由化措施吸引了更多的美元流入老挝,同时也导致基普官方汇率贬值,大量老挝民众选择储存美元。1995 年,老挝开始采用有管理的浮动汇率制度,老挝基普兑美元继续贬值。1997 年亚洲金融危机时期,由于缺乏宏观经济管理经验,老挝政府采取宽松的货币政策和财政政策,进一步加剧了通货膨胀,基普急剧贬值,美元化程度更高。1988 年老挝美元化程度为 43.8%,至 1996 年前仍然维持在 45%以下,但 1997 年亚洲金融危机之后达到近 80%的峰值①。

1988 年,缅甸新一任军政府上台并颁布《外国投资法》,原有的封闭经济体系慢慢瓦解。20 世纪 90 年代,缅甸正式确立了市场经济体制,对外开放吸引了大量外资进入缅甸。但同时,缅甸政府也对外汇施加了严格的监管。1993 年,缅甸政府开始实施外汇券制度,外国游客在入境前须兑换一定数额的外汇券,但这一操作反而打击了缅币的地位,没有改变美元化的状态。1997 年亚洲金融危机爆发,缅甸经济遭受严重打击,导致缅币贬值和外汇短缺的问题,加剧了美元化程度。

1986 年越南开始实施革新开放政策,1987 年颁布了首部外商投资法案及一系列对外开放政策,希望引进外资发展经济。但是在改革初期,由于政策执行不力,市场缺乏监管,加上通货膨胀和贸易逆差等问题,导致越南盾贬值,许多越南民众转而选择使用美元,美元成为越南常见的流通货币和贮藏手段。1988 年越南政府修订了外汇管理条例,要求企业和个人将外汇现金存入商业银行,并允许商业银行从事外汇交易和国际银行业务。20 世纪 90 年代初,越南政府开始深化改革,通

① 数据来源:IMF 国际金融统计数据库。

过实施中越关系正常化、加入东盟、越美建交等政策，为越南引入外资营造了良好的外部环境。1993 年，越南的商业银行被允许以外币进行贷款，由于美元贷款和越南盾贷款之间有利差，鼓励了民众借取美元贷款。1995 年，越南对居住在海外的越南公民汇款进行了监管改革，允许海外越南公民将其存放在海外的资金汇回到国内，这些改革措施均推动了越南美元化程度的持续提升。1997 年亚洲金融危机期间，越南也遭受了货币严重贬值和高通货膨胀的打击。越南盾对美元估值过高，损害了越南商品和服务的竞争力，形成了严重的贸易逆差，越南美元化的情况没能得到改变。1989—2000 年，越南美元化程度呈现波动上升趋势，特别是实行经济革新运动后的五年内，越南美元化程度上升至 41.2%，此后几年也维持在 20%至 30%之间①。

20 世纪 80 年代中期，随着联合国派遣人道主义紧急援助进入柬埔寨，国际非政府组织也被允许在柬埔寨国内运作，海外汇款恢复，美元再度流入柬埔寨国内。20 世纪 80 年代末至 90 年代初，柬埔寨政府推行市场经济改革，实施开放经济政策，加入全球化进程。外国资金主要以美元形式进入，进一步推动了美元在柬埔寨的广泛使用。在此背景下，美元在柬埔寨经济中的地位逐步上升，成为支付、储蓄和投资的主要货币。1989 年，柬埔寨颁布实行《外商投资法》，目的是营造良好的投资环境以引入外资，但这也为加速美元化进程创造了条件。在 1991—1992 年柬埔寨过渡时期联合国权力机构运作期间，大量资金流入进一步加速了美元的流通，联合国权力机构为柬埔寨带来约 17 亿美元主要用于维持和平行动和援助当地建设。1993 年柬埔寨政府通过《外汇法》，允许居民自由持有外汇，1994 年颁布了《投资法》，外汇管制

① 数据来源：IMF 国际金融统计数据库。

的放松和外资进入优惠条件使得更多外资涌入柬埔寨,美元化程度不断加深。1997年亚洲金融危机爆发,此时柬埔寨国内的美元化水平已经较高,外汇兑换较为自由,降低了金融危机对柬埔寨的冲击,但美元的地位也因此得到进一步巩固。

三、美元化波动期

2001—2010年,老缅越柬美元化呈现回落或持续升高的波动。老挝和越南美元化略有回落,而缅甸和柬埔寨美元化持续升高。老挝美元化程度下降与宏观经济恢复稳定有关。随着国家开始实行以汇率稳定为中心的货币政策,通货膨胀率逐年得到控制,由1999年的125%逐渐降至2006年的6.55%,之后一直保持在个位数。基普兑美元汇率在2006年之后甚至有所升值。这一期间的宏观经济稳定不仅使大量国际资金流入老挝,更使得公众对老挝基普的信心开始逐渐恢复,这一时期老挝美元化程度略有回落,由2001年的75%降至2010年的44%①。

与拉丁美洲美元化的历程不同,越南美元化早于金融发展,后期金融深化都在美元化背景下进行,金融深化对越南美元化程度回落有显著影响,同时越南居民对黄金的过剩需求和地下经济的发展仍然对美元化有显著影响。2001—2010年,越南美元化程度呈现明显波动下降趋势,2001年其美元化程度高达31.7%,而到2010年其美元化程度已降至15.5%②,对比经济革新运动之前的美元化程度,此阶段的美元化程度略有回落。

2011年缅甸政府实现了政治转型,持续推进市场化改革并放开了

---

① 数据来源:世界银行。
② 数据来源:IMF国际金融统计数据库。

外汇管制。政府在2012年重新修订了《外汇法》,取消了对外汇用途和来源的限制,并放松了对银行的监管,允许一些私人银行在缅甸开展国际银行业务,部分外资银行也于2014年被允许以外币贷款。这些举措的实施提高了缅甸的美元化程度。

柬埔寨政府对美元使用一直采取默许态度,美元与当地货币之间的自由兑换没有法律限制,并且外汇管理法并没有规定禁止外币存款用于国内交易,正是这些通融的法规,为柬埔寨的高度美元化创造了条件。同时,柬埔寨高度美元化还伴随国内经济高增长和低通货膨胀水平。2001—2010年,柬埔寨美元化程度由70%左右持续升高至80%以上。[①]

四、"去美元化"时期或美元化略有下降期

2011年至今,老缅越柬进入"去美元化"时期或美元化略有下降期。越南和老挝在这期间表现为"去美元化"时期,而柬埔寨则展现为美元化略有下降时期。2008年全球金融危机之后,美元信用危机加剧,全球"去美元化"进程加快。这一时期老挝也采取了许多"去美元化"措施,如2013年逐步推动商品以本币标价,为建立公众对基普的信心,允许商业银行及其外汇局向公众每人每天出售2000万基普的外汇,重新对外币贷款进行限制,鼓励商业银行开发现代支付系统,方便本币基普在国内的交易。2011—2013年,老挝美元化程度有所下降,但2013年之后却出现反弹,继续升高,由2013年的42%上升至2020年的近50%[②]。

---

① 数据来源:IMF国际金融统计数据库。

② 数据来源:老挝国家银行。

越南是越、老、柬三国中唯一明确提出“去美元化”的国家,越南实施的部分“去美元化”措施与维持美元的地位有关联,而有些“去美元化”措施则有助于降低美元化水平。2011—2020 年,越南美元化程度持续降低,至 2015 年已降至 10% 以下,并连续保持在 8%—10% 区间内。

尽管近十年间柬埔寨美元化程度仍维持在 80% 左右[①],属于高度美元化国家,但相比于 2012 年之前,美元化程度仍略有小幅下降。此外,柬埔寨银行体系中的存款虽然仍以美元为主,比重高达 92%,但这一数值也在逐年下降[②],这与柬埔寨鼓励本币储蓄和制定相关金融政策有关,也反映出柬埔寨近年来采取的“去美元化”措施初见成效。

第二节　老缅越柬美元化的成因及启示

一、老缅越柬美元化的成因

(一) 国内局势动荡严重危害货币稳定基础

老缅越柬的美元化均有深刻内在原因,多源于国内政治社会局势不稳甚至战乱多发引致居民本币信心下降。1961 年越南战争爆发,老挝作为与越南接壤的陆上邻国也受到了战争的波及,长时间的内战导致国家经济落后,政治动荡加上通货膨胀率居高不下,严重打击了老挝

① 数据来源:IMF 国际金融统计数据库。
② 数据来源:柬埔寨国家银行。

民众对基普的信心。缅甸自1948年独立以来内战不断,国内民族问题也没有得到解决;1948—1962年吴努政府执政时期,缅甸经济发展依赖于国外贷款和援助;1962年军人集团发动政变夺取政权,国家实施计划经济体制,以社会主义国有化名义采取了一系列排外措施,大规模地将外侨掌管的金融机构和企业国有化,并采用封闭的对外政策,物资缺乏引起了物价上涨和通货膨胀,缅币的信用不高,人民生活水平也受到了严重影响。20世纪的越南经历了多次战争,1961年越南战争爆发,直至1989年越南政府宣布从柬埔寨全面撤军,旷日持久的战争使得越南国力衰弱,百废待兴,经济基础较为薄弱。20世纪70年代至90年代,柬埔寨经历了严重的社会政治动荡,国家信誉不断受到侵蚀,货币体系遭受巨大冲击,瑞尔持续贬值,柬埔寨民众对本国货币丧失信心,转而选择使用币值更稳定的美元。

(二)经济改革政策不当削弱货币稳定局势

老挝在实施市场经济改革之前一直实行较为严格的外汇管制政策,在外汇供应不足的情况下,出现了通过非官方渠道获取外汇的情况。由于美元在国际市场上的广泛接受度和高流通性,其成为老挝外汇黑市上最常见的交易货币。20世纪80年代开始,老挝逐渐放宽了外汇管制,居民可以自由持有和使用外币,银行也可以提供外币贷款,突然的外汇制度自由化导致官方汇率大幅贬值,加速美元流通,进一步促进了美元化的进程。1997年亚洲金融危机对老挝经济造成了严重影响,由于错误采用了宽松的货币和财政政策,加剧了基普的贬值,导致经济衰退,美元化程度进一步提高。

缅甸在军政府执政时期,对外实行封闭,经济发展水平不足,原材料等物资匮乏引起了通货膨胀。1988年新一届军政府上台后,虽然开始对外开放,但长达 20 余年的国际制裁对缅甸经济产生显著不利影响,致使缅币持续贬值。1988 年国家实施经济开放政策后,大量的外资涌入,加速了美元在缅甸国内的流通,但由于国内经济制度不健全,外资并没有为缅甸经济带来持续增长,反而导致了通货膨胀和货币贬值。为了应对这种经济困境,缅甸政府开始限制外汇交易,实施外汇券制度,又助长了外汇在黑市的流通,降低了缅币的日常使用,推动美元成了非官方主要货币。

越南社会主义共和国建立早期发动了一场对工商业进行社会主义改造、对农业实行合作化的运动,导致国内工商业遭到严重打击,越南盾也出现了持续贬值。同时,越南实施的封闭经济政策背离市场供需原则,造成了严重的经济后果。1978 年以后的很长一段时间内,苏联一直是越南的主要贸易伙伴,越南的石油、钢铁等战略物资进口严重依赖苏联,经济独立受到严重损害。

1975 年柬埔寨内战结束,进入红色高棉掌权时期,实施了废除货币制度、以物易物进行商品交换等不当经济政策措施,为红色高棉政权结束后货币供应不稳定的局面埋下了伏笔。1979 年红色高棉政权结束后,中央银行才重新建立,但由于经济与政治的持续波动使柬埔寨民众对本国货币瑞尔缺乏信心,国内脆弱的经济系统也使得当局实施的货币政策效果十分有限。20 世纪 90 年代初期,政府财政入不敷出,财政经费主要来源于向中央银行融资,导致货币供应量激增,瑞尔急剧贬值,严重打击了民众信心,导致美元在柬埔寨国内得以更加广泛和频繁地被使用。

(三) 严重依赖国际援助资金,加剧货币替代

老挝是一个内陆国,地理位置受限,经济发展速度缓慢,经济发展基础薄弱,内部物资严重短缺,经济运行高度依赖美元为主的外国援

助。越南的革新开放运动和低廉的劳动力成本吸引外商对越直接投资大幅增加,加速了美元在越南的流通和使用。同时,越南经济的外贸依赖程度较高,且进出口交易通常以美元结算,这也助长了越南的美元化问题。柬埔寨长期的内战和政治动荡致使国家货币体系和金融机构体系无法有效地稳定本国货币和金融局势,政府只有借助外力,频繁地引入外部援助,并将美元资产作为主要外汇储备。国际贸易和金融交易结算高度依赖美元,美元甚至被用于日常交易,以至于柬埔寨民众普遍把美元作为存款和交易的首选货币。

二、老缅越柬美元化的启示

(一)维持本币汇率稳定,提高本币信用

美元化通常发生在本地货币信任度低和汇率波动较大的国家。对于企业来说,只有结算货币的汇率长期保持稳定,企业承受的风险才会越小。而对国内经济状况的担忧、对通货膨胀的恐惧以及对政府政策的不信任等因素,会导致民众选择美元等外币储蓄或选择美元等外币进行交易结算。这不仅会减弱国家的货币主权,还会降低中央银行调控经济的能力。为维持本币汇率稳定,提高本币信用,应当注意以下三点。一是建立健全的金融体系。一个健全的金融体系可以有效地管理和调节货币供应,帮助维持货币的稳定价值,从而提高货币的信用。这包括有效的银行系统、健全的金融市场,以及透明和公正的金融监管机构。二是建立和维护稳定的宏观经济环境,实施稳健有效的财政政策和货币政策。宏观经济的稳定是防止美元化的基础。政府需要通过实施积极的财政政策建立公众对于本币的信任,这意味着政府需要有负

责任的预算管理,避免过度的财政赤字和公共债务,而中央银行也需要通过有效的货币政策控制通货膨胀并维持货币稳定。三是加强国际经济合作。通过国际经济合作,可以增强本币的国际地位,促进本国汇率稳定,如积极参与并推动区域经济一体化、发展双边经贸关系、签订货币互换协议等,以此来提高经济的竞争力和抗风险能力。

(二)合理引入外资

对老挝、缅甸、越南、柬埔寨四国美元化的研究可以发现,为加快国际化进程,促进本国经济的发展,各国都采取了对外开放的策略,目的是吸引外国资本进入本国市场进行投资。但由于营商环境不够完善,外资进入领域较为单一等问题,导致在对外开放初期不仅没有达到预期效果,反而使本国货币承受了贬值压力,美元化进一步加剧。因此,在合理引入外资过程中需要注意以下三点。一是吸引长期投资。相较于短期的投机性资本流动,长期的直接投资更有利于经济的稳定发展。因此,国家应优化投资环境,制定有利于长期投资的政策,如提供税收优惠、简化审批程序等,以吸引外国投资者在本国进行长期投资。二是引导外资向实体经济领域投资。防止外资过度涌入金融领域,避免金融风险的积累和美元化的加剧。国家应加强投资引导清单和引资政策优惠等措施建设,以引导外资投入制造业、农业等实体经济领域。三是建立有效的金融风险防控机制。加大对外资流入规模和路径的监控,对可能产生系统性风险的行为进行及时干预,防止金融波动甚至金融危机的发生。

(三)建立健全外汇管理制度

老挝、缅甸、越南、柬埔寨四国美元化的历程中,普遍包含了从封闭经济的外汇缺乏到开放时期外汇管制放松的过程。过于严苛的外汇管制会增加跨境交易的难度和成本，从而滋生外汇黑市；而另一方面，对于发展中国家来说，过于自由的外汇管理制度又不利于本币币值稳定，可能降低本币地位。合理的外汇管理制度能够通过控制货币供应、调整汇率等手段，提高本国货币的稳定性。为建立健全外汇管理制度，应当加强以下三点。一是完善外汇储备管理制度，优化币种结构。外汇储备是防止国际收支失衡、维护国家金融安全的重要工具，需要科学配置外汇储备货币币种，适度降低对美元资产的依赖，推动储备资产多元化，同时做好外汇储备的投资和风险管理。二是强化外汇风险管理。外汇风险管理是防止美元化的重要手段，通过完善外汇风险管理体系，引导企业和金融机构做好外汇风险防范，增强外汇市场的抗风险能力。三是完善外汇相关法律法规。建立和完善外汇管理的法律法规体系，规范外汇市场行为，防止非法外汇交易和资本流动，保障外汇市场的健康发展。

第八章　老缅越柬美元化对人民币区域化的影响实证分析

第一节　老缅越柬美元化对人民币区域化影响程度分析

一、模型设定

（一）计量模型

为了准确识别老缅越柬等云南周边国家美元化对人民币区域化的影响力度与作用方向,并考虑到前期人民币在云南周边国家边境地区的使用会带动后期人民币在周边国家内陆地区的使用,同时反映人民币区域化的惯性效应,加入人民币区域化变量的滞后一期,构建动态面板模型:

$$RRI_{it} = \alpha_0 + \alpha_1 RRI_{it-1} + \alpha_2 Dollarization + \alpha_3' X_{it} + \lambda_i + \eta_t + \varepsilon_{it} \quad (8.1)$$

其中, RRI_{it} 表示第 i 国(老挝、缅甸、越南、柬埔寨)第 t 时(2000—2020 年)的人民币区域化程度, $Dollarization_{it}$ 表示第 i 国第 t 时的美元化程度, X_{it} 表示控制变量列向量, λ_i 、η_t 分别表示未观测的个体固定效应和时间固定效应, ε_{it} 表示随机误差项。

在模型(8.1)中,如果美元化的回归系数 α_2 显著为负,说明美元化对人民币区域化将会产生负向影响;反之,如果 α_2 显著为正,说明美元化对人民币区域化具有正向影响。预期 $\alpha_2 < 0$ 且显著,意味美元化程度提高将会降低人民币区域化程度。

(二) 变量选取

1. 被解释变量

此处的被解释变量是人民币区域化程度(*RRI*)。首先,根据人民币在地区执行国际货币功能情况测度人民币区域化程度,结合云南周边国家人民币区域化实践,从贸易、投资和人员往来三个方面,构建人民币在老挝、缅甸、越南和柬埔寨的区域化指数。具体指标包括:中国对区域国家跨境贸易人民币结算比重、中国对区域国家直接投资人民币结算比重①、中国对区域国家人员往来情况。其次,使用主成分分析方法,将第一主成分定义为人民币在该地区的区域化程度,从而分别测度人民币在云南周边国家的区域化程度。数据来源于中国人民银行、国家统计局与海关总署公布的统计数据。

适用性检验结果显示(仅包含中国对区域国家直接投资人民币结算比重、中国对区域国家人员往来情况)②,KMO 值为 0.5,低于 0.6,说明变量之间的相关性较弱;Bartlett 球形检验 *P* 值为 0.007,低于 0.05,说明变量之间在一定程度上相互独立。根据主成分分析法所得结果,可知中国对区域国家直接投资人民币结算比重、中国对区域国家人员往来情况的权重均为 0.5。

---

① 中国跨境贸易人民币结算业务自 2009 年正式展开,由于之前的跨境贸易人民币结算数据无法获得,因此 2000—2008 年的数据选用人民币境外需求规模代替。

② 无法获得我国对老挝、缅甸、越南和柬埔寨的贸易人民币结算占比。

柬埔寨、老挝、缅甸和越南的人民币区域化程度如图 8.1 所示。1993—2020 年,越南、缅甸的人民币区域化程度(*RRI*)波动幅度较大,走势同步,并且自金融危机后,两国人民币区域化程度不断下跌,整体呈现高开低走态势;柬埔寨的人民币区域化程度波动性相对较小,一般位于 0.92 水平小幅波动,2008—2013 年受全球金融危机影响出现了暴涨暴跌现象;老挝的人民币区域化程度主要呈现稳步增长趋势,由 1993 年的 1.21 上涨至 2020 年的 2.5638。

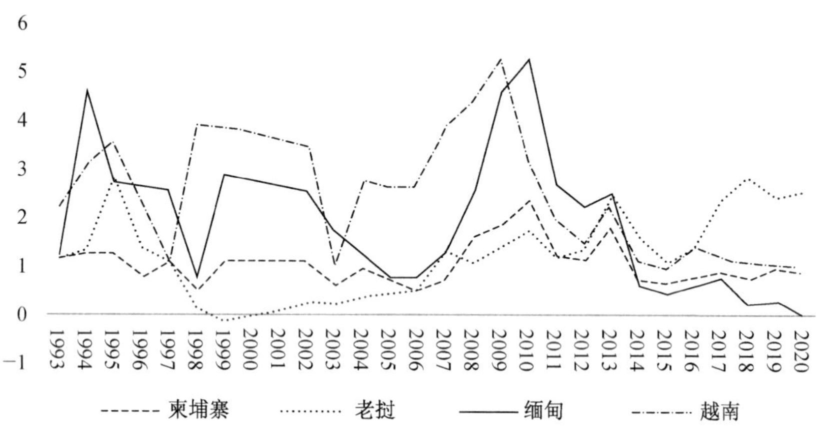

图 8.1　2000—2020 年柬埔寨、老挝、缅甸以及越南的人民币区域化程度

2. 核心解释变量

核心解释变量为美元化程度,主要使用外币存款占 M2(或总存款)的比重衡量。数据来源于 IMF 国家报告、IMF 国际金融统计及各国中央银行公布的统计数据。

3. 控制变量

参考既有文献,选择以下控制变量:人民币对周边各国货币汇率升贬值幅度(*Value*),周边国家经济发展水平(*Sgdp*)、金融发展水平

(*Dev*)、制度质量(*WGI*)以及通货膨胀(*CPI*)。数据来源于 IMF 国际金融统计、世界银行《世界发展指标数据库》、国际货币基金组织《金融发展数据库》、亚洲开发银行《亚太地区关键指标报告》。

(三) 描述性统计

表 8.1 汇报了各变量的描述性统计。柬埔寨、老挝、缅甸和越南的平均人民币区域化程度为 1.62,区域化程度在过去 20 年间变化幅度较大,从 0.001 上升至 5.303。美元化程度平均为 0.543,柬埔寨、老挝、缅甸和越南之间美元化程度相差不大,最大值仅为 0.946。

表 8.1　各变量的描述性统计

变量	观测值	平均值	标准差	最小值	最大值
人民币区域化程度	84	1.62	1.116	0.001	5.303
美元化程度	84	0.543	0.272	0.038	0.946
人民币对周边各国货币汇率升贬值幅度	84	-0.023	0.038	-0.134	0.069
周边国家经济发展水平	84	0.001	0.001	0.000	0.004
金融发展水平	84	0.193	0.12	0.035	0.454
制度质量	84	0.66	0.92	-1.457	2.609
通货膨胀	84	0.101	0.205	-0.018	1.284

二、实证结果分析

由于数据是长面板数据,若存在个体固定效应,则只须加入个体虚拟变量即可进行估计(LSDV 法),若存在时间固定效应,则可以引入时间趋势项或平方项进行估计,由于扰动项可能存在组间异方差或组内自相关,因此需要进行检验。

(一) 相关检验

相关检验包括组间异方差、组内自相关。组间异方差的检验结果发现,方差值为26.35,其伴随概率 P 值为0.00001,远小于1%,故存在组间异方差。组内自相关的检验结果 F 值为162.075,其伴随概率 P 值为0.0061,远小于1%,因此存在组内自相关。

(二) FGLS估计结果

为了解决组间异方差、组内自相关可能导致的估计误差,假定每个个体的回归系数相同,并选用同时存在组间异方差、组内自相关的可行广义最小二乘法(FGLS)进行估计。

基准回归的估计结果如表8.2所示。这里采用逐步回归的方法,在表8.2的第(1)列中,仅加入核心解释变量、常数项和个体、时间固定效应,在第(2)—(6)列中依次加入 *Value*、*Gdp*、*Dev*、*WGI*、*CPI* 等控制变量,将包含所有解释变量的最后一列作为基准模型估计结果。

由表8.2的回归结果可知,美元化对人民币区域化程度指标的回归系数始终为负,在控制所有变量后,美元化对人民币区域化程度的影响下降至-1.989,并且在5%的水平上显著。其经济意义解释为,美元化程度每提高一个单位,将导致人民币区域化程度下降1.989个单位。

表8.2 FGLS估计结果

因变量=RII	(1)	(2)	(3)	(4)	(5)	(6)
Dollarization	-0.982	-0.989	-1.935*	-2.055**	-1.876**	-1.989**
	(1.084)	(1.049)	(1.054)	(1.034)	(0.951)	(0.956)
Value		-1.138	-0.809	-0.883	-1.458	-1.812
		(1.774)	(1.839)	(1.876)	(1.876)	(1.921)

(续表)

因变量=RII	(1)	(2)	(3)	(4)	(5)	(6)
Gdp			-775.7**	-781.2***	-902.0***	-923.7***
			(319.3)	(301.0)	(261.0)	(260.2)
Dev				2.029	3.017	3.061
				(3.355)	(3.182)	(3.114)
WGI					0.428**	0.461***
					(0.177)	(0.177)
CPI						0.247
						(0.277)
2. id	-0.0368	-0.0519	-0.369	-0.462	-0.146	-0.167
	(0.401)	(0.376)	(0.359)	(0.363)	(0.366)	(0.365)
3. id	0.750	0.734	1.621**	1.053	0.599	0.522
	(0.790)	(0.745)	(0.755)	(1.147)	(1.068)	(1.048)
t	0.00308	0.00396	0.0100	0.00237	-0.00152	0.00129
	(0.0200)	(0.0185)	(0.0163)	(0.0206)	(0.0182)	(0.0184)
Constant	1.858*	1.834*	2.675***	2.683***	2.290**	2.296**
	(1.029)	(1.000)	(0.994)	(0.982)	(0.916)	(0.910)
Observations	84	84	84	84	84	84

注:括号内数值为稳健标准误; *、** 和 *** 分别表示在 10%、5%和 1%的水平下显著。t 为时间趋势变量。id 为国家代码,回归时自动删除 1. id。

(三) 动态面板估计结果

进一步考虑人民币区域化的“惯性效应”,模型加入人民币区域化变量滞后一期构建动态面板。动态面板常用的估计方法为差分 GMM 和系统 GMM,相较而言,系统 GMM 的估计效率更高,因此选择后者,同样采用逐步回归法,估计结果如表 8.3 所示。

表 8.3 系统 GMM 估计结果

因变量=RII	(1)	(2)	(3)	(4)	(5)	(6)
L. RII	0.634***	0.662***	0.615***	0.467***	0.368***	0.366***
	(0.0673)	(0.0660)	(0.0683)	(0.0794)	(0.0804)	(0.0813)
Dollarization	−0.692*	−0.592*	−1.523***	−0.783	−1.229**	−1.077**
	(0.417)	(0.334)	(0.504)	(0.533)	(0.524)	(0.547)
Value		−0.633	−1.115	−1.403	−3.382*	−3.259*
		(1.802)	(1.803)	(1.730)	(1.737)	(1.759)
Gdp			−285.7**	−558.6***	−891.3***	−859.0***
			(116.4)	(138.9)	(158.5)	(162.8)
Dev				5.277***	4.612***	4.861***
				(1.599)	(1.544)	(1.577)
Wgi					0.490***	0.457***
					(0.126)	(0.131)
Cpi						−0.396
						(0.356)
t	−0.00944	−0.00869	−0.00405	−0.00595	−0.00130	−0.00418
	(0.00877)	(0.00854)	(0.00870)	(0.00836)	(0.00811)	(0.00860)
Constant	1.109***	0.985***	1.706***	0.754	1.115**	1.065**
	(0.362)	(0.325)	(0.437)	(0.509)	(0.497)	(0.504)
Observations	81	81	81	81	81	81
Number of cntry	3	3	3	3	3	3

注:括号内数值为稳健标准误;*、** 和 *** 分别表示在 10%、5%和 1%的水平下显著。

由表8.3第(6)列可知,人民币区域化滞后项的回归系数约为0.366,并且在1%的水平下显著,表明人民币区域化的惯性效应每增加1%,将会带动当期人民币区域化程度增强0.366%。同时,观察到美元化的估计系数仍为负,并且在5%水平下显著,但是相比基准回归其估计系数大幅下降,表明在人民币区域化的惯性作用下,美元化对人民币区域化的影响也有所减弱。其余变量的估计系数更加显著,系数符号与表8.2类似,在此不做赘述。

三、影响途径分析

(一)模型设定

进一步分析美元化通过对区域国家贸易、直接投资、资本交易、外汇储备以及汇率波动的直接影响而最终影响到人民币区域化,使用如下6个模型进行进一步检验:

$$RRI_{it} = \alpha_0 + \alpha_1 Dollarization + \alpha'_2 X_{it} + \lambda_i + \eta_t + \varepsilon_{it} \quad (8.2)$$

$$TRADE_{it} = \beta_0 + \beta_1 Dollarization + \beta'_2 X_{it} + \lambda_i + \eta_t + \varepsilon_{it} \quad (8.3)$$

$$FDI_{it} = \beta_0 + \beta_1 Dollarization + \beta'_2 X_{it} + \lambda_i + \eta_t + \varepsilon_{it} \quad (8.4)$$

$$STOCK_{it} = \beta_0 + \beta_1 Dollarization + \beta'_2 X_{it} + \lambda_i + \eta_t + \varepsilon_{it} \quad (8.5)$$

$$RES_{it} = \beta_0 + \beta_1 Dollarization + \beta'_2 X_{it} + \lambda_i + \eta_t + \varepsilon_{it} \quad (8.6)$$

$$ERV_{it} = \beta_0 + \beta_1 Dollarization + \beta'_2 X_{it} + \lambda_i + \eta_t + \varepsilon_{it} \quad (8.7)$$

其中,*TRADE*、*FDI*、*STOCK*、*RES*、*ERV* 分别表示区域各国进出口总额(取对数),外商直接投资总额(取对数)、证券市场交易总额(取对数)、外汇储备总额(取对数)、汇率波动(该国货币兑美元汇率贬值程度)。除汇率波动外,其余变量全部以美元标价。

方程(8.2)为基准检验模型,考察美元化对人民币区域化的总效应。方程(8.3)—(8.7)分别考察美元化对区域各国进出口总额、外商直接投资总额、证券市场交易总额、外汇储备总额、汇率波动的影响。如果方程(8.2)的 α_1 显著为负,而方程(8.3)—(8.7)中的 β_1 显著为正,那么认为美元化通过在该国贸易(或外汇储备等)中大量增加使用美元的行为而间接抑制了人民币区域化,说明该作用机制成立,反之不成立。

(二) 机制回归结果

基于方程(8.2)—(8.7)的设定,相关估计数据如表8.4所示。模型1为基础检验结果,模型1根据方程(8.2)设定的回归结果,发现美元化回归系数 α_1 为负,并在5%的水平上显著。

表8.4 美元化对人民币区域化的影响途径检验结果

因变量	基础回归模型			机制检验模型	
	模型1	模型2	模型3	模型4	模型5
	rri	lntrade	lnfdi	lnres	erv
Dollarization	-1.989^{**}	-0.00305	0.481	-2.691^{***}	-0.00760
	(0.956)	(0.700)	(1.244)	(0.755)	(0.0373)
Value	-1.812	-1.710	0.0680	1.664	-0.392^{***}
	(1.921)	(1.327)	(1.523)	(1.507)	(0.0585)
GDP	-923.7^{***}	-146.1	-5.204	97.01	3.510
	(260.2)	(192.6)	(189.4)	(241.4)	(6.641)

（续表）

因变量	基础回归模型			机制检验模型	
	模型 1	模型 2	模型 3	模型 4	模型 5
	rri	lntrade	lnfdi	lnres	erv
Dev	3.061	2.733	0.850	4.300	-0.00792
	(3.114)	(2.256)	(1.674)	(2.650)	(0.0826)
WGI	0.461***	0.298**	0.0197	0.377***	-0.0116*
	(0.177)	(0.136)	(0.138)	(0.129)	(0.00607)
CPI	0.247	0.554***	1.893***	0.614**	0.00534
	(0.277)	(0.175)	(0.333)	(0.246)	(0.00983)
2. id	-0.167	-0.910***	-1.674***	-2.299***	-0.00696
	(0.365)	(0.275)	(0.512)	(0.333)	(0.0140)
3. id	0.522	1.808**	1.853***	-1.604*	0.0175
	(1.048)	(0.782)	(0.690)	(0.886)	(0.0291)
t	0.00129	0.0782***	0.0917***	-0.00970	0.000546
	(0.0184)	(0.0146)	(0.0256)	(0.0147)	(0.000675)
Constant	2.296**	21.41***	18.68***	23.67***	0.000122
	(0.910)	(0.654)	(1.188)	(0.783)	(0.0345)
Observations	84	84	84	84	84
Number of cntry	3	3	3	3	3

注：括号内数值为稳健标准误；*、** 和 *** 分别表示在 10%、5%和 1%的水平上显著。t 为时间趋势变量。id 为国家代码，回归时自动删除 1. id。

上述检验结果发现，美元化对外汇储备总额的回归系数为负，并在1%的水平上显著，说明美元化可以通过提高云南周边国家外汇储备中美元资产占比间接抑制人民币区域化。同时，观察到进出口总额、汇率变动的估计系数虽然并不显著，但系数符号均为负，符合本研究预期，而外商直接投资的估计系数为正,说明美元化促进了外商直接投资规模,而对老缅越柬的直接投资采用美元进行结算,因而,美元化促进了外商直接投资的增加,从而抑制了使用人民币进行直接投资,进而阻碍人民币区域化程度。

第二节　老缅越柬美元化对人民币区域化影响机制分析

一、模型假设

假设在境外周边国家存在本币、外币和跨境货币三种流通货币,跨境货币的使用率低于外币的使用率,而且跨境货币仅用于边境地区,跨境流通的外币是该国承认的仅次于本国货币的第二流通法币。外币和跨境货币为竞争关系,本币和跨境货币是合作关系。

为表述方便,境外周边国家称为“本国”,本币即境外该国发行的法定货币,外币即在该国法定流通的外国货币,跨境货币指在国际贸易、投资和金融交易中跨越国界使用(范围仅限边境)的货币。

二、模型推导

根据最低方差投资组合模型,国内存款人的资产选择包括三类:本币存款(HCD)、国内流通的外币存款(FCD ,如美元)、跨境货币存款

（CBD，如人民币），它们的收益率分别是 r_D^H、r_D^F、r_D^C，存款人不持有任何现金。存款人持有的外币存款不仅受汇率波动、通货膨胀的影响，而且受货币发行国的国家风险影响，而跨境货币存款仅受实际汇率风险的影响。因此，可视三类资产的收益率（存款利率）受通货膨胀风险、汇率风险和国家风险影响，即：

$$r_D^H = E(r_D^H) + \varepsilon_\pi + \varepsilon_c \tag{8.8}$$

$$r_D^F = E(r_D^F) + \varepsilon_s + \varepsilon_c \tag{8.9}$$

$$r_D^C = E(r^C) + \varepsilon_s \tag{8.10}$$

式（8.8）—（8.10）中，ε_π、ε_s、ε_c 分别表示通货膨胀风险、实际汇率风险和国家风险的冲击，它们服从均值为 0，方差 σ^2 的分布，并且假设 $\sigma_{sc} = \sigma_{\pi c} = 0$。

存款人的偏好使得所有存款的净收益最大化，即：

$$U_D = E(r_D) - c_D\sigma_{r_D}^2/2 \tag{8.11}$$

式（8.11）中，r_D 表示所有存款的平均收益率，c_D 表示存款人的风险厌恶度。

定义 λ_F 为外币存款份额，λ_C 为跨境货币存款的份额。根据资本资产定价模型（$CAPM$）有：

$$\lambda_F = \lambda_F{}^* - E(r_D^H - r_D^F)/(c_D Var(r_D^H - r_D^F)) \tag{8.12}$$

$$\lambda_C = \lambda_C^* - E(r_D^F - r^C)/(c_D Var(r^C)) \tag{8.13}$$

式（8.12）、式（8.13）中，$Var(r_D^H - r_D^F) = \sigma_\pi^2 + \sigma_s^2 - 2\sigma_{\pi s}$，$Var(r^C) = \sigma_{cc}^2$，$\lambda_F{}^* = \dfrac{Var(r_D^H) - Cov(r_D^H, r_D^F)}{Var(r_D^H - r_D^F)}$、$\lambda_C{}^* = \dfrac{Var(r_D^F) - Cov(r_D^F, r^C)}{Var(r^C)}$ 表示

均衡的外币存款份额和跨境货币存款份额，显然 $\lambda_C < \lambda_F \in (0,1)$ 。

从式(8.12)可知，本币和外币之间的货币选择取决于该国的通货膨胀风险和本币与外币之间的汇率风险，外币和跨境货币的选择取决于跨境货币的汇率风险以及本币和外币之间的收益差。

三、机制分析

如果发生跨境货币替代外币的情况，那么其条件必须满足：当且仅当 $r_D^F = r_D^C = r_D^H$ 时，$\lambda_C = \lambda_F$ 。也就是，当国内流通的外币收益率等于跨境货币的收益率，如图 8.2 所示。这时，跨境货币与该国流通的外币份额相当，即与美元化率一致。但是，由于跨境货币相比外币仍存在竞争劣势，必然受外币的竞争性冲击，如已形成的支付习惯、贸易投资计价习惯等，这样跨境货币可能因汇率波动风险而使其份额下降，毕竟跨境货币与外币之间有所差异，因为后者较为坚挺，也受本国居民长期习惯

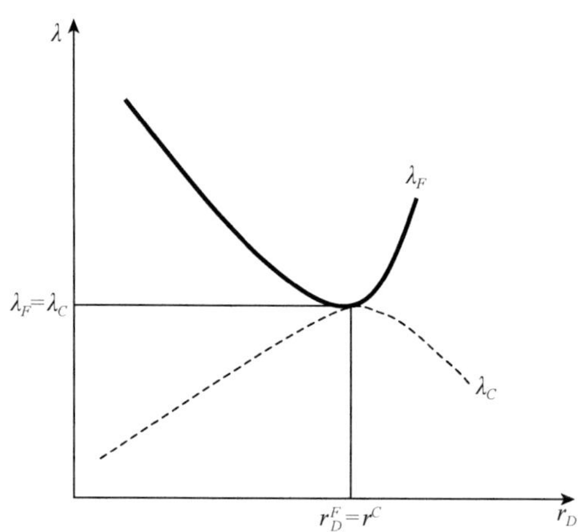

图 8.2　收益率下的外币存款与跨境货币存款份额变动趋势

性偏好而持有,因此跨境货币在本地区的区域化程度仍然较低。

从上述分析可知,如果外币和跨境货币存在汇率波动风险,那么,本国居民(企业)对外币和跨境货币的选择,则取决于本币与外币、本币与跨境货币、外币与跨境货币之间的汇率风险大小,由此可组合成下述三种情形:

一是本币与外币之间的汇率风险较小,本币与跨境货币之间的汇率风险较大。在这种情况下,本国居民则偏好使用本国货币或者外币,而对跨境货币的需求较小,从而削弱跨境货币在本国的流通规模,缩减其区域化程度。

二是本币与外币之间的汇率风险较小,本币与跨境货币之间的汇率风险较小。在这种情况下,本币、外币与跨境货币均受居民偏好,但由于外币在跨境国内长期流通和使用,其使用网络外部性显然高于跨境货币,因而短时间内,跨境货币受本国居民(企业)的偏好很难改变,此时将会限制跨境货币的使用范围和使用规模,跨境货币在本国区域化程度也受限,区域化水平不高。

三是本币与外币之间的汇率风险较大,本币与跨境货币之间的汇率风险较小。在这种情况下,本国居民可能面临两个选择:本国货币或跨境货币。其一,持有外币的机会成本(或者损失)可能由于汇率波动变大,选择持有本币,但不排斥使用跨境货币。事实上,如果本国货币和外币之间汇率风险大,要么是本币不稳定,要么是外币不稳定,如果是后者,则居民倾向于选择持有本国货币。其二,如果是本国货币波动较大,那么跨境货币和外币则成为本国居民的选择货币。如果是外币波动过大,那么在短期内,由于无法改变居民的使用习惯,其仍偏好使用本币,但可考虑增加对跨境货币的持有和使用。

因此,理论上存在本币、外币和跨境货币之间的选择问题,而这又取决于币种之间的汇率波动情况,用图 8.3 的"三元选择"表示。本币、外币和跨境货币之间只能选择本币和外币、本币和跨境货币两种。同时选择外币和跨境货币的较少,毕竟外币和跨境货币相比具有很大优势,如在完全美元化的国家,则统一使用外币——美元或欧元。

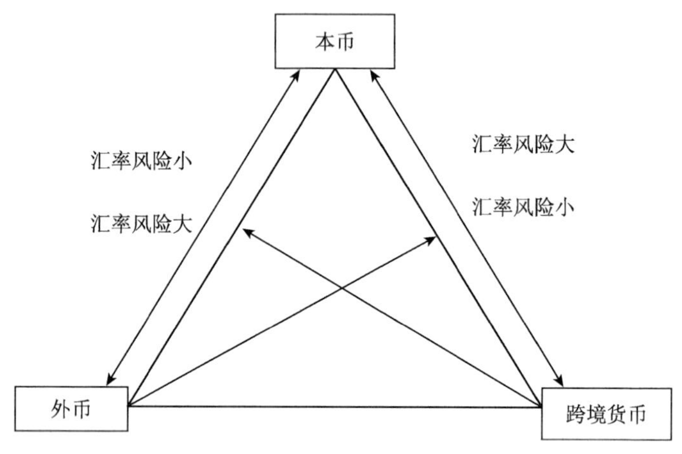

图 8.3　汇率风险下的本币、外币和跨境货币选择

所以,如果以人民币为跨境货币,外币为美元,本币为基普、缅币、越南盾或瑞尔等周边国家本币,那么在人民币跨境流通的情况下,美元化较高的国家(如柬埔寨、老挝),其美元化如何影响人民币区域化?根据上述分析,这主要取决于人民币在该国的存款收益率及人民币与美元、基普等的汇率风险大小。

周边国家由于使用美元历史较长,在选择持有人民币与美元之间必然要权衡一二,而且"持续性"使用美元在短时间内也无法改变,将使用美元转换为使用人民币存在交易成本。在此情况下,美元化程度的加深将会阻碍人民币在境外的流通,从而限制人民币的区域化进程。另外,如果人民币相对于其流通国的本币升值,同时也相对于美元升值,那么人民币在周边境外国家的流通中,受境外非居民接受程度就会逐渐提高,区域化程度也会上升。

根据上述分析可总结美元化对人民币区域化的两个作用机制。机制 1:美元化持久性增强其网络外部性,而使境外主体减少对人民币使用偏好,降低了人民币区域化程度;机制 2:美元依靠其汇率稳定性提高了境外主体使用频率,而使人民币使用偏好下降,降低了人民币区域化程度。

第三节　实证分析结论

由于美元使用惯性和显著的网络外部性,美元化的"不可逆性"决定了其长期性,因而必然对推进人民币跨境使用产生掣肘,主要表现为限制人民币发挥贸易计价与结算货币功能和外汇储备功能。此外,在与美元竞争的过程中,人民币难以对美元形成有效替代,无形中延缓了人民币区域化进程。

一、限制人民币发挥跨境贸易计价与结算货币功能

上述实证分析表明,周边国家持续的美元化对推进人民币周边跨境使用产生不利影响,市场交易币种偏好的惯性和币种转换成本是实现人民币跨境使用所面临的最大长期挑战。对企业而言,从过去习惯

使用的美元改为人民币进行贸易计价与结算存在转换成本,这种对交易货币的路径依赖限制了跨境贸易结算中人民币的使用量。一般而言,当一国达到深度美元化后,本国货币的反向替代或二次替代是极其困难的,也就是说人民币要替代美元成为周边国家的"第二货币"是较为困难的,存在着"棘轮效应"[①]。这既与这些国家长期美元化而形成的美元使用惯性有关,也与美元在国际货币体系中长期突出的地位相关。从这一角度来说,人民币在国际货币体系中的地位和人民币跨境使用之间具有相互强化关系。

从国别来看,老挝美元化程度一直居高不下,近年来美元化小幅攀升至50%,进入高度美元化国家行列。在老挝境内,美元、泰铢和基普可以同时流通,美元和泰铢主要用于高价商品和大额交易中,基普则用于小额现金交易和找零。老挝金融机构同时发布美元、基普和泰铢三类货币不同期限的存贷款利率数据,但无人民币的相关数据。在老挝北部地区,与中国接壤的省份使用人民币结算较多,而在老挝中部、南部地区,人民币的使用较少,远不及泰铢和美元。在进出口企业中,大约46%的企业选择以美元计价和结算,人民币的计价和结算占比则大约为17%。[②] 尽管越南加快了"去美元化"进程,美元化程度持续低于10%,但美元在越南流通早,受居民偏好的程度依旧不变,涉及资产购置或者金额较大的交易时,一般都采用美元交易,普通居民的一般日用品买卖中,也不排斥使用美元。相比美元,人民币仅在中越边境使用较多,接近90%的中越边境贸易采用人民币计价和结算,人民币在越北地

---

① 棘轮效应是指货币替代一旦发生就具有加速和不可逆转的特征。这主要是因为某一货币数量增多、流通范围增大,本身就会出现该货币影响力增加、价值变得稳定的规模效应。

② 刘方,丁文丽.中国西南周边国家美元化对人民币跨境流通的影响研究[J].云南师范大学学报(哲学社会科学版),2019(6):85-93.

区也可流通[①]。但目前越南仅允许与我国接壤的边境省份商业银行开办人民币结算业务，越南内地的商业银行不可办理人民币结算业务，人民币难以周转和增值。柬埔寨美元化程度一直维持在80%以上，是典型的高度美元化国家。美元在柬埔寨境内流通广泛，无论是日常生活中的零星采购，还是大规模交易，绝大部分采用美元计价和结算，瑞尔只在农村地区以及城市中的一小部分交易中有所使用[②]。人民币在柬埔寨境内只能通过兑换成美元或柬埔寨瑞尔方可使用，部分商店和餐厅能使用人民币结账，部分商品标签上增添人民币价格，但仅限于面向中国游客或中国劳务人员的货币兑换，即便在中国对柬的贸易和投资中，也很少使用人民币。

二、限制周边国家将人民币纳入官方外汇储备

云南周边国家外汇储备以美元资产为主，人民币仅占较少比重[③]，这是由美元的国际地位及其国际信誉所决定的。周边国家的美元化使其积累大量美元资产，促使美元广泛地被作为价值储藏手段。这些国家的金融机构倾向于通过自我保障方法，投资国外无风险高流动性的

---

① 刘方.边境贸易中的币种选择与人民币国际化推进策略——以云南省为例[J].海南金融，2019(1)：81-87.

② 2015—2019年柬埔寨出口商品中99%以美元计价，约0.3%以欧元计价，其他货币计价约占0.5%；进口商品中95%以美元计价、1.2%以欧元计价，其他货币计价约占3%。Boz E, Casas C, Georgiadis G, et al. Patterns in Invoicing Currency in Global Trade [J]. IMF Working Papers, 2020, 20(126).

③ 根据国际货币基金组织的最新数据，截至2022年第四季度，人民币在全球官方外汇储备中的份额为2.69%，低于美元(58.36%)、欧元(20.47%)、日元(5.51%)和英镑(4.95%)。本课题组境外调研显示，老挝外汇储备中90%是美元资产，人民币资产和其他币种资产占10%左右。柬埔寨明确表示将人民币纳入外汇储备，不仅有人民币存款，还会购买人民币债券。

美元资产或央行的外汇储备来回避货币风险及因货币风险引发的信用风险问题。由于美元是国际资本市场最主要的国际投融资货币,美元化国家能够较为便利地融得美元资金,即使面临货币错配问题,也乐意接受美元资产。人民币作为新兴市场经济体和发展中国家货币,其国际地位、可兑换性及可接受程度均不及美元,在周边国家美元化长期存在的情况下,这些国家大量持有美元外汇储备,必然减少持有包括人民币在内的其他币种外汇储备。

(三) 降低人民币对美元的替代程度

货币替代需要经历漫长时期,过程中面临多种困难与挑战,如受到强势货币发行国的排挤或打压,受到该强势货币流通国家的政策限制和法律规制,以及那些实施美元化国家的相关政策和法律限制等,对弱势货币在境外的流通和使用建起了政策与法律的"隔离墙"。人民币国际化进程中不可避免与已有的国际货币展开角力。受限于中国金融市场发展深度、资本账户开放程度和人民币可兑换性等因素影响,人民币竞争力近年来虽有显著提升,但与世界主要货币相比,仍有一定差距。在美元化国家,由于美元长期使用惯性及强大的网络外部性支持,美元具有很强的竞争张力,处于强势地位,可以说是货币金字塔的顶尖。在人民币对美元的货币竞争中,会受到来自美国或者美元化国家在金融上的各种"不对等待遇",进而人为加大人民币替代美元的难度。

综上所述,老缅越柬等云南周边国家的美元化是内外因长期交互式作用而形成的客观现象,其对人民币扩大在周边的使用既有启发,也有掣肘。在此背景下推进人民币周边化、区域化,既不是人民币对美元一蹴而就的替代,也不是没有拓展空间而停滞不前。货币国际化与区域化的本质是货币越过国境在其他国家或地区充当价值尺度、交易媒介及价值储藏手段,即在国境外发挥贸易货币、投资货币及储藏货币职能。老挝、缅甸、越南及柬埔寨等云南周边国家美元化的典型经历也表明,对外贸易依存度与外商直接投资净流入是影响越、老、柬三国美元化升高的主要因素。人民币在老挝、缅甸及越南等周边国家的跨境使用发端于边境贸易的人民币结算需求,得益于中国对周边国家的投资推动,出现了周边国家将人民币纳为储备货币的态势。货币国际使用的理论、国际经验以及人民币境外使用的经历本身均揭示出,在中国周边国家进一步深化人民币使用的可行路径依然是基于货币的内在职能,进一步加强与周边国家的经贸联系和金融合作紧密度,增强周边国家对人民币的真实使用需求,在周边国家使用人民币的频率、广度及强度等多层面全方位持续发力,按照人民币计价—结算—投资—储备职能演进务实推进人民币在周边国家使用,持续推进人民币在周边国家由边境向内陆扩展使用,形成人民币作为区域贸易货币、投资货币、储备货币的多层面全方位渐进持续深化路径。

第九章　结论与建议

第一节　研究结论

中国(云南)与老缅越柬等周边国家金融合作具有良好历史基础和现实合作成效,但金融合作也受到区域国家间异质性的显著制约,构建理解和尊重国家异质性约束前提下的区域金融合作体系是区域金融合作深化的必然要求。

一、中国(云南)与老缅越柬等周边国家金融合作成效显著

中国(云南)与老缅越柬等周边国家的金融合作不仅历史悠久,而且现实成效也较为显著,成为中国与周边国家金融合作的典型案例,形成了一些宝贵的可推广经验和做法。

首先,货币合作、金融基础设施合作、金融机构合作、金融市场合作及金融监管合作五个层面的金融合作均有不同程度的进展。从金融合作强度来看,由高到低依次为:货币合作、金融市场合作、金融机构合作、金融基础设施合作、金融监管合作。货币合作强度最高说明人民币在老缅越柬等云南周边国家使用的典型性,也是中国(云南)与周边国

家金融合作成效最为显著的领域。金融市场合作强度较高表明中国与周边国家金融合作的主要形式仍然体现在贷款支持方面,在“一带一路”倡议等区域经济合作机制推动下,区域建设项目带动的中国贷款或投资对推动区域金融合作发挥了重要作用。金融机构合作强度较高体现了中国(云南)与老缅越柬等周边国家的毗邻优势,这为中国金融机构“走出去”提供了便利条件。金融基础设施合作强度仅位列第四,揭示了中国与周边国家的跨境人民币结算和清算体系的建设有待进一步深化。金融监管合作强度位列最后,表明中国与老缅越柬等周边国家之间的区域金融稳定机制尚未形成。

其次,从金融合作的国别差异来看,中国与越南的金融合作指数始终为最高。这反映了与其他三国相比,中国与越南无论在经济发展水平方面,还是在市场经济改革与对外开放的经济发展目标和定位上均更为相似。中国与老挝、缅甸及柬埔寨金融合作的总体水平和发展趋势具有相似性,金融合作水平还有很大提升空间。金融合作水平随着时间推移有持续上升的发展趋势,一方面反映了三国致力于经济革新和开放的政策措施促进了金融合作,另一方面也和中国近20年来积极推进面向周边国家的经济金融合作密不可分。

最后,尽管中国(云南)与老缅越柬等周边国家的金融合作总体态势持续上升,但从金融合作指数大小来看,金融合作的深度和广度仍有较大拓展空间,金融合作深化仍需突破瓶颈。

二、国家异质性显著影响中国(云南)与老缅越柬等周边国家的金融合作

国家异质性加大了国际合作的难度是现有的共识。在政治、经济、

文化多样性丰富的亚洲,金融合作尤其面临国家异质性的显著影响。

首先,中国与老缅越柬四国之间的国家异质性是客观存在的。中国与四国的经济异质性变化趋势十分一致,总体呈现扩大趋势,并表现出十分明显的阶段变化特征;中国与四国的金融异质性变化趋势基本保持一致,总体呈现缓慢上升态势。从国别特征来看,中国与越南的金融异质性相对最小,反映了越南在四国中金融发展水平与中国最为接近;柬埔寨近年来加大金融发展力度,与老挝、缅甸相比,其与中国的金融发展差距呈现缩小态势。

其次,中国与周边国家之间存在的国家异质性使金融合作面临挑战。中国与周边国家金融合作是在国家之间客观存在着经济发展、金融发展与制度环境等多方面差异(即国家异质性)的环境下进行的,这些差异抑制了合作双方的合作意愿,增加了达成金融合作共识的困难,加大了金融合作行动一致性的协调与推进难度,导致合作双方的合作需求存在差异,加大了金融合作实施的难度。中国与老缅越柬四国中任一国家的经济发展水平差距越大,越会抑制中国与该国的金融合作水平;中国与老缅越柬等周边国家的金融机构和金融市场发展差距对双边金融合作产生负面影响;制度差异也是削弱中国与老缅越柬四国金融合作的原因之一,国家间的制度差异增加了金融合作的不确定性,更易引发更多的交易成本,不利于金融合作的正常开展。经济异质性对金融合作的影响程度要大于金融异质性和制度异质性对金融合作的影响。破解异质性约束成为深化金融合作的必然要求。

三、云南周边国家美元化对人民币区域化产生重要影响

根据货币国际化的货币替代本质,区域国家的美元化对该地区人民币区域化具有重要影响。

首先,老缅越柬等云南周边国家是典型的美元化国家,美元化程度高,美元是主要的可流通交易外币。2008 年美国次贷危机以来,各国"去美元化"呼声日趋高涨,然而,由于货币使用惯性,美元化具有一定程度的持续性,各国"去美元化"的效果不尽相同。云南周边国家美元化既反映了这些国家长期政局不稳甚至内战不断造成的宏观经济与货币局势动荡,也与各国经济转型过程中的政策失当造成本国通胀率高及本币大幅贬值密切相关。

其次,老缅越柬等云南周边国家的美元化对人民币在该区域使用产生重要影响。美元化背景下的人民币区域化挑战与机遇并存,挑战来自于美元化形成的网络外部性对其他外币(包括人民币)区域化的排斥。改变交易币种偏好惯性、降低币种转换成本是实现人民币区域化所面临的最大、最长期挑战。机遇则主要在于这些国家的高度美元化意味着其存在货币替代的土壤,并且近年来这些国家的"去美元化"趋势为人民币区域化提供了借鉴与启示。人民币区域化既要从美元化形成轨迹中总结如何实现由单一结算货币向全面发挥国际货币职能的区域关键货币转变的经验和有效做法,也要从"去美元化"趋势中重视货币国际化对象国的合理关切,由此才能对症施策,找到推进人民币区域化的正确路径。

第二节 政策建议

根据国家异质性对中国(云南)与周边国家金融合作产生的影响,结合区域国家异质性的主要表现,在国家异质性约束下深化中国(云南)与周边国家金融合作,应本着尊重异质性、利用异质性、缩小异质性的原则,构建基于区域金融合作共同体共识基础上的,以区域金融产业空间梯度结构为点,以跨境金融基础设施联通体系、区域国家政策协调机制和区域经济合作机制为线的区域金融网络体系,通过区域国家协同治理,实现区域金融合作深化。

区域金融合作共同体共识针对异质性对各国金融合作意识、合作动机和合作主张一致性的不利影响,旨在为区域国家积极参与并协同推进金融合作的一致行动提供必要的共同政治主张和思想基础。构建区域金融网络体系则是针对区域国家间经济与金融发展异质性加大了金融合作方式、层次与内容对接难度,利用区域国家金融发展的层次差异,因地制宜构建金融产业空间梯度格局,并通过建设跨境金融基础设施联通体系、完善区域国家政策协调机制和加强区域经济合作机制,促进金融资源地域运动与交互作用,实现区域金融合作深化与区域金融协调发展的交互作用与相互强化,使区域金融发展异质性不断向发展协调一致性收敛。

一、建立中国(云南)与周边国家金融合作共同体共识

在存在文明多样性的区域国家间开展金融合作必须建立在合作共

同体共识的思想基础之上。国家异质性约束下的中国(云南)与周边国家金融合作的有效开展须建立在求同存异、扩大认同及友好协作的合作共同体共识之上。

(一) 金融合作共同体共识的理论内核

中国(云南)与周边国家金融合作共同体共识,其核心是求同存异、扩大认同、友好协作,其内涵是合作既要有国家层次又要有体系层次的意义,合作追求的不但是国家能力的提升,更是在融入体系中接受秩序,并推动秩序的完善。其理论内核是学习互动,前提是共存,核心是尊重,目的是增进理解并实现区域不同文明间的相互借鉴与共同发展。规范法治是合作进程有序推进的重要保证,通过制度化和社会化两种手段来实现并加以普及,制度使规范有形化并强化,社会化使国家自我约束,接受区域社会赞成的规制,据此改变自身行为。建立集体身份这一最高级别的合作共同体共识,集体身份认同是维持合作进程的根本性保障,又不断被合作进程强化。集体身份一旦形成,合作便成为一种文化观念,也成为国家间唯一的行为方式。

(二) 金融合作共同体共识的形成路径

金融合作共同体共识应围绕金融效益共同体、金融制度共同体、金融安全共同体三个路径,突破跨境制度障碍,构建互联互通、互利共赢、互助安全的高效金融合作生态体系。

一是多方共赢利益最大化驱动路径。中国与周边国家金融合作旨在立足各方比较优势,加强国家间分工协作,促进金融要素跨时空交换、互动与融合,以此提高资源配置效率,实现区域国家共同繁荣。国家异质性约束下的中国与周边国家金融合作共同体共识需要围绕各方比较优势,全面分析各方战略目标,以整体利益最大化为核心,推动实现共同体长期稳定及可持续发展,以此打造金融效益共同体共识。

二是互联互通效率最大化驱动路径。中国与周边国家金融合作需要破解区域国家间基础设施硬约束和制度沟通软约束。首先,金融合作助力区域国家间通道等基础设施硬联通,实现金融赋能基础设施建设,加快中老柬铁路、中越铁路、中缅铁路建设项目的实施,实现中国云南与老、柬、越、缅之间的高效互联互通。其次,区域经济一体化蓬勃发展需要建立秩序统一的金融制度作为重要推动力,统一协调的区域金融制度体系须打通各方制度性约束,推动各方信息共享,建立数据互联互通平台。此外,还需建立区域性贸易清算支付体系、建立区域开发性融资安排、建立区域合作性融资安排等金融合作制度体系。

三是区域金融风险最小化驱动路径。区域金融合作应有利于形成区域内各国共生共荣、共筑平安的区域共同体发展机制。一方面需要打通各方制度性约束,推动各方信息共享,建立数据互联互通平台,制定动态监管体系,保障区域金融安全;另一方面要建立区域金融预警机制、金融监管机制、金融争端机制等秩序,明确各方权利义务、合作规则、监管要求和违约责任等,确保区域金融合作有法可依、有章可循,区域金融风险防范有力,保障各方金融合作顺利、平等、安全实施。

二、构建中国(云南)与周边国家金融合作网络体系

(一)金融合作网络体系的结构

基于经济地域运动理论和金融地理学思想,区域金融合作是货币

资金、金融组织及金融制度等金融资源地域运动的过程和结果。推动区域金融合作进程,形成包含特定空间结构要素的区域金融合作网络体系。区域金融合作与区域金融合作网络体系互为条件,彼此强化。区域国家金融禀赋差异、金融效率差异和国家利益诉求决定着区域金融网络体系的要素构成及要素交互关系,成为构建区域金融网络体系的持续推动力。中国(云南)与周边国家金融合作网络体系的构建,就是基于区域国家间金融资源禀赋与效率差异及区域国家稳定发展诉求,呈现以区域金融产业空间梯度结构为点,以跨境金融基础设施联通体系、区域国家政策协调机制和区域经济合作机制为线的空间结构。

(二)金融合作网络体系的构建路径

1. 形成区域金融产业空间梯度格局

区域金融产业空间梯度结构体系是以金融中心城市为核心地域,以金融支点城市为外围地域的区域金融产业空间梯度格局。具体以中国(云南)自贸试验区建设为依托,强化昆明区域金融中心功能,形成以昆明为中心的金融产业核心地域极化效应与扩散效应,带动区域金融产业协同发展;以云南周边国家主要商业城市和有助于金融合作的开放平台为增长极,如跨(边)境经济合作区、共建园区、共建经济特区等;以服务实体经济的铁路路线为支点,形成若干金融增长极和支点城市构成的金融腹地,构成云南与周边国家金融合作的区域金融产业空间梯度格局。同时,在这期间应借鉴发达国家的做法,以各种形式的金融援助促进周边国家金融产业完善,增强其承载金融辐射的能力。

2. 建设跨境金融基础设施联通体系

一是不断完善跨境结算和清算系统建设。进一步推广人民币跨境支付系统 CIPS 在周边国家银行体系的使用,完善现行清算行和代理行跨境清算模式,为促进中国与周边国家银行业务合作及提高跨境金融服务便利化水平提供必要的基础设施保障。二是持续深化非居民结算账户(NRA)服务。不断优化地方金融机构 NRA 账户存取现流程,支持 NRA 外汇账户资金按在岸汇率结汇,并将审批权下放至沿边区域分行。三是借助金融科技打通信息壁垒。依托金融科技应用,银企信息互通,不断完善边民信息平台,增加边民银行账户信息平台业务办理,促进跨境金融服务平台各币种融资增长,促进跨境金融服务平台精准发力。四是逐渐拓宽现钞调运渠道。拓展云南省已与越南、老挝周边两国搭建的现钞直供平台,加大双边国家货币现钞调运,进一步满足境外地区对人民币现钞的真实需求。五是探索建设区域人民币债券市场等区域金融基础设施。为区域资金内部循环提供制度保障,扭转区域国家对美元资产的高度依赖,形成区域国家资金区内良性循环机制。

3. 完善区域国家政策协调机制

区域国家政策协调对推动金融合作网络体系形成有重要作用。一是促进区域性贸易清算支付体系、区域开发性融资安排、区域合作性融资安排、金融机构信息披露及产业合作等领域的政策协调机制建设,通过有效的政策沟通,助力金融资源互联互通。二是在加强信息分享与政策对话基础上,进一步加大货币互换力度,建立区域货币基金等区域融资便利与紧急救援安排机制,建立区域国家汇率制度协调机制等,以此形成有利于防范危机传播、保障区域金融稳定的区域金融宏观调控协调机制。

4. 加强区域经济合作机制建设

区域经济合作机制建设旨在搭建信息、技术、政策与制度资源在区域国家间传输、配置与组合的渠道,促进区域国家间政治、经济及文化各领域全方位交流与合作,为区域金融合作的开展创造更有利的环境与条件。

20世纪90年代至今,中国(云南)与周边国家组建了不同层次的区域合作机制,积极促进了中国(云南)与周边国家的共同发展。下一步应进一步加强国家间、省际间的命运共同体、经济走廊、自由贸易区等区域经济合作机制建设,搭建信息、技术、政策与制度资源在区域国家间传输、配置与组合的渠道,促进区域国家间各领域全方位交流与合作。从国家层面来看,应进一步深化各类合作,包括由亚洲开发银行发起的"大湄公河次区域经济合作"(1992年),东盟成员国发起的"东盟—湄公河流域开发合作"(1996年)和"区域全面经济伙伴关系协定"(2022年),中国提出的"中国—东盟自由贸易区"(2002年)、"澜沧江—湄公河合作"(2016年)等。从省级层面来看,云南应充分发挥区位优势,履行好沿边开放前沿使命,发挥好与周边国家已经建立的合作机制的作用效果[①]。

5. 渐进搭建"金字塔"式金融合作格局

秉持"互利共赢"的共识框架,因地制宜、由易到难地分重点探索各种帮扶、纾困举措,切实提升中国(云南)与周边国家的金融合作质量。一是从层次结构的底部向上,找准周边国家金融欠发达的滞后点,疏通金融合作堵点。如协助老挝、缅甸、柬埔寨等国搭建或者完善金融监管制度、建设银行结算清算体系、证券交易体系等核心金融基础设施,帮助其健全国家支付体系,进一步提高金融现代化程度,巩固开展金融合作的基础条件。二是从层次结构的中部突破,在巩固现有金融

① 云南省已与9个国家搭建多双边合作机制,实现越南、老挝、缅甸、柬埔寨的全面覆盖。包括与越南建立的"中国云南省与越南河江老街莱州奠边省省委书记会晤机制""中国云南省与越南河江老街莱州奠边省联合工作组会议""中国云南与越南老街河内海防广宁五省市经济走廊合作会议";与老挝建立"中国云南—老挝北部合作工作组";与缅甸建立"云南—曼德勒合作工作组""滇缅经贸合作论坛"等合作平台。

发展的基础上,进一步开拓金融合作视野。如与越南开展产业金融、跨境金融、离岸金融、贸易金融等业务创新,不断拓展外向型金融合作的深度和广度。三是从层次结构的顶部保障,结合金融合作共同体共识的核心诉求,围绕打造金融安全网目标,建立小经济区域金融秩序,实现区域经济共同繁荣。

三、云南周边国家美元化背景下人民币区域化的推进路径

基于云南周边国家美元化对人民币区域化的影响,借鉴货币国际化理论与规律,在云南周边国家推进人民币区域化的目标在于:不断由目前的贸易结算单一功能货币向全面发挥国际货币功能的区域关键货币转变。结合该区域人民币使用的实践基础,人民币区域化进程具体应从以下四条路径与渠道展开:一是贸易结算渠道,主要通过增加最终产品在中国(云南)与周边国家贸易中的比重,增强区域贸易对人民币结算的依赖度;二是直接投资渠道,通过加大对周边国家直接投资力度,实现投资对人民币走出去的载体功能和推动效应;三是价值储藏与区域稳定器渠道,通过加大与周边国家双边本币互换规模、推进区域国家间证券市场开放、探索组建区域债券市场和区域货币基金等区域性金融基础设施建设,逐步形成区域资本内部循环机制,不断增强区域国家对中国资本和资产的依赖度,逐步奠定人民币作为区域国家重要价值储藏手段和重要区域金融稳定器的区域关键货币地位;四是“锚货币”渠道,以现有人民币与周边国家货币交易的“云南模式”为基础,加大与周边国家银行合作,共同构建人民币与周边国家货币区域交易市场,形成区域国家汇率协调机制,摆脱导致区域国家汇率波动的美元依

赖,逐渐形成人民币区域“锚货币”功能。

此外,为应对人民币区域化潜在风险,应从构建资本管制和宏观审慎政策双支柱调控框架、完善人民币回流渠道、健全跨境人民币结算渠道、完善政府间信息沟通与对话协商机制等多方面构建人民币区域化风险防范机制。

主要参考文献

一、中文专著

陈瑶雯,范祚军等. 中国—东盟金融合作:基于结构的切入与体系的对接[M]. 北京:中国社会科学出版社,2022.

丁文丽等. 大湄公河次区域货币金融合作:理论、基础与对策[M]. 北京:人民出版社,2009.

胡志丁. 次区域合作与边境安全及边界效应调控研究[M]. 北京:人民出版社,2014.

孙福庆,刘亮等. 转型国家的国际金融中心建设:上海国际金融中心建设的实践与经验[M]. 上海:上海社会科学院出版社,2018.

王智勇. 澜沧江—湄公河次区域经济合作中的货币兑换问题研究[M]. 昆明:云南人民出版社,2007.

姚大庆. 基于动态演化和货币搜寻的货币国际化研究[M]. 上海:上海社会科学院出版社,2022.

周迪. 金融地理学视角下的金融一体化研究:以长三角核心城市群为例[M]. 北京:科学出版社,2017.

二、中文文章

鲍阳,王根强,李瑞红. 东盟助力人民币国际化的现实基础、制约因素及推进策略[J]. 对外经贸实务,2020,378(7).

常殊昱,熊婉婷,刘方.老挝人民币国际化业务发展[J].中国金融,2019(14).

陈侃翔,谢洪明,程宣梅,等.新兴市场技术获取型跨国并购的逆向学习机制[J].科学学研究,2018,36(6).

陈琪,管传靖.国际制度设计的领导权分析[J].世界经济与政治,2015(8).

陈卫东,赵雪情.人民币国际化发展路径研究——基于十年发展的思考[J].国际经济评论,2020(4).

丁文丽,范向前.金融戍边:功能、现状与对策[J].金融,2022(4).

丁文丽,胡小丽,李富昌.中国与老缅越柬金融合作指数的构建及对策建议研究——基于国家异质性视角[J].云南财经大学学报,2024(3).

丁文丽,刘丰睿,李富昌.异质性多主体视角下的中国与东南亚周边国家金融合作研究[J].金融,2018(1).

丁文丽,牛根苗.人民币国际化背景下越、老、柬三国美元化历程及驱动因素研究[J].云南师范大学学报(哲学社会科学版),2023(3).

丁文丽,胡列曲.如何推动货币国际使用:国际经验与启示[J].求是学刊,2021(1).

丁文丽,李艳,游溯涛.中国边境地区地下金融现状调查:云南案例[J].国际经济评论,2011,96(6).

樊秀峰,高伟,王全景.海外投资与企业创新——基于东道国异质性和企业异质性的实证检验[J].国际经贸探索,2018,34(9).

范希文.美元主导下国际货币体系的韧性与脆弱[J].中国金融,2023(15).

方芸,马腾飞.云南与周边国家的次区域经济合作:成就、问题与对策[J].云南社会科学,2010(4).

高明宇,李婧.基于货币锚模型的人民币影响力空间分布特征分析——兼论东亚人民币区是否形成[J].上海经济研究,2020(10).

郭净,张居营,霍家旭.东道国国家风险对中国企业国际投资绩效的影响[J].金融发展研究,2023(4).

何德旭.加快完善金融基础设施体系[N].经济日报,2019-10-29(12).

何建军,毛文莉,潘红玉. 中国—东盟金融合作与区域创新发展[J]. 财经理论与实践,2022,43(2).

贺圣达. 大湄公河次区域合作:复杂的合作机制和中国的参与[J]. 南洋问题研究,2005(1).

胡列曲,孙兰,丁文丽. 大湄公河区域国家经济金融一体化实证研究[J]. 亚太经济,2011,168(5).

胡艺,沈铭辉. 中韩金融合作新思维[J]. 东北亚论坛,2009,18(3).

江春,许立成. 内生金融发展:理论与中国的经验证据[J]. 财经科学,2006(5).

江艇. 因果推断经验研究中的中介效应与调节效应[J]. 中国工业经济,2022(5).

金培振,殷德生,金桩. 城市异质性、制度供给与创新质量[J]. 世界经济,2019(11).

李宾. 关于构建中国—东盟反洗钱区域合作机制的思考[J]. 经济研究参考,2014(53).

李欢丽,刘昊虹. 中国—东盟货币合作不断深化[J]. 中国金融,2022(24).

李婧,杨硕. 柬埔寨美元化惯性之谜及其对人民币国际使用的启示[J]. 区域金融研究,2022(1).

李娟娟,樊丽明. 国际公共品供给何以成为可能——基于亚洲基础设施投资银行的分析[J]. 经济学家,2015(3).

李俊久,蔡琬琳. "一带一路"背景下中国与东盟货币合作的可行性研究[J]. 亚太经济,2020(4).

李晓. 全球金融危机下东亚货币金融合作的路径选择[J]. 东北亚论坛,2009,18(5).

李晓. 东亚货币合作为何遭遇挫折?——兼论人民币国际化及其对未来东亚货币合作的影响[J]. 国际经济评论,2011(1).

李杨,车丽波. 中国 OFDI 的贸易产品结构效应——基于国家异质性的分析[J]. 湖北大学学报(哲学社会科学版),2019,46(4).

李振发,徐梦冉,贺灿飞等. 金融地理学研究综述与展望[J]. 经济地理,2018,38(7).

李紫莹,邵禹铭. 后疫情时代中拉基础设施合作研究——以 G20 拉美三国为例[J]. 国际经济合作,2021(6).

林毅夫,孙希芳,姜烨. 经济发展中的最优金融结构理论初探[J]. 经济研究,2009,44(8).

刘方,丁文丽. 中国—东盟金融合作指数的构建及其演变特征[J]. 国际商务(对外经济贸易大学学报),2020(1).

刘方,丁文丽. 中国西南周边国家美元化对人民币跨境流通的影响研究[J]. 云南师范大学学报(哲学社会科学版),2019(6).

刘方. 人民币国际化的进展及在云南的实践与对策[J]. 对外经贸实务,2018(9).

刘方. 边境贸易中的币种选择与人民币国际化推进策略——以云南省为例[J]. 海南金融,2019(1).

刘磊,邵兴宇,王宇. 金融结构特征与金融体系发展:大国的比较[J]. 国际经济评论,2022(6).

卢光盛,金珍. 超越拥堵:澜湄合作机制的发展路径探析[J]. 世界经济与政治,2020(7).

鲁春义,程恩富. 美元化形成机制与去美元化对策研究[J]. 上海经济研究,2023(2).

陆长荣,崔玉明,王越. 东亚货币合作困境分析的新视角:货币竞争与货币合作的悖论[J]. 亚太经济,2020(1).

陆长荣,崔玉明. 区域金融合作框架下日元国际化重启困境与中日货币竞合关系的构建[J]. 现代日本经济,2018,37(3).

马广奇,李洁. "一带一路"建设中人民币区域化问题研究[J]. 经济纵横,2015(6).

马涛,丁文丽,李丽. 最优货币区理论发展时期划分及启示[J]. 学术探索,2019(1).

米军,陆剑雄. 中蒙俄经济走廊金融合作发展、风险因素及深化合作的思考[J]. 欧亚经济,2022(2).

聂世坤,叶泽樱. 双边关系、制度环境与中国对“一带一路”国家 OFDI 的出口创造效应[J]. 国际经贸探索,2021,37(2).

潘峰华,蒙莎莎. 金融化、金融全球化和金融地理学发展[J]. 经济地理,2021,41(10).

申韬,王新元. 缅甸银行业发展现状与中缅银行业合作探究[J]. 云南大学学报(社会科学版),2017,16(6).

石杰. 人民币国际化战略的现实选择[J]. 经济研究参考,2008(64).

石伟文. 经济一体化与双边贸易成本:基于异质性贸易制度安排的视角[J]. 国际经贸探索,2018(9).

束斌,马国宏. 印度支那三国的美元化及推动人民币在这一地区成为流通货币前景的研究——基于国际政治经济学的视角[J]. 上海金融,2015(12).

宋德勇,陶相飞. 中拉金融合作的现状、问题与对策[J]. 对外经贸实务,2019(5).

万明. 明代整体丝绸之路视野下的云南大理[J]. 云南社会科学,2018(2).

汪天倩,朱小梅. 中国同“一带一路”沿线国家货币合作的可行性分析——基于国家风险评价的视角[J]. 湖北大学学报(哲学社会科学版),2022,49(6).

王成福,黄承锋. 基于国家异质性的中巴伊土国际通道集体行动逻辑分析[J]. 数学的实践与认识,2020,50(13).

王国刚. “一带一路”:建立以多边机制为基础的国际金融新规则[J]. 国际金融研究,2019(1).

王丽娅. 中国与东盟地区金融合作现状与前景分析[J]. 亚太经济,2007(1).

王伟,杨娇辉,王凯立. 风险敞口、国家异质性与合意外汇储备规则[J]. 世界经济,2018,41(3).

吴琼,沈滢. 基于国家异质性的“一带一路”沿线区域经济一体化发展对策研究[J]. 全国流通经济,2022(20).

徐奇渊,杨盼盼.东亚货币转向钉住新的货币篮子?[J].金融研究,2016(3).
闫红瑛."一带一路"框架下加强中国西藏与尼泊尔金融合作的思考[J].西藏民族大学学报(哲学社会科学版),2020,41(1).
杨波,万筱雯,朱洪飞.国家异质性视角下的跨国并购区位选择[J].统计与决策,2021,37(6).
杨盼盼,徐奇渊.面向未来的中国与东盟金融合作[J].中国金融,2023(8).
杨青山,刘鉴.以人类命运共同体推动我国世界经济地理理论与实践发展[J].经济地理,2023,43(5).
杨漪,黄剑波.非正规金融与缅甸边境地方社会——以"金三角之城"大其力的换钱点为例[J].华东师范大学学报(哲学社会科学版),2020,52(4).
叶林.金融基础设施的金融法解读[J].社会科学,2019(11).
尹力博,吴优.离岸人民币区域影响力研究——基于信息溢出的视角[J].金融研究,2017(8).
余道先,邹彤.人民币国际化的国家异质性分析与人民币国际化进程[J].世界经济研究,2017(7).
玉素甫·阿布来提,玛依拉.中国与哈萨克斯坦金融合作探析[J].亚太经济,2015(2).
玉素甫·阿布来提.新疆与中亚区域的金融合作[J].经济导刊,2011(6).
云倩."一带一路"倡议下中国—东盟金融合作的路径探析[J].亚太经济,2019(5).
张彬,胡晓珊.改革开放以来中国对外区域金融合作的回顾与展望[J].亚太经济,2018(5).
张彬,李畅,杨勇.多边化区域主义的新发展与中国的对策选择[J].亚太经济,2017(5).
张明.人民币国际化与亚洲货币合作:殊途同归?[J].国际经济评论,2015(2).
赵柯.中欧金融合作:动因、路径与前景——从贸易伙伴迈向全球合伙人[J].欧洲研究,2016,34(1).

赵儒南. 新加坡参与“一带一路”及中新合作研究[J]. 亚太经济,2021(1).

者贵昌. “一带一路”建设背景下中国与泰国金融合作的机遇与挑战[J]. 东南亚纵横,2017,285(1).

中国人民银行. 2022 年人民币国际化报告[R]. 2022-09-23.

竺彩华. 深化周边经贸合作:意义、问题与对策[J]. 国际贸易,2019(7).

祝小兵. 东亚金融合作抵御金融危机的路径分析[J]. 世界经济研究,2010(3).

邹传伟. 区块链与金融基础设施——兼论 Libra 项目的风险与监管[J]. 金融监管研究,2019(7).

三、英文专著

Baliño T J T, Bennett A, Borensztein E. Monetary Policy in Dollarized Economies[M]. Washington: International Monetary Fund, 1999.

Harvey D. Social Justice and the City[M]. London: Edward Arnold, 1973.

Harvey D. The Limits to Capital[M]. Oxford: Blackwell, 1982.

Harvey D. The Geopolitics of Capitalism[M]. Berlin: Springer, 1985.

Hall P A, Soskice D W. Varieties of Capitalism: The Institutional Foundations of Comparative Advantage[M]. Wiley Online Library, 2001.

Kubo K. Dollarization and De-Dollarization in Transitional Economies of Southeast Asia[M]. London: Palgrave Macmillan, 2017.

Laulajainen R. Financial Geography: A Banker's View[M]. London: Routledge, 2005.

North D C. Institutions, Institutional Change and Economic Performance[M]. Cambridge: Cambridge University Press, 1990.

Ocampo J A. Regional Financial Cooperation[M]. Washington D. C.: Brookings Institution Press, 2006.

Catao M L, Terrones M M. Financial De-dollarization: A Global Perspective and the Peruvian Experience [M]. New York: International Monetary Fund, 2016.

四、英文文章

Alfieri L. Heterogeneity of Financial Institutions in the Process of Economic and Monetary Integration in East Asia[J]. University of Tartu Faculty of Economics & Business Administration Working Paper, 2018.

Aminian N. Economic Integration and Prospects for Regional Monetary Cooperation in East Asia[J]. Structural Change and Economic Dynamics, 2005, 16(1).

Amyx J A. What Motivates Regional Financial Cooperation in East Asia Today? [J]. Asia-Pacific Issues, 2005, 54(1-4).

Angeloni I, Ehrmann M. Euro Area Inflation Differentials[J]. The BE Journal of Macroeconomics, 2007, 7(1).

Arner D, Lejot P, Wang W. Assessing East Asian Financial Cooperation and Integration[J]. Social Science Electronic Publishing, 2008(12).

Bacchetta P, Van Wincoop E. A Theory of the Currency Denomination of International Trade[J]. Journal of International Economics, 2005, 67(2).

Badarau F C, Levieuge G. Assessing the Effects of Financial Heterogeneity in a Monetary Union a DSGE Approach[J]. Economic Modelling, 2011, 28(6).

Badarau-Semenescu C, Grégoriadis N, & Villieu P. Monetary Policy and National Divergences in a Heterogeneous Monetary Union [J]. Journal of Economic Integration, 2009.

Bai J S. Panel Data Models With Interactive Fixed Effects[J]. Econometrica, 2009, 77(4).

Baldwin R E, Forslid R. Trade Liberalization with Heterogeneous Firms[J]. Social Science Electronic Publishing, 2004, 14(2).

Baldwin K, John D, Huber. Economic Versus Cultural Differences: Forms of Ethnic Diversity and Public Goods Provision[J]. American Political Science Review, 2010, 104(4).

Bayoumi T, Eichengreen B. Shocking Aspects of European Monetary Unification[J]. CEPR Discussion Papers, 1992.

Begega S, Rodriguez AMG. Welfare Reform in Southern Europe Under Austerity. Institutional Heterogeneity and Change[J]. Papeles De Europa, 2018, 31(1).

Bernad C, Fuentelsaz L, Gómez J. Deregulation and Its Longrun Effects on the Availability of Banking Services in Low-income Communities[J]. Environment and Planning A, 2008, 40(7).

Bernanke B, Gertler M, Gilchrist S. The Financial Accelerator in a Quantitative Business Cycle Framework [J]. Lse Research Online Documents on Economics, 1999.

Bernard A B, Schott P K. Comparative Advantage and Heterogeneous Firms [J]. Review of Economic Studies, 2007, 74(1).

Biglaiser G, Cremer J, Dobos G. Heterogeneous Switching Costs[J]. Cepr Discussion Papers, 2014.

Bijman J. Cooperatives and Heterogeneous Membership: Eight Propositions for Improving Organizational Efficiency[J]. Paper presented at the Emnet conference, Budapest, Hungary, 2005.

Blekking J, Tuholske C, Evans T. Adaptive Governance and Market Heterogeneity: An Institutional Analysis of an Urban Food System in Sub-Saharan Africa[J]. Sustainability, 2017, 9(12).

Boltho A, Carlin W. EMU's Problems: Asymmetric Shocks or Asymmetric Behavior? [J]. Comparative Economic Studies, 2013, 55(3).

Bordo M D, Choudhri E U. Currency Substitution and the Demand for Money:

Some Evidence for Canada[J]. Journal of Money, Credit and Banking, 1982, 14(1).

Boustan L P. Was Postwar Suburbanization "White Flight"? Evidence from the Black Migration [J]. The Quarterly Journal of Economics, 2010, 125(1).

Boz et al. Patterns in Invoicing Currency in Global Trade[R]. IMF Working Paper, 2020.

Braiton N. Dollarization in Cambodia; Causes and Policy Implications[J]. IMF Working Papers, 2011, 11(49).

Chen C. Diversified Currency Holdings and Flexible Exchange Rates[J]. The Quarterly Journal of Economics, 1973, 87(1).

Chetty V K. On measuring the Nearness of Near-moneys[J]. The American Economic Review, 1969, 59(3).

Chey H K. The Changing Political Dynamics of East Asian Financial Cooperation: The Chiang Mai Initiative[J]. Asian Survey, 2009, 49(3).

Chinn M D, Frankel J A. Will the Euro Eventually Surpass the Dollar as Leading International Reserve Currency? [J]. NBER Working Paper Series, 2005.

Chor D. Subsidies for FDI: Implications from a Model with Heterogeneous Firms [J]. Journal of International Economics, 2009, 78(1).

Clark G L, Lai K P, Wójcik D. Editorial Introduction to the Special Section: Deconstructing Offshore Finance[J]. Economic Geography, 2015, 91(3).

Colombo L V, Turati G. Why do Acquiring Banks in Mergers Concentrate in Well-Developed Areas? Regional Development and Mergers and Acquisitions (M&As) in Banking[J]. Regional Studies, 2014, 48(2).

Duma N. Dollarization in Cambodia: Causes and Policy Implications [R]. IMF Working Paper, 2011, No. 49.

European Central Bank. Monthly Bulletin March 2008[R]. ECB, 2008.

Eichengreen B, Univ C B. Globalization: Uncoupled or unhinged? [J]. Journal of Policy Modeling, 2023, 45(4).

Eickmeier S. Comovements and Heterogeneity in the Euro Area Analyzed in a Non-Stationary Dynamic Factor Model[J]. Journal of Applied Econometrics, 2009, 24(6).

Fasano-Filho U. Currency Substitution and the Demand for Money: The Argentine Case, 1960–1976[J]. Weltwirtschaftliches Archiv, 1986, 122(2).

Fidrmuc J. The Endogeneity of Optimum Currency Area Criteria, Intranindustry Trade and EMU Enlargement, Bank of Finland[J]. Discussion Papers, 2005, No. 8.

Frankel J A. Internationalization of the RMB and Historical Precedents[J]. Journal of Economic Integration, 2012, 27(3).

Frankel J A, Rose A. The Endogeneity of the Optimum Currency Areas Criteria [J]. Economic Policy, 1998(14).

Friberg R. In Which Currency Should Exporters Set Their Prices? [J]. Journal of International Economics, 1998, 45(1).

Fritsch M, Schilder D. The Regional Supply of Venture Capital: Can Syndication Overcome Bottlenecks? [J]. Economic Geogra-phy, 2012, 88(1).

Fukuda S I, Ono M. On the Determinants of Exporters'Currency Pricing: History vs. Expectations[J]. Journal of Japanese Int. Economies, 2006(4).

Gehrig T. Cities and the Geography of Financial Centers[J]. Economics of Cities: Theoretical Perspectives, 2000.

Genberg H. Currency Internationalisation: Analytical and Policy Issues[J]. Bis Papers Chapters, 2012.

Gianni De Nicoló, Honohan P, Ize A. Dollarization of Bank Deposits: Causes and Consequences[J]. Journal of Banking & Finance, 2005, 29(7).

Goldberg L S, Tille C. Vehicle Currency Use in International Trade[J]. Journal of International Economics, 2008, 76(2).

Goldberg L G, Johnson D. The Determinants of US Banking Activity Abroad [J]. Journal of International Money and Finance, 1990, 9(2).

Gomez M. REGIFE: Stata Module to Estimate Linear Models with Interactive Fixed Effects[J]. Statistical Software Components, 2017, 15(2).

Grassman S. A Fundamental Symmetry in International Payment Patterns[J]. Journal of International Economics, 1973, 3(2).

Greenspan A. The Euro as an International Currency[EB/OL]. (2001-11-01)[2023-06-13]. https://www.bruegel.org/sites/default/files/wp-content/uploads/2018/12/PC-25_2018.pdf

Guerron P A, Grennes T J, Leblebicioglu A. Economic Development and Heterogeneity in the Great Moderation among the States[J]. Journal of Macroeconomics, 2011, 11(1).

Guillaumin C. Financial Integration in East Asia: Evidence from Panel Unit Root and Panel Cointegration Tests[J]. Journal of Asian Economics, 2009, 20(3).

Hackett S C. Heterogeneity and the Provision of Governance for Common-pool Resources[J]. Journal of Theoretical Politics, 1992, 4(3).

Handa J. Substitution Among Currencies: A Preferred Habitat Hypothesis[J]. International Economic Journal, 1988, 2(2).

He C, Huang Z, Ye X. Spatial Heterogeneity of Economic Development and Industrial Pollution in Urban China[J]. Stochastic Environmental Research and Risk Assessment, 2014, 28(4).

Hegerty S W. Commercial Bank Locations and "Banking Deserts": A Statistical Analysis of Milwaukee and Buffalo[J]. The Annals of Regional Science, 2016, 56(1).

Honohan P. Dollarization and Exchange Rate Fluctuations[R]. Institute for International Integration Studies Discussion Paper, 2007, No. 201.

Huang Y, Guo F. Is Currency Union a Feasible Option in East Asia?: A Multivariate Structural VAR Approach[J]. Research in International Business and Finance, 2006, 20(1).

Hughes A J, Weymark D N. The Cost of Heterogeneity in a Monetary Union [J]. CEPR Discussion Papers, 2002, No. 3223.

Ito H, Mccauley R N. A Key Currency View of Global Imbalances[J]. Journal of International Money and Finance, 2019, 94(1).

Ize A, Yeyati E L. Financial Dollarization[J]. Journal of International Economics, 2003, 59(2).

Jensen M K. On Unbounded Growth with Heterogeneous Consumers[J]. Journal of Mathematical Economics, 2006, 42(7).

Jondeau E, Sahuc J G. Testing Heterogeneity within the Euro Area[J]. Economics Letters, 2008, 99(1).

Kölle F. Heterogeneity and Cooperation: The Role of Capability and Valuation on Public Goods Provision[J]. Journal of Economic Behavior & Organization, 2015(109).

Kambhu J, Schuermann T, Stiroh K J. Hedge Funds, Financial Intermediation, and Systemic Risk[J]. Economic Policy Review, 2007, 13(3).

Kanbur R. Heterogeneity, Distribution, and Cooperation in Common Property Resource Management[J]. World Bank Working Papers, 1992, No. 844.

Katada S N, Univ S C. In Pursuit of Stability: Evolution of Asia's Regional Financial Architecture[J]. The Pacific Review, 2017, 30(6).

Keohane R O. Multilateralism: An Agenda for Research[J]. International Journal, 1990, 45(4).

Keovongvichith P. Asset Substitution and Currency Substitution Behind. Dollarization and De-dollarization Policy in the Lao PDR: Evidence From Bank-Level Data[C]. Dollarization and De-dollarization in Transitional Economies of Southeast Asia, 2017.

Kolasa M. Structural Heterogeneity or Asymmetric Shocks? Poland and the Euro Area Through the Lens of a Two-country DSGE Mode[J]. Economic Modelling, 2009, 26(6).

Kolstad I, Wiig A. What Determines Chinese Outward FDI? [J]. Journal of World Business, 2012, 47(1).

Kostova T. Success of the Transnational Transfer of Organizational Practices within Multinational Companies[D]. University of Minnesota, 1996.

Krapohl S, Vasileva-Dienes A. The Region That Isn't: China, Russia and the Failure of Regional Integration in Central Asia[J]. Asia Europe Journal, 2020, 18(3).

Kring W N, Grimes W W, Boston U. How Has ASEAN+3 Financial Cooperation Affected Global Financial Governance? [J]. International Relations of the Asia-Pacific, 2021, 21(1).

Kun, Dieckmann U. Resource Heterogeneity Can Facilitate Cooperation[J]. Nature Communications, 2013(4).

Kuroda H, Kawai M. Strengthening Regional Financial Cooperation in East Asia [J]. Australian National University, 2002, 2011(85).

Lai K P. Financial Geography[C]. //Richardson D, Castree N, Goodchild M F et al. The International Encyclopedia of Geography: People, the Earth, Environment, and Technology. Wiley Online Library, 2016.

Lane P R. The Real Effects of the Euro[J]. Journal of Economic Perspectives 2006, 20(4).

Lee G H, Azali M. Is East Asia an Optimum Currency Area? [J] Economic Modelling, 2012, 29(2).

Levieuge G. The Internationalisation of Monetary Policy[J]. Journal of Internatinal Money and Finance, 2009, 75(4).

Leyva-de la Hiz DI, Hurtado-Torres N, Bermúdez-Edo M. The Heterogeneity of Levels of Green Innovation by Firms in International Contexts: A Study Based on the Home-Country Institutional Profile[J]. Organization & Environment, 2019, 32(4).

Libecap G D. Distributional Issues in Contracting for Property Rights[J]. Journal of Institutional and Theoretical Economics, 1989, 145.

Luca A, Petrova I. What Drives Credit Dollarization in Transition Economies? [J]. Journal of Banking and Finance, 2008, 32(5).

Magee S P, Rao R K S. Vehicle and Nonvehicle Currencies in International Trade[J]. The American Economic Review, 1980.

Manurung H. Myanmar Political Instability: A Threat to Southeast Asia Stability [J]. Jurnal Asia Pacific Studies, 2021, 5(1).

Martin L L. Heterogeneity, Linkage and Commons Problems[J]. Journal of Theoretical Politics, 1994, 6(4).

Menon J. Cambodia's Persistent Dollarization: Causes and Policy Options[J]. Asian Economic Bulletin, 2008, 25(19).

Miles M A. Currency Substitution, Flexible Exchange Rates, and Monetary Independence[J]. The American Economic Review, 1978, 68(3).

Moss F. The Euro: Internationalised at Birth[J]. Bis Papers Chapters, 2012.

Mundell R A. A Theory of Optimum Currency Areas[J]. American Economic Review, 1961, 51(4).

Park Y C. RMB Internationalization and Its Implications for Financial and Monetary Cooperation in East Asia [J]. China & World Economy, 2010, 18(2).

Pei C. Asian Financial Cooperation: Priority to Develop Bilateral Bond Markets [J]. Emerging Markets Finance & Trade, 2005, 41(5).

Pham T H A. Dollarization and De-dollarization Policies: The Case of Vietnam [C]. Dollarization and De-dollarization in Transitional Economies of Southeast Asia, 2017.

Piaggio M, Padilla E. CO_2 Emissions and Economic Activity: Heterogeneity across Countries and Non-stationary Series[J]. Energy Policy, 2012, 46.

Poloz S S. Currency Substitution and the Precautionary Demand for Money[J]. Journal of International Money and Finance, 1986, 5(1).

Rahman M S. Testing the Validation of the Financial Cooperation Agreement among ASEAN + 3 Stock Markets[J]. International Journal of Emerging Markets, 2017, 12(3).

Rana P B. Monetary and Financial Cooperation in East Asia: The Chiang Mai Initiative and Beyond[J]. Asian Development Bank Working Paper Series No. 6, 2002.

Samiee S, Anckar P. Currency Choice in Industrial Pricing: A Cross-national Evaluation[J]. Journal of Marketing, 1998, 62(3).

Sekkat K, Mansour J M. Exchange Rate Fluctuations, Trade and Asymmetric Shocks in the Economic and Monetary Union[J]. International Finance, 2010, 8(1).

Sunir P. The Bank Capital Channel and Counter-Cyclical Prudential Regulation in a DSGE Model[J]. Lse Research Online Documents on Economics, 2003.

Sunley P, Klagge B, Berndt C, et al. Venture Capital Programmes in the UK and Germany: In What Sense Regional Policies? [J]. Regional Studies, 2005, 39(2).

Swoboda A K. The Euro-dollar Market: An Interpretation (Essays in International Finance)[D]. Princeton University, 1968.

Thomas L R. Portfolio Theory and Currency Substitution[J]. Journal of Money, Credit and Banking, 1985, 17(3).

Thrift N, Leyshon A. A phantom state? The Detraditionalization of Money, the International Financial System and International Financial Centres[J]. Political Geography, 1994, 13(4).

Thrift N. Pandora's Box? Cultural Geographies of Economies[A]. Clark G L, Gertler M S, Feldman M P et al. Oxford Handbook of Economic Geography. Oxford: Oxford University, 2003.

Tobias, Korner, Isabel, et al. Public Ownership of Banks and Economic Growth The Impact of Country Heterogeneity[J]. Economics of Transition, 2011, 19(3).

Totty E. The Effect of Minimum Wages on Employment: A Factor Model Approach[J]. Economic Inquiry, 2017, 55(4).

Wachter K W, Freedman D A. Measuring Local Heterogeneity with 1990 U. S. Census Data[J]. Demographic Research, 2000, 3(10).

Wang Y. RMB Internationalization and Its Implications for Asian Monetary Cooperation[J]. Seoul Journal of Economics, 2017, 30(1).

William E, Ross L. Africa's Growth Tragedy: Policies and Ethnic Divisions[J]. Quarterly Journal of Economics, 1997, 112(4).

Wyplosz C, Grad I. Limits to the Independence of the ECB[J]. Review of World Economics, 2019, 155(1).

Wyplosz C, Grad I. The Six Flaws of the Eurozone[J]. Economic Policy, 2016, 31(87).

Yoshimatsu H. The United States, China, and Geopolitics in the Mekong Region [J]. Asian Affairs: An American Review, 2015, 42(4).

Yu Y D, Gao H H. The Internationalization of the RMB[J]. Asia and China in the Global Economy: 2011.

Zamaróczy M D, Sa S. Economic Policy in a Highly Dollarized Economy: The Case of Cambodia[R]. IMF Occasional Papers, 2003, No. 219.

Zhang X Y. Political Relations and the Belt and Road Financial Cooperation[J]. Applied Economics, 2023.

Zhao S X, Zhang L, Wang D T. Determining Factors of the Development of a National Financial Center: The Case of China[J]. Geoforum, 2004, 35(5).

后　记

本书是丁文丽教授主持的国家自然科学基金重点项目“云南与周边国家金融合作的异质性约束及人民币区域化的实现机制与路径研究”的研究成果，凝结了团队成员多年来在中国沿边金融开放与合作研究领域躬耕不辍的智慧与汗水。团队负责人丁文丽教授提出了全书的研究思路、主要观点和写作提纲，并承担了具体撰写及全书书稿的修改和定稿工作，胡列曲教授和李富昌教授承担的许多细致工作为书稿的最终完成提供了重要的基础。李丽副教授、刘方副教授、杨渝镜博士、王大力博士及胡小丽博士等对本书的写作也作出了有益的贡献。在此一并致以诚挚的感谢。

本书的出版还得益于商务印书馆的支持与帮助，在此表示衷心的感谢！

图书在版编目（CIP）数据

异质性下中国（云南）与周边国家金融合作研究 / 丁文丽，胡列曲著 . -- 北京：商务印书馆，2024.
ISBN 978-7-100-24587-6

I . F832.774

中国国家版本馆 CIP 数据核字第 20248AF006 号

异质性下中国（云南）与周边国家金融合作研究

丁文丽 胡列曲 著

商 务 印 书 馆 出 版
（北京王府井大街 36 号 邮政编码 100710）
商 务 印 书 馆 发 行
江苏凤凰数码印务有限公司印刷
ISBN 978-7-100-24587-6

2024 年 12 月第 1 版　　开本 880×1240 1/32
2024 年 12 月第 1 次印刷　　印张 8 1/4

定价：58.00 元